実務解説
労災補償法

木村 大樹
Kimura Daijyu [著]

経営書院

はじめに

　労働災害については、まずその予防を図ることが第一ですが、これと同時に不幸にして労働災害が発生したときには、被災した方に適切に補償を行うことも重要です。

　労災補償については、使用者の補償義務を背景として、労災保険制度が整備され、その補償の内容も充実してきていますが、その補償の対象としては、従来からあった労災事故による負傷・死亡などに加えて、職業性疾病（職業病）、過重な労働による脳・心臓疾患（過労死）や精神障害（過労自殺）が順次問題となり、近年ではさらに十二指腸潰瘍や喘息などが問題となる事案も発生しています。

　また、特に精神障害などに関しては、セクシャルハラスメントやパワーハラスメントがその原因となることも明らかになっていて、職場ではこれらの予防を行うことも重要となっています。

　本書は、労災補償に関して、労働基準法に定められた使用者の補償義務と労災保険制度の内容について解説することを主眼としていますが、できるだけ問題となった具体的事例も掲載するようにしており、行政内部で通達として出された事例や裁判例なども出来るだけ多く掲載しています。

　これらの記載によって、本書をご覧頂ければ、労災補償制度の全体像とともに、職場において具体的に発生する事案に対してどのように対処すればよいのかについて参考となるようにし、さらに労働災害の予防にも役立てられるようにしています。

　本書が労災補償の実務に携わる多くの皆様に広くご活用頂くことによって、労災補償のみならず、労働災害の防止にもいささかなりともお役に立てれば、これに勝る喜びはありません。

　平成25年8月

　　　　　　　　　　　　　　　　　　　　　　　　　　　　　木村　大樹

法令の略称

安 全 衛 生 法	：労働安全衛生法
機 構 法	：独立行政法人労働者健康福祉機構法
昭和40年改正法	：労働者災害補償保険法の一部を改正する法律（昭和40年法律第130号）
昭和44年改正法	：失業保険法及び労働者災害補償保険法の一部を改正する法律（昭和44年法律第83号）
整 備 法	：失業保険法及び労働者災害補償保険法の一部を改正する法律及び労働保険の保険料の徴収等に関する法律の施行に伴う関係法律の整備等に関する法律
徴 収 法	：労働保険の保険料の徴収等に関する法律
労 災 保 険 法	：労働者災害補償保険法
労働者派遣法	：労働者派遣事業の適正な運営の確保及び派遣労働者の保護等に関する法律
安 全 衛 生 令	：労働安全衛生法施行令
整 備 令	：失業保険法及び労働者災害補償保険法の一部を改正する法律及び労働保険の保険料の徴収等に関する法律の施行に伴う関係政令の整備等に関する政令
徴 収 令	：労働保険の保険料の徴収等に関する法律施行令
安 全 衛 生 則	：労働安全衛生規則
じ ん 肺 則	：じん肺法施行規則
整 備 則	：失業保険法及び労働者災害補償保険法の一部を改正する法律及び労働保険の保険料の徴収等に関する法律の施行に伴う労働省令の整備等に関する省令
徴 収 則	：労働保険の保険料の徴収等に関する法律施行規則
特 別 支 給 金 則	：労働者災害補償保険特別支給金支給規則
有 機 則	：有機溶剤中毒予防規則
労 働 基 準 則	：労働基準法施行規則
労 災 保 険 則	：労働者災害補償保険法施行規則
業 務 方 法 書	：独立行政法人労働者健康福祉機構業務方法書

目　次

第1章　労災補償の義務 …………………………………………………… 1
　1　労災補償の義務の概要 ……………………………………………… 2
　2　療養補償 ……………………………………………………………… 2
　3　休業補償 ……………………………………………………………… 3
　4　障害補償 ……………………………………………………………… 10
　5　遺族補償 ……………………………………………………………… 16
　6　葬祭料 ………………………………………………………………… 17
　7　打切補償 ……………………………………………………………… 17
　8　分割補償 ……………………………………………………………… 18
　9　建設業の請負事業に関する取扱い ………………………………… 20
　10　災害補償に関するその他の取扱い ………………………………… 20

第2章　労災保険の基本的な枠組み …………………………………… 23
　1　労災保険の目的など ………………………………………………… 24
　2　労働者 ………………………………………………………………… 24
　3　特別加入 ……………………………………………………………… 28
　4　労災保険の適用 ……………………………………………………… 42
　5　保険関係の成立と消滅 ……………………………………………… 45
　6　費用の負担 …………………………………………………………… 48
　7　労災保険給付の基本的な概念 ……………………………………… 66

第3章　業務災害 …………………………………………………………… 75
　1　業務災害に該当する場合の概要 …………………………………… 76
　2　業務遂行性と業務起因性についての具体的な判断 ……………… 78
　3　業務上の疾病に該当する場合 ……………………………………… 90
　4　業務災害に対する保険給付の概要 ………………………………… 144
　5　業務災害に対する保険給付と労働基準法の災害補償の義務との関係 …… 145
　6　療養補償給付 ………………………………………………………… 145
　7　休業補償給付 ………………………………………………………… 148

8	障害補償給付	149
9	遺族補償給付	155
10	葬祭料	165
11	傷病補償年金	165
12	介護補償給付	169

第4章　通 勤 災 害 …173

1	通勤災害給付の対象となる者	174
2	通勤の範囲	174
3	通勤の範囲から除外される場合	183
4	通勤による災害	186
5	通勤災害に対する給付の概要	187
6	療養給付	188
7	休業給付	191
8	障害給付	193
9	遺族給付	197
10	葬祭給付	206
11	傷病年金	207
12	介護給付	209

第5章　二次健康診断等給付と社会復帰促進等事業 …211

1	二次健康診断等給付	212
2	社会復帰促進等事業	219

第6章　民事賠償の概要および保険給付と民事賠償との調整 …231

1	民事賠償	232
2	労災保険の保険給付と民事損害賠償との調整	238

第7章　そ の 他 …247

1	不服申立てと訴訟	248

2	時効 ………………………………………………………………	249
3	事業主の助力など ………………………………………………	250
4	行政の権限 ………………………………………………………	251
5	印紙税の非課税など ……………………………………………	252
6	罰則 ………………………………………………………………	252

第1章
労災補償の義務

> 第1章においては、労働者が業務上負傷し、または疾病にかかった場合には、使用者は所定の補償を行わなければならないことについて解説します。

❶ 労災補償の義務の概要

　労働基準法は、憲法第27条第2項の「賃金、就業時間、休息その他の勤労条件に関する基準は、法律でこれを定める」という規定に基づき、労働条件の最低基準を定める法律として制定されていますが、その第8章には災害補償が定められています。

　労働基準法第8章は、労働者が業務上負傷し、または疾病にかかった場合、すなわち業務上災害に被災した場合には、その負傷、疾病が使用者の故意または過失によると否とにかかわらず、一定の補償を行うべきことを法律上の義務として定めています。

　業務災害とは、労働関係から生じた災害、すなわち労働者が労働契約に基づいて使用者の支配下において労働を提供する過程で、業務に起因して発生した災害をいいます。

　補償すべき内容としては療養補償、休業補償、障害補償、遺族補償および葬祭料が定められており、また、補償の方法としては、一定の場合には打切補償および分割補償が認められていて、労働者の補償を受ける権利は、労働者の退職によって変更されることはなく、また、譲渡しまたは差し押えることはできません。

❷ 療養補償

　労働者が業務上負傷し、または疾病にかかった場合には、使用者は、その費用で必要な療養を行い、または必要な療養の費用を負担しなければなりません（労働基準法第75条第1項）。

(1) 療養の範囲
　療養の範囲は、次のうち療養上相当と認められるものです（労働基準則第36条）。
① 診察
② 薬剤または治療材料の支給
③ 処置、手術その他の治療
　「その他の治療」には、熱気療法、温浴療法、電気療法、紫外線療法、レントゲ

ン療法、機械運動療法、マッサージ療法などが含まれます（昭和23年4月21日基収第998号）が、医師が必要を認めないにもかかわらず、医師以外の者から受けた諸療法のために要した費用は原則として補償の対象にはなりません（昭和23年2月25日基発第361号）。
④　居宅における療養上の管理およびその療養に伴う世話その他の看護
⑤　病院または診療所への入院およびその療養に伴う世話その他の看護
⑥　移送

(2) **負担すべき療養の費用の範囲**

　使用者が負担すべき療養の費用の範囲には療養施設への移送ないし通院に要する医師が症状に応じて必要と認めた交通機関の交通費や療養上相当程度の宿泊費（昭和23年2月25日基発第361号）、入院中のリンゴ、卵、牛乳などは含まれますが、医師、看護師などに対する治療の対価である報酬ではない単なる贈与的な謝礼金などは含まれません（昭和23年4月26日基収第1463号）。

(3) **療養補償を行うべき時期**

　療養補償は、その事由が発生すれば遅滞なく行わなければなりません。また、療養補償は、毎月1回以上行わなければなりません。このため、使用者の補償債務は、少なくとも補償の事由の生じた月の末日にその履行期が到来し、同日の経過とともに履行遅滞に陥ることになります（伸栄製機事件　最高裁第一小法廷昭和41年12月1日、労働基準則第39条　民集20.10.2017）。

(4) **療養補償を受ける権利**

　療養を受けた労働者が死亡した場合には、療養の費用の請求権は民法の規定により相続人に相続されますので、使用者は相続人にその費用を支払わなければなりません（昭和22年12月26日基発第579号）。

　また、労働者が療養補償の一部をその意思によって受けなかった場合にも、療養補償を受ける事由が存続しており、かつ、時効にかからない限りは、療養補償を受ける権利は消滅しません（昭和24年9月17日基収第2006号）。

(5) **医師の診断**

　労働者が就業中または事業場もしくは事業の附属建設物内で負傷し、疾病にかかりまたは死亡した場合には、使用者は、遅滞なく医師に診断させなければなりません（労働基準則第37条）。

❸ 休業補償

　労働者が業務上負傷し、または疾病にかかって、療養するため、労働することが

できないために賃金を受けない場合には、使用者は、労働者の療養中平均賃金の100分の60の休業補償を行わなければなりません（労働基準法第76条第1項）。

(1) 休業補償の対象となる労働者

休業補償の対象となる労働者は、業務上負傷し、または疾病にかかって、療養するため、労働することができないために賃金を受けない労働者です。

「労働することができない」とは、労働者が負傷し、または疾病にかかる直前に従事していた労働をすることができない場合だけではなく、一般的な労働不能の場合をいいます。また、一時的または一部労働不能の場合も含みます。

「賃金を受けない」場合には、賃金の全部を受けない場合だけでなく、賃金の一部を受けない場合も含みます。全く労働しないで賃金の一部を受ける場合には、当該賃金を受ける限度で休業補償が行われたと評価されますが、所定労働時間の一部分のみ労働した場合には、平均賃金と当該労働に対して支払われる賃金との差額の100分の60の額を休業補償として支払わなければなりません（労働基準則第38条）。

また、次の場合には、休業補償を行う必要はありません。

① 懲役、禁錮もしくは拘留の刑の執行のためまたは死刑の言渡しを受けて刑事施設または少年院に拘置されている場合
② 留置施設に留置されて懲役、禁錮または拘留の刑の執行を受けている場合
③ 労役場留置の言渡しを受けて労役場に留置されている場合
④ 監置の裁判の執行のため監置場に留置されている場合
⑤ 保護処分として少年院または児童自立支援施設に送致され、収容されている場合
⑥ 補導処分として婦人補導院に収容されている場合

(2) 休業補償を行うべき時期

休業補償は、通常の賃金支払日に補償金の支払を行うべきものと解されています。また、休業補償は、毎月1回以上行わなければなりません。このため、使用者の休業補償債務は、少なくとも、休業期間の属する月の末日の経過とともに遅滞に陥ることになります（伸栄製機事件最高裁判決、労働基準則第39条）。

(3) 休業補償の額

休業補償の額は、原則として労働者の平均賃金の100分の60の額です。

ア 平均賃金

1）平均賃金の算定方法

災害補償を行う場合の平均賃金は、原則として、災害補償を行うべき死亡もしくは負傷の原因となる事故が発生した日または診断によって疾病の発生が確定した日の前日（賃金締切日がある場合には直前の賃金締切日）からさかのぼって3月間に

支払われた賃金の総額をその期間の総日数で除して算定します。

　ただし、その金額は、次により計算した金額を下回ってはなりません（労働基準法第12条第1項、第2項、労働基準則第48条）。
① 　賃金が労働した日もしくは時間によって算定され、または出来高払い制その他の請負制によって定められた場合には、賃金の総額をその期間中に労働した日数で除した金額の100分の60
② 　賃金の一部が月、週その他一定の期間によって定められた場合には、その部分の総額をその期間の総日数で除した金額と①の金額の合算額

　なお、複数の使用者に使用されていた労働者が一方の使用者の事業場において業務上負傷した場合には、当該使用者から支払われた賃金に基づいて平均賃金を算定すれば足り、他方の使用者から支払われる賃金を含めて算定する必要はないと解されています（王子労基署長（凸版城北印刷）事件　東京高裁昭和60年12月26日、最高裁第三小法廷昭和61年12月16日　労判489．6）。

2）平均賃金の算定から除外される賃金
　平均賃金の算定に当たっては、次の賃金は、賃金の総額から除外されます（労働基準法第12条第4項、労働基準則第2条）。
① 　臨時に支払われた賃金
② 　3月を超える期間ごとに支払われる賃金
③ 　法令または労働協約の別段の定めに基づいて支払われる通貨以外の実物給与（その評価額は、法令に別段の定めがある場合のほか、労働協約に定めること）
④ 　3）の算定期間から除外される期間中に支払われた賃金

3）平均賃金の算定期間から除外される期間
　次の期間は、平均賃金の算定期間から除外されます(労働基準法第12条第3項)。
① 　業務上の負傷や病気による療養のための休業期間
② 　産前産後の休業期間
③ 　使用者の責めに帰すべき事由による休業期間
④ 　育児休業または介護休業の期間
⑤ 　試用期間

4）平均賃金に関するそのほかの取り扱い
　平均賃金については、そのほか、次のような取り扱いが行われています。
① 　試用期間中に平均賃金を算定すべき事由が発生した場合には、その試用期間中の日数および賃金は、平均賃金の算定の期間および賃金の総額に算入すること（労働基準則第3条）。
② 　3）の①から③までの期間が平均賃金を算定すべき事由の発生した日以前3月

以上にわたる場合または雇い入れの日に平均賃金を算定すべき事由の発生した場合の平均賃金は、都道府県労働局長の定めところによること（労働基準則第4条）。
③ 雇い入れ後3月に満たない者の平均賃金の算定の期間は、雇い入れ後の期間とすること（労働基準法第12条第6項）。
　なお、新設会社に転籍した労働者が転籍後3月を継続しない場合で、労働関係が実質的に継続していると認められる場合には、旧会社における期間を通算した3月間で平均賃金を算定します（昭和27年4月21日基収第1946号）。また、定年退職後再雇用されて3月に満たない場合で、定年退職後も引き続き同一業務に再雇用されるときは、算定事由発生日前3月間を算定期間として平均賃金を算定します（昭和45年1月22日基収第4464号）。
④ 日雇労働者の平均賃金は、次によること（労働基準法第12条第7項、昭和38年10月11日告示第52号）。
a．平均賃金を算定すべき事由の発生した日以前1月間に日雇労働者がその事業場において使用された期間がある場合には、その期間中に日雇労働者に対して支払われた賃金の総額をその期間中に日雇労働者がその事業場において労働した日数で除した金額の100分の73
b．a．により算定できない場合には、平均賃金を算定すべき事由の発生した日以前1月間にその事業場において同一業務に従事した日雇労働者に対して支払われた賃金の総額をその期間中にこれらの日雇労働者がその事業場において労働した総日数で除した金額の100分の73
c．a．およびb．により算定できない場合または日雇労働者もしくは使用者がa．またはb．により算定することを不適当と認め申請した場合には、都道府県労働局長が定める金額
d．一定の事業または職業について、都道府県労働局長がそれらに従事する日雇労働者の平均賃金を定めた場合には、その金額
　イ　休業補償の額のスライド制
1）休業補償の額を改訂しなければならない場合
　次のいずれかの場合には、休業補償の額を改訂し、改訂された額で休業補償を行なわなければなりません（労働基準法第76条第2項、労働基準則第38条の4、第38条の8）。
① 常時100人以上の労働者を使用する事業場において、休業補償を受けている労働者と同一職種、同一条件の他の労働者に対して所定労働時間労働した場合に支払われる通常の賃金の四半期ごとの1月1人当たり平均額（平均給与額）を基礎

として、その額が療養中の労働者が業務上負傷し、または疾病にかかった日の属する四半期における平均給与額の20パーセントを超えて上昇し、または低下した場合
　（注）「同一職種、同一条件の他の労働者に対して所定労働時間労働した場合に支払われる通常の賃金」は、次の方法によって算定します（労働基準法施行規則第38条の3、第25条第1項）。
a．時間によって定められた賃金は、その金額にその日の所定労働時間数を乗じた金額
b．日によって定められた賃金は、その金額
c．週によって定められた賃金は、その金額をその週の所定労働日数で除した金額
d．月によって定められた賃金は、その金額をその月の所定労働日数で除した金額
e．月、週以外の一定の期間によって定められた賃金は、a．からc．までに準じて算定した金額
f．出来高払制その他の請負制によって定められた賃金は、その賃金算定期間（当該期間に出来高払制その他の請負制によって計算された賃金がない場合には、当該期間前において出来高払制その他の請負制によって計算された賃金が支払われた最後の賃金算定期間）において出来高払制その他の請負制によって計算された賃金の総額を当該賃金算定期間における総労働時間数で除した金額に、当該賃金算定期間における1日平均所定労働時間数を乗じた金額
g．労働者の受ける賃金がa．からd．までの2種類以上の賃金よりなる場合には、その部分についてa．からd．までによってそれぞれ算定した金額の合計額
②　常時100人未満の労働者を使用する事業場において、厚生労働省において作成する毎月勤労統計における当該事業場の属する産業の「毎月きまって支給する給与」の各四半期ごとの労働者1人当たりの1月平均額を基礎として、その額が療養中の労働者が業務上負傷し、または疾病にかかった日の属する四半期の毎月勤労統計における平均給与額の20パーセントを超えて上昇し、または低下した場合
　（注1）「常時100人未満の労働者を使用する事業場」は、毎年4月1日から翌年3月31日までの間は、その年の4月1日前1年間に使用した延労働者数を当該1年間の所定労働日数で除した労働者数が100人未満である事業場をいいます（労働基準則第38条の2）。
　（注2）　厚生労働省において、毎月勤労統計における各産業の毎月きまって支給する給与の四半期ごとの平均給与額のその四半期の前における四半期ごとの平均給与額に対する比率に基づき、当該休業補償の額の算定にあたり平均賃金の100分の60（当該事業場が当該休業補償について常時100人以上の

　　　　労働者を使用するものとしてその額の改訂をしたことがあるものである場
　　　　合には、改訂された休業補償の額）に乗ずべき率を四半期ごとに告示しま
　　　　す（労働基準則第38条の7、第38条の9）。
　③　①の場合において業務上負傷し、または疾病にかかった労働者と同一職種の同
　　一条件の労働者がいない場合における当該労働者の休業補償の額の改訂は、当該
　　事業場の全労働者に対して所定労働時間労働した場合に支払われる通常の賃金の
　　四半期ごとの平均給与額を基礎として、その額が療養中の労働者が業務上負傷
　　し、または疾病にかかった日の属する四半期における平均給与額の20パーセント
　　を超えて上昇し、または低下した場合
　④　②の場合において毎月勤労統計に当該事業場の属する産業がないときは、告示
　　で休業補償の額を上昇させ、または低下させた場合
　　（注）　告示は、四半期ごとに行います（労働基準則第38条の9）。
　⑤　日日雇い入れられる者について、告示で休業補償の額を上昇させ、または低下
　　させた場合
　　（注）　告示は、四半期ごとに行います（労働基準則第38条の9）。
2）休業補償の額を改訂しなければならない時期
　　休業補償の額を改訂しなければならない時期は、平均給与額などが20パーセント
　を超えて上昇し、または低下した四半期の次の次の四半期です（労働基準法第76条
　第2項）。
3）改訂後の休業補償の額
　　改訂後の休業補償の額は、改訂の基礎となった四半期の平均給与額を基礎とし
　て、平均給与額などが20パーセントを超えて上昇または低下した比率に応じた額
　です。ただし、その比率を算出する場合に、その率に100分の1に満たない端数が
　あるときは、その端数は切り捨てます（労働基準則第38条の5、第38条の6）。
4）改訂後の休業補償の額の改訂
　　改訂後の休業補償の額の改訂についても、1）から3）と同様に行います（労働
　基準法第76条第2項）。
5）1）から4）までにより難い場合の取扱い
　　休業補償の額の改訂について、1）から4）までにより難い場合は、厚生労働大
　臣が定めることになっています（労働基準則第38条の10）。
⑷　**休業補償を行わなくてもよい場合**
　　労働者が重大な過失によって業務上負傷し、または疾病にかかり、かつ使用者が
　その過失について、労働基準則様式第15号に重大な過失があった事実を証明する書
　面を所轄の労働基準監督署長に提出して、その認定を受けた場合には、休業補償を

行わなくても差し支えありません（労働基準法第78条、労働基準則第41条）。
　「重大な過失」とは故意に類する過失の意味で、その認定は特に厳格に行うこととされており、概ね次の基準によって取り扱うことになっています（昭和22年９月13日発基第17号）。
① 休憩時間中の作業、担当外作業、安全衛生規則違反の作業などによる災害であっても使用者が通常黙認する慣習がある場合には認定をしない。
② 使用者が安全または衛生に関する基準に違反している場合は原則として認定をしないこと。
　労働者に「重大な過失」がある場合としては、例えば次のようなものがあります。
ア　労働者が法令に違反して業務上負傷し、または疾病にかかった場合
① 無免許運転による衝突事故（昭和26年８月13日基収第3392号）
② 飲酒運転による衝突事故（昭和26年９月27日基収第3920号）
③ 踏切前いったん停止を怠ったための衝突事故（昭和26年９月14日基収第3850号など）
④ 警察官の通過信号を待たずに道路横断を企てるなどの交通規則違反をし、かつ、手動式ブレーキが利かないにもかかわらず、電気ブレーキをかけておらず、しかも前方注意義務の履行をしていなかったなどの状況で受けた衝突事故（昭和23年８月６日基収第2776号）
イ　事業場の就業規則、安全衛生法令、使用者の危害防止に関する注意などが一般に遵守されているにもかかわらず、これに違反して業務上負傷し、または疾病にかかった場合
① 使用者が安全衛生法令の定めに沿って危害防止措置を行っており、かつ十分注意して、その指示命令が一般的に徹底しているにもかかわらず、障害物を除くため、運転中の機械に手を入れて受けた事故（昭和26年２月27日基収第562号）
② 労働者が使用すべき作業用はしごを使用せず、危険表示のある網張りを越え、登るべきでない鉄塔を登った電力会社の運転保守員の感電事故（昭和26年10月19日基収第4216号）
　なお、労働基準監督署長の認定について、労働基準監督署長が認定しなかったときは、労働基準法第85条の審査または仲裁を請求することはできませんが、行政不服審査法による不服申し立てまたは抗告訴訟の対象とすることはできます（日本医療団事件　最高裁第三小法廷昭和31年10月30日　民集10.10.1324、昭和29年６月９日基収第2675号）。
⑸　**休業期間中の解雇制限**
　使用者は、労働者が業務上負傷し、または疾病にかかり療養のために休業する期

間およびその後30日間は、天災事変その他やむを得ない事由のために事業の継続が不可能となった場合でその事由について労働基準則様式第2号により、所轄の労働基準監督署長の認定を受けたときを除き、解雇することが原則として禁止されています（労働基準法第19条、労働基準則第7条）。

4 障害補償

(1) 障害補償を行わなければならない障害の内容と障害補償の給付日数

使用者は、労働者が業務上負傷し、または疾病にかかり、治った場合に、表1－1の左欄の障害があるときは、それぞれに応じて表1－1の右欄に定める障害補償の給付日数に平均賃金を乗じて得た金額の障害補償を行わなければなりません（労働基準法第77条、労働基準則第40条第1項、別表第2）。

「治った場合」とは、傷病の症状が安定し、医学上一般に認められた医療を行ってもその医療効果が期待できなくなったときをいい、必ずしも元の身体状態に回復した場合だけをいうものではありません。

表1－1　障害の内容と障害補償の給付日数

障害	障害補償の給付日数（障害等級）
① 両眼が失明したもの ② 咀嚼および言語の機能を廃したもの ③ 神経系統の機能または精神に著しい障害を残し常に介護を要するもの ④ 胸腹部臓器の機能に著しい障害を残し常に介護を要するもの ⑤ 両上肢を肘関節以上で失ったもの ⑥ 両上肢の用を全廃したもの ⑦ 両下肢を膝関節以上で失ったもの ⑧ 両下肢の用を全廃したもの	1,340日分（第1級）
① 1眼が失明し他眼の視力が0.02以下になったもの ② 両眼の視力が0.02以下になったもの ③ 神経系統の機能または精神に著しい障害を残し随時介護を要するもの ④ 胸腹部臓器の機能に著しい障害を残し随時介護を要するもの ⑤ 両上肢を腕関節以上で失ったもの ⑥ 両下肢を足関節以上で失ったもの	1,190日分（第2級）
① 一眼が失明し他眼の視力が0.06以下になったもの	1,050日分（第3級）

② 咀嚼または言語の機能を廃したもの ③ 神経系統の機能または精神に著しい障害を残し終身労働に従事することができないもの ④ 胸腹部臓器の機能に著しい障害を残し終身労働に従事することができないもの ⑤ 10指を失ったもの	
① 両眼の視力が0.06以下になったもの ② 咀嚼および言語の機能に著しい障害を残すもの ③ 両耳を全く聾したもの ④ 1上肢を肘関節以上で失ったもの ⑤ 1下肢を膝関節以上で失ったもの ⑥ 10指の用を廃したもの ⑦ 両足をリスフラン関節以上で失ったもの	920日分（第4級）
① 1眼が失明し他眼の視力が0.1以下になったもの ② 神経系統の機能または精神に著しい障害を残し特に軽易な労働のほか従事することができないもの ③ 胸腹部臓器の機能に著しい障害を残し特に軽易な労働のほか従事することができないもの ④ 1上肢を腕関節以上で失ったもの ⑤ 1下肢を足関節以上で失ったもの ⑥ 1上肢の用を全廃したもの ⑦ 1下肢の用を全廃したもの ⑧ 10趾を失ったもの	790日分（第5級）
① 両眼の視力が0.1以下になったもの ② 咀嚼または言語の機能に著しい障害を残すもの ③ 両耳の聴力が耳に接しなければ大声を解することができない程度になったもの ④ 1耳を全く聾し他耳の聴力が40センチメートル以上の距離では尋常の話声を解することができない程度になったもの ⑤ 脊柱に著しい畸形または運動障害を残すもの ⑥ 1上肢の3大関節中の2関節の用を廃したもの ⑦ 1下肢の3大関節中の2関節の用を廃したもの ⑧ 1手の5指または拇指を併せ4指を失ったもの	670日分（第6級）
① 1眼が失明し他眼の視力が0.6以下になったもの ② 両耳の聴力が40センチメートル以上の距離では尋常の話声を解することができない程度になったもの ③ 1耳を全く聾し他耳の聴力が1メートル以上の距離では尋常の話声を解することができない程度になったもの ④ 神経系統の機能または精神に障害を残し軽易な労働のほか従	560日分（第7級）

事することができないもの ⑤　胸腹部臓器の機能に障害を残し軽易な労働のほか従事することができないもの ⑥　1手の拇指を併せ3指または拇指以外の4指を失ったもの ⑦　1手の5指または拇指を併せ4指の用を廃したもの ⑧　1足をリスフラン関節以上で失ったもの ⑨　1上肢に仮関節を残し著しい障害を残すもの ⑩　1下肢に仮関節を残し著しい障害を残すもの ⑪　10趾の用を廃したもの ⑫　外貌に著しい醜状を残すもの ⑬　両側の睾丸を失ったもの	
①　1眼が失明しまたは一眼の視力が0.02以下になったもの ②　脊柱に運動障害を残すもの ③　1手の拇指を併せ2指または拇指以外の3指を失ったもの ④　1手の拇指を併せ3指または拇指以外の4指の用を廃したもの ⑤　1下肢を5センチメートル以上短縮したもの ⑥　1上肢の3大関節中の1関節の用を廃したもの ⑦　1下肢の3大関節中の1関節の用を廃したもの ⑧　1上肢に仮関節を残すもの ⑨　1下肢に仮関節を残すもの ⑩　1足の5趾を失ったもの	450日分（第8級）
①　両眼の視力が0.6以下になったもの ②　1眼の視力が0.06以下になったもの ③　両眼に半盲症、視野狭窄または視野変状を残すもの ④　両眼の眼瞼に著しい欠損を残すもの ⑤　鼻を欠損しその機能に著しい障害を残すもの ⑥　咀嚼および言語の機能に障害を残すもの ⑦　両耳の聴力が1メートル以上の距離では尋常の話声を解することができない程度になったもの ⑧　1耳の聴力が耳に接しなければ大声を解することができない程度になり他耳の聴力が1メートル以上の距離では尋常の話声を解することが困難である程度になったもの ⑨　1耳を全く聾したもの ⑩　神経系統の機能または精神に障害を残し従事することができる労働が相当な程度に制限されるもの ⑪　胸腹部臓器の機能に障害を残し従事することができる労働が相当な程度に制限されるもの ⑫　1手の拇指または拇指以外の2指を失ったもの ⑬　1手の拇指を併せ2指または拇指以外の3指の用を廃したも	350日分（第9級）

の ⑭　1足の第1趾を併せ2趾以上を失ったもの ⑮　1足の5趾の用を廃したもの ⑯　外貌に相当程度の醜状を残すもの ⑰　生殖器に著しい障害を残すもの	
①　1眼の視力が0.1以下になったもの ②　正面視で複視を残すもの ③　咀嚼または言語の機能に障害を残すもの ④　14歯以上に対し歯科補綴を加えたもの ⑤　両耳の聴力が1メートル以上の距離では尋常の話声を解することが困難である程度になったもの ⑥　1耳の聴力が耳に接しなければ大声を解することができない程度になったもの ⑦　1手の拇指または拇指以外の2指の用を廃したもの ⑧　1下肢を3センチメートル以上短縮したもの ⑨　1足の第1趾または他の4趾を失ったもの ⑩　1上肢の3大関節中の1関節の機能に著しい障害を残すもの ⑪　1下肢の3大関節中の1関節の機能に著しい障害を残すもの	270日分（第10級）
①　両眼の眼球に著しい調節機能障害または運動障害を残すもの ②　両眼の眼瞼に著しい運動障害を残すもの ③　眼の眼瞼に著しい欠損を残すもの ④　10歯以上に対し歯科補綴を加えたもの ⑤　両耳の聴力が1メートル以上の距離では小声を解することができない程度になったもの ⑥　1耳の聴力が40センチメートル以上の距離では尋常の話声を解することができない程度になったもの ⑦　脊柱に畸形を残すもの ⑧　1手の示指、中指または環指を失ったもの ⑨　1足の第1趾を併せ2趾以上の用を廃したもの ⑩　胸腹部臓器の機能に障害を残し労働に相当な程度の支障があるもの	200日分（第11級）
①　1眼の眼球に著しい調節機能障害または運動障害を残すもの ②　1眼の眼瞼に著しい運動障害を残すもの ③　7歯以上に対し歯科補綴を加えたもの ④　1耳の耳殻の大部分を欠損したもの ⑤　鎖骨、胸骨、肋骨、肩胛骨または骨盤骨に著しい畸形を残すもの ⑥　1上肢の3大関節中の1関節の機能に障害を残すもの ⑦　1下肢の3大関節中の1関節の機能に障害を残すもの	140日分（第12級）

⑧　長管骨に畸形を残すもの ⑨　1手の小指を失ったもの ⑩　1手の示指、中指または環指の用を廃したもの ⑪　1足の第2趾を失ったもの、第2趾を併せ2趾を失ったものまたは第3趾以下の3趾を失ったもの ⑫　1足の第1趾または他の4趾の用を廃したもの ⑬　局部に頑固な神経症状を残すもの ⑭　外貌に醜状を残すもの	
①　1眼の視力が0.6以下になったもの ②　1眼に半盲症、視野狭窄または視野変状を残すもの ③　正面視以外で複視を残すもの ④　両眼の眼瞼の一部に欠損を残しまたは睫毛禿を残すもの ⑤　5歯以上に対し歯科補綴を加えたもの ⑥　胸腹部臓器の機能に障害を残すもの ⑦　1手の小指の用を廃したもの ⑧　1手の拇指の指骨の一部を失ったもの ⑨　1下肢を1センチメートル以上短縮したもの ⑩　1足の第3趾以下の1趾または2趾を失ったもの ⑪　1足の第2趾の用を廃したもの、第2趾を併せ2趾の用を廃したものまたは第3趾以下の3趾の用を廃したもの	90日分（第13級）
①　1眼の眼瞼の一部に欠損を残しまたは睫毛禿を残すもの ②　3歯以上に対し歯科補綴を加えたもの ③　1耳の聴力が1メートル以上の距離では小声を解することができない程度になったもの ④　上肢の露出面に手掌面大の醜痕を残すもの ⑤　下肢の露出面に手掌面大の醜痕を残すもの ⑥　1手の拇指以外の指骨の一部を失ったもの ⑦　1手の拇指以外の指の末関節を屈伸することができなくなったもの ⑧　1足の第3趾以下の1趾または2趾の用を廃したもの ⑨　局部に神経症状を残すもの	50日分（第14級）

（注1）　視力の測定は万国式試視力表によって行います。屈折異常のあるものについては矯正視力について測定します。
（注2）　指を失ったものとは、拇指は指関節、その他の指は第1指関節以上を失ったものをいいます。
（注3）　指の用を廃したものとは、指の末節の半分以上を失いまたは掌指関節もしくは第1指関節（拇指の場合は指関節）に著しい運動障害を残すものをいいます。
（注4）　趾を失ったものとは、その全部を失ったものをいいます。
（注5）　趾の用を廃したものとは、第1趾は末節の半分以上、その他の趾は末関節以上を

　　　　失ったものまたは蹠趾関節もしくは第1趾関節（第1趾の場合は趾関節）に著しい
　　　　運動障害を残すものをいいます。

(2)　障害が2つ以上ある場合の取扱い
　　表1－1の右欄の障害等級が第5級以上に該当するものが2つ以上ある場合には
　3級繰り上げて算定します。ただし、障害補償の金額は、それぞれの障害の該当す
　る等級による額を合算した額を超えることはできません。
　　同様に、表1－1の右欄の障害等級が第8級以上に該当するものが2つ以上ある
　場合には2級、表1－1の右欄の障害等級が第13級以上に該当するものが2つ以上
　ある場合には1級、それぞれ繰り上げて算定します。ただし、いずれの場合におい
　ても、障害補償の金額は、それぞれの障害の該当する等級による額を合算した額を
　超えることはできません。
　　それ以外の障害が2つ以上ある場合は、重い障害の該当する等級が適用されます
　（労働基準則第40条第2項、第3項）。
(3)　障害等級表に定めのない障害に関する取扱い
　　表1－1の左欄の障害以外の障害がある者については、その障害程度に応じ、表
　1－1の左欄の障害に準じて、障害補償を行わなければなりません（労働基準則第
　40条第4項）。
(4)　既に障害がある者が同一部位について障害の程度を加重した場合の取扱
　　い
　　既に障害がある者が、業務上の負傷または疾病によって同一部位について障害の
　程度を加重した場合には、その加重された障害の該当する障害補償の金額から既に
　あった障害の該当する障害補償の金額を差し引いた金額の障害補償を行わなければ
　なりません（労働基準則第40条第5項）。
(5)　障害補償を行う時期
　　障害補償は、労働者の負傷または疾病が治った後障害の等級が決定した日から7
　日以内に行わなければなりません（労働基準法施行規則第47条第1項）。
(6)　障害補償を行わなくてもよい場合
　　労働者が重大な過失によって業務上負傷し、または疾病にかかり、かつ使用者が
　その過失について、労働基準則様式第15号に重大な過失があった事実を証明する書
　面を所轄の労働基準監督署長に提出して、その認定を受けた場合には、障害補償を
　行わなくても差し支えありません（労働基準法第78条、労働基準則第41条。労働者
　の重大な過失および労働基準監督署長の認定の取扱いについては8、9頁参照）。

5 遺族補償

労働者が業務上死亡した場合においては、使用者は、遺族に対して、平均賃金の1,000日分の遺族補償を行わなければなりません（労働基準法第79条）。

(1) 遺族補償の受給権者

ア　第1順位者

遺族補償を受ける第1順位者は、①労働者の配偶者（事実上の婚姻関係にある場合を含む。以下同じ）です（労働基準法施行規則第42条第1項）。

これに関しては、次のような取扱いが行われています。

① 夫が死亡した当時、妻が他の男と同棲していた場合に、子があったとしても、妻が受給権者である（昭和23年9月17日基収第1824号）。

② 死亡した者が法律上の妻と離別し、他の女と同棲し、事実上の婚姻関係にある場合であっても、法律上の妻が受給権者である（昭和23年5月14日基収第1642号）。

③ 死亡した者が他の男の法律上の妻と同棲していた場合であっても、その女には受給資格はない（昭和22年12月10日基発第464号）。

④ 内縁関係にあった女が労働者が死亡した当時事実上の婚姻関係が消滅していたときには、その女には受給資格はない（昭和25年8月8日基収第2149号）。

イ　第2順位者

配偶者がない場合の遺族補償を受ける第2順位者は、労働者の死亡当時その収入によって生計を維持していたか、または労働者の死亡当時労働者と生計を一にしていた②子、③父母（養父母が先で実父母は後。以下同じ）、④孫、⑤祖父母の順です（労働基準法施行規則第42条第2項）。

嫡出でない子は、認知されない限り、子には該当しません（昭和25年8月8日基収第2149号）。

ウ　第3順位者

配偶者および第2順位者がない場合の遺族補償を受ける遺族補償を受ける第3順位者は、労働者の死亡当時その収入によって生計を維持しておらず、かつ労働者の死亡当時労働者と生計を一にしていなかった⑥子、⑦父母、⑧孫、⑨祖父母、⑩労働者の死亡当時その収入によって生計を維持していたか、または労働者の死亡当時労働者と生計を一にしていた兄弟姉妹、⑪労働者の死亡当時その収入によって生計を維持しておらず、かつ労働者の死亡当時労働者と生計を一にしていなかった兄弟姉妹の順です（労働基準則第43条第1項）。

エ　遺言または使用者に予告した場合の第3順位者の取扱い

労働者が遺言または使用者に対してした予告で第3順位者のうち特定の者を指定した場合には、受給権者はその指定した者です（労働基準則第43条第2項）。
オ　同順位の者が2人以上いる場合の取扱い
　遺族補償の受給資格の同順位の者が2人以上いる場合には、遺族補償はその人数で等分します（労働基準則第44条）。
カ　遺族補償の受給権者が死亡した場合の取扱い
　遺族補償の受給権者が死亡した場合には、その者の受給権は消滅し、その者を除いて順位を定めます（労働基準則第45条）。

(2) 遺族補償の支給時期
　遺族補償は、労働者の死亡後遺族補償の受給権者が決定した日から7日以内に支払わなければなりません（労働基準則第47条第2項）。

(3) 第三者の不法行為によって発生した場合の第三者に対する損害賠償請求権の取得
　使用者が遺族補償を行った場合に、遺族補償の原因となった事故が第三者の不法行為によって発生したときは、その補償をした使用者が第三者に対する損害賠償請求権を取得すると解されています（南海電気鉄道・中央貨物運輸・日海荷受事件　最高裁第三小法廷昭和36年1月24日　民集15.1.35）。

6　葬祭料

　労働者が業務上死亡した場合には、使用者は、葬祭を行う者に対して、葬祭料の受給権者が決定した日から7日以内に平均賃金の60日分の葬祭料を支払わなければなりません（労働基準法第80条、労働基準則第47条第2項）。

7　打切補償

　療養補償を受ける労働者が、療養開始後3年を経過しても負傷または疾病が治らない場合には、使用者は、平均賃金の1,200日分の打切補償を行い、その後は療養補償、休業補償、障害補償および遺族補償ならびに葬祭料の支払いを行わなくても差し支えありません（労働基準法第81条、昭和28年4月8日基発第192号）。

(1) 期間の計算
　「療養開始後3年」については、次のように取り扱われています（昭和25年1月20日基収第3689号）。
①　負傷、疾病の当初から療養継続中の者については、療養を始めた日から3年

② 療養をいったん中止した後、療養を再開した場合には、中止した期間を除き通算する。
③ 療養継続中療養を中止し、その中止が自己療養による場合には、中止した期間を含めて通算する。

(2) 打切補償の効果

使用者が打切補償を行ったときは、労働者が業務上負傷し、または疾病にかかり療養のために休業する期間およびその後30日間の解雇制限が解除されます（9、10頁参照）。

なお、労災保険法の傷病補償年金を受けることになった場合にも、解雇制限の解除に関しては、打切補償を行ったとみなされます（168頁参照）。

(3) 打切補償を請求する権利

打切補償については、使用者が打切補償を行う意思を表示しない限り、労働者から打切補償を請求する権利はありません（伸栄製機事件　最高裁第一小法廷昭和41年12月1日）。

8 分割補償

(1) 分割補償

使用者は、支払能力のあることを証明し、補償の受給権者の同意を得た場合には、障害補償または遺族補償に替えて、平均賃金に表1－2の左欄の種別および表1－2の中欄の等級に応じて表1－2の右欄に定める日数を乗じて得た額を、6年にわたり毎年補償することができます（労働基準法第82条、別表第3）。

分割補償を行う場合には、第2回以後の分割補償は、毎年第1回の分割補償を行った月と同じ月に行わなければなりません（労働基準則第47条第3項）。

表1－2　分割補償表

種　別	等　級	災害補償
障害補償	第1級	240日分
	第2級	213日分
	第3級	188日分
	第4級	164日分
	第5級	142日分
	第6級	120日分

	第7級	100日分
	第8級	80日分
	第9級	63日分
	第10級	48日分
	第11級	36日分
	第12級	25日分
	第13級	16日分
	第14級	9日分
遺族補償		180日分

⑵ 分割補償開始後の一時払い

　分割補償を開始した後、補償の受給権者の同意を得た場合には、表1―3の種別、等級、既に支払った年数に応じてそれぞれに定められた日数に平均賃金を乗じた金額を支払うことにより、残余の補償金額を一時に支払うことができます（労働基準則第46条、別表第3）。

表1―3　分割補償の残余額一時払表

区分	等級	既に支払った年数					
		既に支払った分割補償が1年分のとき	既に支払った分割補償が2年分のとき	既に支払った分割補償が3年分のとき	既に支払った分割補償が4年分のとき	既に支払った分割補償が5年分のとき
障害補償	第1級	1,132日分	919日分	699日分	473日分	240日分
	第2級	1,005日分	815日分	621日分	420日分	213日分
	第3級	887日分	720日分	548日分	371日分	188日分
	第4級	774日分	628日分	478日分	323日分	164日分
	第5級	670日分	544日分	414日分	280日分	142日分
	第6級	566日分	459日分	350日分	237日分	120日分
	第7級	472日分	383日分	291日分	197日分	100日分
	第8級	377日分	306日分	233日分	158日分	80日分
	第9級	297日分	241日分	184日分	124日分	63日分
	第10級	226日分	184日分	140日分	95日分	48日分

	第11級	170日分	138日分	105日分	71日分	36日分
	第12級	118日分	96日分	73日分	49日分	25日分
	第13級	75日分	61日分	47日分	32日分	16日分
	第14級	42日分	34日分	26日分	18日分	9日分
遺族補償		849日分	689日分	524日分	355日分	180日分

9　建設業の請負事業に関する取扱い

　「土木、建築その他工作物の建設、改造、保存、修理、変更、破壊、解体またはその準備の事業」が数次の請負によって行われる場合には、1から7までの災害補償については、その元請負人が使用者とみなされます。

　ただし、元請負人が書面による契約で下請負人に補償を引き受けさせた場合には、その下請負人もまた1から7までの災害補償についての使用者となりますが、その場合でも、2人以上の下請負人に、同一の事業について重複して補償を引き受けさせることはできません。

　元請負人が書面による契約で下請負人に補償を引き受けさせた場合、元請負人が補償の請求を受けたときは、補償を引き受けた下請負人に対して、まず催告するように請求することができます。ただし、その下請負人が破産手続開始の決定を受け、または行方が知れない場合には、下請負人に対して催告するように請求することはできません（労働基準法第87条、労働基準則第48条の2）。

10　災害補償に関するその他の取扱い

(1)　補償を受ける権利

　補償を受ける権利は、労働者の退職によって変更されることはありません。したがって、退職した後に負傷や疾病が再発した場合には、前の使用者が補償を行わなければなりません（労働基準法第83条第1項、昭和24年4月8日基収第206号）。

　また、補償を受ける権利を第三者に譲渡したり、担保に入れたりすることも、あるいは差し押えや相殺の対象とすることも禁止されています（労働基準法第83条第2項）。

(2)　労災保険法などとの関係

　1から7までの災害補償の事由について、労災保険法、国家公務員災害補償法、

「公立学校の学校医、学校歯科医及び学校薬剤師の公務災害補償に関する法律」または地方公務員災害補償法に基づく条例に基づいて1から7までの災害補償に相当する給付を受けることができる場合には、使用者は、1から7までの災害補償の責任を免れます（労働基準法第84条第1項）。

労災保険法の療養補償給付、休業補償給付、障害補償給付、遺族補償給付、葬祭料および傷病補償年金は、労働基準法の療養補償、休業補償、障害補償、遺族補償、葬祭料および打切補償に相当するものとみなされていますので、労災保険に加入している事業の労働者については、休業補償給付が支給されない休業最初の3日間を除き、労災保険法に基づき保険給付を受けることができますから、使用者は、労働基準法による補償責任を免除されます（昭和41年1月31日基発第73号）。

このため、仮に労災保険法による給付内容が労働基準法による補償の額を下回る場合であっても、使用者にはその差額を補償すべき義務はありません（戸塚管工事事件　最高裁第一小法廷昭和49年3月28日　労判224.10）。

(3) **民法との関係**

使用者は、労働基準法による補償を行った場合には、同一の事由については、その価額の限度において民法による損害賠償の責任を負いません（労働基準法第84条第2項）。

このため、労災保険法の業務災害に関する療養補償給付、休業補償給付、障害補償給付、遺族補償給付および葬祭料は、労働基準法に規定する災害補償の事由が生じた場合に、補償を受けるべき労働者もしくは遺族または葬祭を行う者に対して行います（労災保険法第12条の8第2項）ので、労働基準法に規定する災害補償の事由について、労災保険法などに基づいて労働基準法の災害補償に相当する給付が行われる場合には、使用者は、補償の責任を免れます（神奈川都市交通事件　最高裁第一小法廷平成20年1月24日　労判953.5）。

この場合に、同一の事由について労災保険の支給額が労働基準法で定める補償額に達しないときでも、使用者は、災害補償義務の全部を免れます（戸塚管工事事件　最高裁第一小法廷昭和49年3月28日　労判224.10）。

労働基準法による災害補償と民法の損害賠償とが「同一の事由」であるとは、単に同一の災害から生じた損害であることを指すものではなく、労働基準法による災害補償の対象となった損害と民法の損害賠償の対象となる損害とが同質同一であり、双方の制度によって填補を与えられる関係にあることを指すものと解されていて（大阪小型自動車事件　大阪高裁昭和29年9月29日　高裁民集7.10.780）、労働基準法による災害補償は財産上の損害の填補のみを目的としていて、精神的損害の填補を目的としていないので、遺族補償および葬祭料は慰藉料と「同一の事由」に

はなりません（山崎鉱業所事件　最高裁第一小法廷昭和37年4月26日　民集16.4.975）。

(4) **審査および仲裁**
ア　第1次の審査および仲裁

　業務上の負傷、疾病または死亡の認定、療養の方法、補償金額の決定その他補償の実施に関して異議のある者は、所轄の労働基準監督署長に対して、審査または事件の仲裁を申し立てることができます（労働基準法第85条第1項）。

　一方、労働基準監督署長は、必要があると認める場合には、職権で審査または事件の仲裁をすることができます（労働基準法第85条第2項）。

　審査もしくは仲裁の申立てがあった事件または労働基準監督署長が職権で審査もしくは仲裁を開始した事件について民事訴訟が提起されたときは、労働基準監督署長は、当該事件については、審査または仲裁を行いません（労働基準法第85条第3項）。

　労働基準監督署長は、審査または仲裁のために必要であると認める場合には、医師に診断または検案をさせることができます（労働基準法第85条第4項）。

　審査または仲裁の申立ておよび労働基準監督署長が職権で行う審査または仲裁の開始は、時効の中断に関しては、裁判上の請求とみなされます（労働基準法第85条第5項）。

イ　第2次の審査および仲裁

　第1次の労働基準監督署長による審査および仲裁の結果に不服のある者は、都道府県労働局に置かれる労働者災害補償保険審査官の審査または仲裁を申し立てることができます（労働基準法第86条第1項、労働保険審査官及び労働保険審査会法第6条）

　労働者災害補償保険審査官に審査または仲裁の申立てがあった事件についても、民事訴訟が提起されたときは、労働者災害補償保険審査官は、当該事件については、審査または仲裁を行いません（労働基準法第86条第2項）。

第2章
労災保険の基本的な枠組み

> 第2章においては、労災保険の基本的な枠組みについて解説します。

❶ 労災保険の目的など

⑴ 労災保険の目的

　労災保険は、業務災害または通勤災害により、労働者が負傷した場合、疾病にかかった場合、障害が残った場合、死亡した場合などについて、被災した労働者またはその遺族に対して迅速かつ公正な保護をするため、保険給付を行う制度です。

　また、このほかに被災した労働者の社会復帰の促進、被災した労働者およびその遺族の援護、労働者の安全および衛生の確保などの事業を行っています（労災保険法第1条）。

　労災保険は、政府が管掌し、保険給付と社会復帰促進等事業を行います（労災保険法第2条、第3条）。

⑵ 労災保険と労働基準法の災害補償との関係

　業務災害については、第1章でみたとおり、労働基準法に使用者が療養補償その他の災害補償をしなければならないと定められています。

　このため、労働者が確実に補償を受けられるようにするとともに、事業主の補償負担の軽減のために労災保険が設けられていて、労働者を1人でも使用すれば強制的に適用事業とし、被災した労働者が労災保険による補償給付を受けた場合には、使用者は労働基準法の補償義務を免除されます（20、21頁参照）。

⑶ 健康保険との関係

　労働者の負傷、疾病などに対する保険制度としては、健康保険もありますが、健康保険は、労働者の業務以外の事由による疾病、負傷、死亡などに関して保険給付を行うと定められており、業務災害について健康保険による給付を受けることはできません。

❷ 労働者

　労災保険の保険給付などを受けられる「労働者」については、労災保険法に定義はありませんが、労働基準法第9条に規定している「労働者」と同一であると解されています。

　労働基準法第9条の「労働者」は、「職業の種類を問わず、事業に使用される者

で、賃金を支払われる者」と規定しています。
　したがって、「労働者」とは、次の3つの要件を満たす者をいいます。
① 　事業・事務所（適用事業）に使用される者であること。
② 　他人から指揮命令を受けて使用される者であること。
③ 　賃金を支払われる者であること。
　このため、一般的には、請負契約による場合などは、その業務を自己の業務として注文主から独立して処理するものである限り、たとえ本人が労務に従事する場合であっても同法の「労働者」になることはありません（昭和23年1月9日基発第14号）。たとえば、工場がその建物などの施設を大工に修繕させる場合は請負契約に該当するので、同法の「労働者」にはなりません（昭和23年12月25日基収第4281号）。
　しかしながら、形式上は請負のような形をとっていても、その実体において使用従属関係があるときはその関係は労働関係であり、その請負事業者は「労働者」に該当します。

(1) 労働者の判断基準
　「労働者」に該当するか否かについては、次の基準により判断されます（労働基準法研究会報告「労働基準法の『労働者』の判断基準について（昭和60年12月19日）」）。
ア 　「使用従属性」に関する判断基準
1 ）「指揮監督下の労働」に関する判断基準
① 　仕事の依頼、業務従事の指示などに対する諾否の自由の有無
　仕事の依頼、業務従事の指示などに対する諾否の自由があることは、指揮監督関係を否定する重要な要素となります。これを拒否する自由を有しない場合は、指揮監督関係を推認させる重要な要素となります。ただし、その場合には、その事実関係だけでなく、契約内容なども勘案する必要があります。
② 　業務遂行上の指揮監督の有無
　業務の内容および遂行方法について「使用者」の具体的な指揮命令を受けていることは、指揮監督関係の基本的かつ重要な要素です。しかし、通常注文者が行う程度の指示などにとどまる場合には、指揮監督を受けているとはいえません。
　「使用者」の命令、依頼などにより通常予定されている業務以外の業務に従事することがある場合には、「使用者」の指揮監督を受けているとの判断を補強する重要な要素となります。
③ 　拘束性の有無
　勤務場所および勤務時間が指定され、管理されていることは、一般的には指揮監督関係の基本的な要素です。しかし、業務の性質、安全を確保する必要などから必然的に勤務場所および勤務時間が指定される場合があり、その指定が業務の性質な

どによるものか、業務の遂行を指揮命令する必要によるものかを見極める必要があります。
④　代替性の有無
　本人に代わって他の者が労務を提供することが認められていること、また、本人が自らの判断によって補助者を使うことが認められていることなど、労務提供の代替性が認められている場合には、指揮監督関係を否定する要素の1つです。
2）報酬の労務対償性の有無に関する判断基準
　報酬が時間給を基礎として計算されるなど労働の結果による較差が少ない、欠勤した場合には応分の報酬が控除され、いわゆる残業をした場合には通常の報酬とは別の手当が支給されるなど報酬の性格が使用者の指揮監督のもとに一定時間労務を提供していることに対する対価と判断される場合には、「使用従属性」を補強します。
イ　「労働者性」の判断を補強する要素
1）事業者性の有無
①　機械、器具の負担関係
　本人が所有する機械、器具が著しく高価の場合には自らの計算と危険負担に基づいて事業経営を行う「事業者性」としての性格が強く、「労働者性」を薄める要素となります。
②　報酬の額
　報酬の額が、その企業において同種の業務に従事している正規従業員に比して著しく高額な場合には、その報酬は自らの計算と危険負担に基づいて事業経営を行う「事業者性」に対する代金の支払いと認められ、その結果、「労働者性」を薄める要素となります。
③　その他
　裁判例においては、業務遂行上の損害に対する責任を負う、独自の商号使用が認められているなどの点を「事業者性」としての性格を補強する要素としているものがあります。
2）専属性の程度
　他社の業務に従事することが制度上制約され、また時間的余裕がなく事実上困難である場合には、専属性の程度が高く、いわゆる経済的にその企業に従属していると考えられ、「労働者性」を補強する要素のひとつと考えて差し支えありません。
　報酬に固定給部分がある、業務の配分などにより事実上固定給となっている、その額も生計を維持しうる程度のものであるなど報酬に生活保障的な性格が強いと認められる場合には、「労働者性」を補強するものと考えて差し支えありません。

3）その他

裁判例においては、①採用、委託などの際の選考過程が正規従業員の採用の場合とほとんど同様であること、②報酬について給与所得としての源泉徴収を行っていること、③労働保険の適用対象としていること、④服務規律を適用していること、⑤退職金制度、福利厚生を適用していることなど「使用者」がその者を自らの労働者と認識していると推認される点を「労働者性」を肯定する判断の補強理由とするものがあります。

(2) **具体的な事例**

個々の具体的な事例について「労働者」に該当するか否かについて判断を示した行政解釈などは、多数あります。

例えば、新聞販売店と配達人との関係（昭和22年11月27日基発第400号）、生命保険外務員（昭和23年1月9日基発第13号）、会社役員（昭和23年1月9日基発第14号など）、看護婦養成所の生徒（昭和24年6月24日基発第648号など）、楽団などの団員（昭和24年7月7日基収第2145号）、競輪選手（昭和25年4月24日基収第4080号）、鍼灸治療院の鍼灸師（昭和36年4月19日基収第800号）、商船学校の実習生（昭和57年2月19日基発第121号）、芸能タレント（昭和63年7月30日基収第355号）、手間請け従事者および芸能関係者（労働基準法研究会平成8年3月）、インターンシップの学生（平成9年9月18日基発第636号）、障害者自立支援法に基づく就労継続支援などにより作業を行う障害者（平成18年10月2日基発第1002004号など）などについて、それぞれの実情に沿って判断されています。

また、労働者であるか否かが問題となった判例には、次のようなものがあります。

① 証券会社の外務員（労働基準法の適用さるべき性質のものではない。山崎証券事件　最高裁第一小法廷昭和36年5月25日）

② 職務内容が塗装機械用の塗料製法の指導、塗料の研究で、直接加工部長の指揮命令に服することなく、同部長の相談役ともいうべき立場の嘱託（労働者である。大平製紙事件　最高裁第二小法廷昭和37年5月18日）

③ 宅地造成工事業者の監督の下に自己所有の工具類を使用して掘り出した石を割る作業者（労働者と使用者の関係にあった。岡山労基署（河口宅地造成）事件　最高裁第二小法廷昭和41年4月22日）

④ 車両持ち込み運転手（労働者には当たらない。横浜南労基署長（旭紙業）事件　最高裁第一小法廷平成8年11月28日　労判714.14）

⑤ 医科大学の研修医（労働者に当たる。関西医科大学研修医事件　最高裁第一小法廷平成17年6月3日　労判893.14）

⑥ 作業場を持たずに1人で工務店の大工仕事に従事する大工（工務店の指揮監督

の下に労務を提供していたものと評価することはできない。藤沢労基署長事件
最高裁第一小法廷平成19年6月28日　労判940.11）

(3) 同居の親族のみを使用する事業に使用される者および家事使用人の取扱い

労働基準法第116条第2項は「同居の親族のみを使用する事業に使用される者」および家事使用人については、同法の適用を除外していますが、労災保険についても、これらの者には適用されないと解されています。

❸ 特別加入

(1) 特別加入の概要

労災保険は、労働者の業務災害および通勤災害に対する保護を主たる目的とするものであり、事業主、自営業者、家族従業者など労働者以外の者は労災保険の対象になりません。

しかし、労働者以外の者のなかには、その業務の実態や災害の発生状況その他からみて労働者に準じて保護をすることが適当である者もいます。これらの者を労災保険の適用労働者とみなして労災保険に加入させ、業務災害および通勤災害について保険給付などを行うために、労災保険には特別加入制度が設けられています（労災保険法第4章の2）。

特別加入することができるのは、次の者です（労災保険法第33条）。

ア　中小事業主およびその家族従事者など
イ　一人親方その他の自営業者およびその事業に従事する者
ウ　特定作業従事者
1）農業関係作業従事者
①　特定農作業従事者
②　指定農業機械作業従事者
2）国または地方公共団体が実施する訓練従事者
①　職場適応訓練従事者
②　事業主団体等委託訓練従事者
3）家内労働法の適用を受け特定の作業に従事する者
4）労働組合などの常勤役員
5）介護作業従事者
エ　海外派遣者など

(2) 中小事業主およびその家族従事者などの特別加入

ア　特別加入の範囲

中小事業主およびその家族従事者などの特別加入（第1種特別加入）ができるのは、表2―1の左欄の業種の区分に応じて表2―1の右欄の数以下の労働者を使用する事業の事業主で労働保険事務組合（事業主から委託を受けて労働保険の保険料の申告・納付などの労働保険事務を行うことについて厚生労働大臣の認可を受けた事業主団体など）に労働保険事務の処理を委託する者（事業主が法人その他の団体であるときは、その代表者）および労働者以外で当該事業に従事する者（事業主の家族従事者や、中小事業主が法人その他の団体である場合の代表者以外の役員など）です（労災保険法第33条、労災保険則第46条の16）。

表2―1　中小事業主の範囲

業種の区分	労働者数
金融業・保険業・不動産業・小売業	50人
卸売業・サービス業	100人
上記以外の業種	300人

　なお、継続して労働者を使用していない場合であっても、1年間に100日以上にわたり労働者を使用している場合には、常時労働者を使用しているものとして取り扱われます。

イ　特別加入の要件

　中小事業主およびその家族従事者などが特別加入するためには、労働保険の事務処理を労働保険事務組合に委託しているとともに、その事業について労働保険関係が成立していること、その中小事業主および中小事業主の家族従事者などを包括して申請することが必要です。

　なお、同一の中小事業主が2つ以上の事業の事業主となっている場合には、それぞれの事業について成立している保険関係に基づいて、特別加入しなければなりません（昭和40年11月1日基発第1454号）ので、複数の事業を行っていた事業主が特別加入の承認を受けていたとしても、労働者を使用することなく行っていた事業については労働者に関して保険関係が成立していないために特別加入による対象にはなりません（姫路労基署長事件　最高裁一小法廷平成9年1月23日　労判716.6）。

ウ　特別加入の手続

1）加入申請

　特別加入を希望する中小事業主は、次の事項を記載した「特別加入申請書（中小事業主等）（様式第34号の7）」を委託する労働保険事務組合を通じて所轄の労働基

準監督署長を経由して都道府県労働局長に対して提出しなければなりません（労災保険法第34条第1項、労災保険則第46条の19第1項～第3項）。
① 事業主の氏名または名称および住所
② 申請の事業の労働保険番号および名称ならびに事業場の所在地
③ 中小事業主およびその家族従事者などの氏名、その者が従事する業務の内容ならびに当該家族従事者などの当該事業主との関係
　（注）　従事する業務の内容の記載は、その就業時間を明示するなど特別加入予定者の業務の範囲を明確に特定できる程度に具体的なものでなければなりません（昭和40年11月1日基発第1454号）。
④ 労働保険事務組合に労働保険事務の処理を委託した日
　（注）　労働保険事務組合の証明を受けることが必要です。
⑤ 中小事業主およびその家族従事者などの従事する業務が表2－2の左欄の業務である場合は、その業務歴

表2－2　健康診断が必要な業務の種類

業　務	特別加入前に業務に従事した通算期間	健康診断
粉じん作業を行う業務	3年	じん肺健康診断
さく岩機、鋲打ち機、チェーンソーなどの機械器具の使用により身体に振動を与える業務	1年	振動障害健康診断
鉛業務	6月	鉛中毒健康診断
有機溶剤業務	6月	有機溶剤中毒健康診断

　このほか、申請書には、希望する給付基礎日額を記載します。
2）都道府県労働局長の承認
　中小事業主およびその家族従事者などが表2－2の左欄の業務に従事する場合で、特別加入前に業務に従事した通算期間がそれぞれに応じて定める表2－2の中欄の期間であるときは、特別加入の申請を受けた所轄の都道府県労働局長は、都道府県労働局長が指定する病院または診療所の医師によるそれぞれに応じて定める表2－2の右欄の健康診断の結果を証明する書類を所轄の労働基準監督署長を経由して提出させます（労災保険則第46条の19第4項、昭和62年3月30日発労第23号・基発第175号）。

健康診断の結果を証明する書類により、特別加入予定者が既に疾病に罹患しており、その症状または障害の程度が一般的に就労することが困難で、療養に専念しなければならないと認められる場合には、従事する内容にかかわらず特別加入は認められません。また、特別加入予定者がすでに疾病にかかっており、その症状または障害の程度が当該業務からの転換を必要とすると認められた場合には、当該業務以外の業務についてのみ特別加入が認められます（昭和62年３月30日発労第23号・基発第175号）。

　中小事業主およびその家族従事者などの特別加入については、その申請に対する所轄の都道府県労働局長の承認によって行われ、都道府県労働局長は「特別加入承認通知書」により、承認した旨または承認しない旨通知します（労災保険則第46条の19第５項）。

３）変更の手続き

　既に特別加入を承認されている者の氏名、作業内容に変更があった場合または特別加入対象者に新たに該当するに至った者もしくは特別加入対象者に該当しなくなった者が生じた場合には、「特別加入に関する変更届（様式第34号の８）」を労働保険事務組合を通じて所轄の労働基準監督署長を経由して都道府県労働局長に対して提出しなければなりません（労災保険則第46条の19第６項）。

　特別加入対象者に新たに該当した者の従事する業務が表２－２の左欄の業務である場合の業務歴の記載および都道府県労働局長の承認手続きは、加入申請の場合と同様です（労災保険則第46条の19第７項、第８項。29、30頁参照）。

エ　特別加入の効果

　中小事業主およびその家族従事者などの特別加入が都道府県労働局長の承認があったときは、次のように取り扱われます（労災保険法第34条第１項）。

①　特別加入の承認を受けた中小事業主およびその家族従事者などは、当該中小事業主の事業に使用される労働者とみなされること。

　したがって、これらの者が業務災害または通勤災害を被った場合には労災保険から保険給付が行われます。ただし、同一の中小事業主が２つ以上の事業の事業主となっている場合、１つの事業の中小事業主として特別加入の承認を受けていても、他の事業の業務により被災した場合は、保険給付を受けることはできません。

②　特別加入の承認を受けた中小事業主およびその家族従事者などが業務上負傷し、もしくは疾病にかかったとき、その負傷もしくは疾病についての療養のため当該事業に従事することができないとき、その負傷もしくは疾病が治った場合において障害が残るとき、または業務上死亡したときは、労働基準法の療養補償、休業補償、障害補償、遺族補償および葬祭料の事由が生じたものとみなされるこ

③　特別加入の承認を受けた中小事業主およびその家族従事者などの給付基礎日額は、当該中小事業主の事業に使用される労働者の賃金の額その他の事情を考慮して厚生労働大臣が定める額とすること。

給付基礎日額は、3,500円、4,000円、5,000円、6,000円、7,000円、8,000円、9,000円、10,000円、12,000円、14,000円、16,000円、18,000円および20,000円のうちから定められ、定められた給付基礎日額を基礎として、支給される休業補償給付もしくは休業給付、年金たる保険給付（傷病補償年金、障害補償年金もしくは遺族補償年金または傷病年金、障害年金もしくは遺族年金）、障害補償一時金、遺族補償一時金もしくは葬祭料または障害一時金、遺族一時金もしくは葬祭給付の額が算定されます（労災保険則第46条の20第1項～第4項）。

都道府県労働局長は、給付基礎日額を定めるに当たり、特に必要があるときは、特別加入の申請をした中小事業主から、特別加入対象者の所得を証明することができる書類、当該中小事業主の事業に使用される労働者の賃金の額を証明することができる書類その他必要な書類を所轄の労働基準監督署長を経由して提出させます。また、給付基礎日額を定めたときは、その額を特別加入の承認を受けた事業主に通知します（労災保険則第46条の20第5項、第6項）。

④　特別加入の承認を受けた中小事業主およびその家族従事者などの事故が第一種特別加入保険料が滞納されている期間中に生じたものであるときまたは事業主の故意または重大な過失によって生じたものであるときは、当該事故に対する保険給付の全部または一部が行われないことがあること。

オ　特別加入の消滅

1）脱退

中小事業主およびその家族従事者などの特別加入が都道府県労働局長の承認があった後でも、①労働保険番号、②事業主の氏名または名称および住所、③事業の名称および事業場の所在地ならびに④脱退申請の理由を記載した「特別加入脱退申請書（様式第34号の8）」を所轄の労働基準監督署長を経由して所轄の都道府県労働局長に提出することによって、当該都道府県労働局長の承認を受けて、包括して脱退することができます（労災保険法第34条第2項、労災保険則第46条の21）。

2）特別加入の承認の取消

都道府県労働局長は、承認を受けた中小事業主が労災保険法もしくは徴収法またはこれらの法律に基づく命令の規定に違反したときは、特別加入の承認を取り消すことができます（労災保険法第34条第3項）。

都道府県労働局長は、特別加入の承認を取り消したときは、遅滞なく、文書で、

その旨を当該中小事業主に通知します（労災保険則第46条の22）。
3）そのほかの特別加入の消滅事由
　このほか、中小事業主などの使用する労働者について成立している労災保険関係が消滅したときや労働保険事務組合への労働保険の事務処理の委託を解除したときは、その消滅または解除の日に特別加入も消滅します。
4）特別加入が消滅した場合の保険給付を受ける権利
　特別加入の承認を受けた中小事業主およびその家族従事者などの保険給付を受ける権利は、特別加入対象者でなくなったこと、脱退の承認または特別加入の承認の取消しによって影響を受けることはありません（労災保険法第34条第4項）。

(3) 一人親方その他の自営業者およびその事業に従事する者の特別加入
ア　特別加入の範囲
　労働者を使用しないで事業を行うことを常態とする一人親方その他の自営業者のうち次の種類の事業を行うものおよびその事業に従事する者は、労災保険に特別加入（第2種特別加入）できます（労災保険法第33条第3号、第4号、労災保険則第46条の17）。

① 自動車を使用して行う旅客または貨物の運送の事業を行う者（個人タクシー業者や個人貨物運送業者など）
② 建設の事業を行う者（大工、左官、とびなど）
③ 漁船による水産動植物の採捕の事業を行う者（漁船に乗り組んでその事業を行う者に限る）
④ 林業の事業を行う者
⑤ 医薬品の配置販売の事業を行う者
⑥ 再生利用の目的となる廃棄物などの収集、運搬、選別、解体などの事業を行う者
⑦ 船員が行う事業

イ　対象となる保険事故
　一人親方その他の自営業者およびその事業に従事する者についても、原則として業務災害および通勤災害の双方が対象になりますが、①自動車を使用して行う旅客または貨物の運送の事業を行う者およびこれらの者が行う事業に従事する者ならびに②漁船による水産動植物の採捕の事業を行う者およびこれらの者が行う事業に従事する者については、住居と就業の場所との間の往復の実態が明確でないために、通勤災害は対象としていません（労災保険法第35条第1項、労災保険則第46条の22の2）。

ウ　特別加入の要件

一人親方その他の自営業者およびその事業に従事する者が特別加入するためには、一人親方その他の自営業者の団体を構成しなければならず、しかも当該団体は、あらかじめ、構成員である一人親方その他の自営業者の業務災害の防止に関し、当該団体が講ずべき措置およびこれらの者が守るべき事項を定めなければならない（労災保険則第46条の23第2項）ほか、次のすべての基準に適合する場合でなければ、承認されません（昭和40年11月1日基発第1454号）。

① 団体は、一人親方その他の自営業者の相当数を構成員とするものであること。
　これに該当するものとしては、例えば、全国個人タクシー連合会加盟の単位団体、建設の事業の一人親方団体、漁業協同組合、農業協同組合などが考えられます。連合団体は、該当しません。
② 団体は、法人であると否とを問わないが、構成員の範囲、構成員たる地位の得喪の手続などが明確であることその他団体の組織運営方法などが整備されていること。
③ 団体の事業内容が労災保険事務の処理を可能とするものであること。
④ 団体の事務体制、財務内容などからみて、労災保険事務を確実に処理する能力があること。
⑤ 団体の地区が、その主たる事務所の所在地を中心として当該事務所の所在地を管轄する都道府県労働局の管轄区域またはこれと隣接する都道府県労働局の管轄区域（厚生労働大臣が指定する都道府県労働局の管轄区域を含む）に相当する区域を超えないものであること。

エ　特別加入の手続
1）加入申請
　ウの要件を満たす団体は、①団体の名称および主たる事務所の所在地、②団体の代表者の氏名、③団体の構成員が行う事業の種類または団体の構成員が従事する作業の種類ならびに④一人親方その他の自営業者およびその事業に従事する者の氏名、これらの者が従事する業務の内容ならびにその事業に従事する者の一人親方その他の自営業者との関係を記載した「特別加入申請書（一人親方等）（様式第34号の10）」を団体の主たる事務所の所在地を管轄する労働基準監督署長を経由して事務所の所在地を管轄する都道府県労働局長に提出することによって行わなければなりません（労災保険則第46条の23第1項）。
　特別加入申請書には、原則として団体の定款、規約などの目的、組織、運営などを明らかにする書類ならびに業務災害の防止に関して一人親方その他の自営業者の団体が講ずべき措置および一人親方その他の自営業者が守るべき事項を定めた書類を添付しなければなりません。ただし、船員が行う事業に従事する者の団体につい

ては、特別加入の申請に当たり業務災害防止措置に関する書類の作成および提出が免除されています（労災保険則第46条の23第3項）。
2）都道府県労働局長の承認
　都道府県労働局長は、一人親方その他の自営業者およびその事業に従事する者が表2―2（30頁）の左欄の業務に従事する場合で、特別加入前に業務に従事した通算期間がそれぞれに応じて定める表2―2の中欄の期間であるときは、指定する病院または診療所の医師によるそれぞれに応じて定める表2―2の右欄の健康診断の結果を証明する書類を所轄の労働基準監督署長を経由して提出させます（労災保険則第46条の23第6項、昭和62年3月30日発労第23号・基発第175号。26頁参照）。
　健康診断の結果を証明する書類により、特別加入予定者が既に疾病に罹患しており、その症状または障害の程度が一般的に就労することが困難で、療養に専念しなければならないと認められた場合には、従事する内容にかかわらず特別加入は認められません。また、特別加入予定者がすでに疾病にかかっており、その症状または障害の程度が当該業務からの転換を必要とすると認められた場合には、当該業務以外の業務についてのみ特別加入が認められます（昭和62年3月30日発労第23号・基発第175号）。
　中小事業主およびその家族従事者などの特別加入については、その申請に対する都道府県労働局長の承認によって行われ、都道府県労働局長は「特別加入承認通知書」により、承認した旨または承認しない旨通知します（労災保険則第46条の23第4項）。
3）変更の手続き
　既に特別加入を承認されている者の氏名、作業内容に変更があった場合または特別加入対象者に新たに該当するに至った者もしくは特別加入対象者に該当しなくなった者が生じた場合には、「特別加入に関する変更届（様式第34号の8）」を所轄の労働基準監督署長を経由して都道府県労働局長に対して提出しなければなりません（労災保険則第46条の19第5項）。
　特別加入対象者に新たに該当するに至った者の従事する業務が表2―2の左欄の業務である場合の業務歴の記載および都道府県労働局長の承認手続きは、加入申請の場合と同様です（労災保険則第46条の19第6項。29～31頁参照）。
オ　特別加入の効果
　一人親方その他の自営業者およびその事業に従事する者の特別加入が都道府県労働局長の承認があったときは、次のように取り扱われます（労災保険法第35条第1項）。
①　承認を受けた団体は、労災保険の適用事業およびその事業主とみなされるこ

と。
② 承認があった日が労災保険の適用事業が開始された日とみなされること。
③ 当該団体を構成する一人親方その他の自営業者およびその事業に従事する者は、①でみなされた適用事業に使用される労働者とみなされること。
④ 当該団体の解散は、事業の廃止とみなされること。
⑤ 一人親方その他の自営業者およびその事業に従事する者が当該作業により負傷し、もしくは疾病にかかったとき、その負傷もしくは疾病についての療養のため当該作業に従事することができないとき、その負傷もしくは疾病が治った場合において障害が残るとき、または業務上死亡したときは、労働基準法の療養補償、休業補償、障害補償、遺族補償および葬祭料の事由が生じたものとみなされること。
⑥ 特別加入の承認を受けた一人親方その他の自営業者およびその事業に従事する者の給付基礎日額は、当該事業と同種もしくは類似の事業または当該作業と同種もしくは類似の作業を行う事業に使用される労働者の賃金の額その他の事情を考慮して厚生労働大臣が定める額とすること。

給付基礎日額は、3,500円、4,000円、5,000円、6,000円、7,000円、8,000円、9,000円、10,000円、12,000円、14,000円、16,000円、18,000円および20,000円のうちから定められ、定められた給付基礎日額を基礎として、支給される休業補償給付もしくは休業給付、年金たる保険給付（傷病補償年金、障害補償年金もしくは遺族補償年金または傷病年金、障害年金もしくは遺族年金）、障害補償一時金、遺族補償一時金もしくは葬祭料または障害一時金、遺族一時金もしくは葬祭給付の額が算定されます（労災保険則第46条の24）。

都道府県労働局長は、給付基礎日額を定めるに当たり、特に必要があるときは、特別加入の申請をした一人親方その他の自営業者から、特別加入対象者の所得を証明することができる書類、当該作業と同種もしくは類似の作業を行う事業に使用される労働者の賃金の額を証明することができる書類その他必要な書類を所轄の労働基準監督署長を経由して提出させます。また、給付基礎日額を定めたときは、その額を特別加入の承認を受けた事業主に通知します（労災保険則第46条の24）。
⑦ 一人親方その他の自営業者およびその事業に従事する者の事故が、第二種特別加入保険料が滞納されている期間中に生じたものであるときは、当該事故に対する保険給付の全部または一部を行わないことがあること。
カ 複数の団体の構成員である場合の取扱い
　1つの団体の構成員として労働者とみなされている者は、同一の種類の事業または同一の種類の作業に関しては、他の団体に関し重ねて労働者とみなされることは

ありません（労災保険法第35条第2項）。
キ　特別加入の消滅
1）脱退
　特別加入の承認を受けた団体は、特別加入の承認があった後でも、都道府県労働局長の承認を受けて、脱退することができます（労災保険法第35条第3項）。
2）特別加入の承認の取消
　都道府県労働局長は、特別加入の承認を受けた団体が労災保険法もしくは徴収法またはこれらの法律に基づく命令の規定に違反したときは、特別加入の承認を取り消すことができます（労災保険法第35条第4項）。
　都道府県労働局長は、特別加入の承認を取り消したときは、遅滞なく、文書で、その旨を団体に通知します（労災保険則第46条の25）。
3）そのほかの特別加入の消滅事由
　このほか、一人親方その他の自営業者がその事業に従事しなくなったときまたは特別加入を行う団体の構成員でなくなったときはその日に、特別加入を行う団体が解散したときはその解散の日の翌日に、特別加入者としての地位が消滅します。
4）特別加入が消滅した場合の保険給付を受ける権利
　特別加入の承認を受けた一人親方その他の自営業者およびその事業に従事する者の保険給付を受ける権利は、特別加入対象者でなくなったこと、脱退の承認または特別加入の承認の取消しによって影響を受けることはありません（労災保険法第35条第5項）。

⑷　特定作業従事者の特別加入
ア　特別加入の範囲
　次の種類の作業に従事する者（特定作業従事者）は、労災保険に特別加入（第2種特別加入）できます（労災保険法第33条第5号）。
1）農業（畜産および養蚕の事業を含む）における次の作業
①　年間農業生産物総販売額300万円以上または経営耕地面積2ヘクタール以上の規模で、土地の耕作もしくは開墾、植物の栽培もしくは採取、または家畜もしくは蚕の飼育の作業で、次のａ．からｅ．までの作業（特定農作業）（労災保険則第46条の18第1号イ、平成3年4月12日告示第37号）
ａ．動力により駆動される機械を使用する作業
ｂ．高さが2メートル以上の箇所における作業
ｃ．酸素欠乏危険場所（サイロ、むろなど）における作業
ｄ．農薬の散布の作業
ｅ．牛、馬、豚に接触し、または接触するおそれのある作業

(注)　事業場の規模を判断する上で、農家の集団が共同で作業を行ういわゆる地域営農集団または農事組合法人において年間農業生産物総販売額300万円以上または経営耕地面積2ヘクタール以上の規模であれば、各構成農家について特別加入のための規模要件を満たすものとして取り扱われます。

② 　土地の耕作もしくは開墾または植物の栽培もしくは採取の作業で、次のa．からc．までの機械を使用するもの（指定農業機械作業）（労災保険則第46条の18第1号ロ、昭和40年10月30日告示第46号）

a．動力耕うん機その他の農業用トラクター（耕うん整地用機具、栽培管理用機具、防除用機具、収穫調整用機具または運搬用機具が連結され、または装着されたものを含む）

b．自走式の動力溝掘機、自走式田植機、自走式スピードスプレーヤーその他の自走式防除用機械、自走式動力刈取機、コンバインその他の自走式収穫用機械およびトラックその他の自走式運搬用機械

c．定置式または携帯式の動力揚水機、動力草刈機、動力カッター、動力摘採機、動力脱穀機、動力剪定機、動力剪枝機、チェーンソー、単軌条式運搬機およびコンベヤー

2）国または地方公共団体が実施する訓練として行われる次の作業（労災保険則第46条の18第2号、平成元年3月17日告示第14号）

① 　求職者を作業環境に適応させるための訓練として行われる作業（職場適応訓練）

② 　求職者の就職を容易にするため必要な技能を習得させるための職業訓練（教育訓練を行うための施設において主として実施される職業訓練を除く）で、事業主または事業主の団体に委託されるものの作業（事業主団体等委託訓練）

3）家内労働法の家内労働者およびその補助者が行う次の①から⑥までの作業（労災保険則第46条の18第3号）。ただし、これらの者が1年間に100日以上労働者を使用するときは、家内労働者およびその補助者としては取り扱われません（昭和45年10月12日基発第745号）。

① 　プレス機械、型付け機、型打ち機、シャー、旋盤、ボール盤またはフライス盤を使用して行う金属、合成樹脂、皮、ゴム、布または紙の加工の作業

② 　金属製洋食器、刃物、バルブもしくはコックの製造または加工に関する研削盤もしくはバフ盤を使用して行う研削もしくは研ままたは溶融した鉛を用いて行う金属の焼入れもしくは焼もどしの作業

③ 　有機溶剤または有機溶剤含有物を用いて行う、化学物質製、皮製もしくは布製の履物、鞄、袋物、服装用ベルト、グラブもしくはミットまたは木製もしくは合成樹脂製の漆器の製造または加工の作業

④　粉じん作業または鉛化合物を含有する釉薬を用いて行う施釉もしくは鉛化合物を含有する絵具を用いて行う陶磁器の絵付けまたは施釉もしくは絵付けを行った物の焼成の作業
⑤　動力により駆動される合糸機、撚糸機、または織機を使用して行う作業
⑥　木工機械を使用して行う、仏壇または木製もしくは竹製の食器の製造または加工の作業

4）常時労働者を使用しない次の①から④までの労働組合などで、その事務所、事業場、集会場または道路、公園その他の公共の用に供する施設において集会の運営、団体交渉その他の労働組合などの活動の作業（移動を含む）（労災保険則第46条の18第4号、平成3年4月12日告示第38号）。
①　労働組合法第2条および第5条第2項の規定に適合している労働組合
②　国家公務員法第108条の3第5項または地方公務員法第53条第5項の規定により登録された職員団体
③　「職員団体等に対する法人格の付与に関する法律」第5条により認証された職員団体等
④　国会職員法第18条の2の組合で、労働組合法第5条第2項各号（第8号を除く）の内容と同様の内容を規定する規約を有しているもの

5）介護関係の入浴、排せつ、食事などの介護その他の日常生活の世話、機能訓練または看護に関する作業（労災保険則第46条の18第5号）

イ　対象となる保険事故
　特定作業従事者についても、原則として業務災害および通勤災害の双方が対象になりますが、①特定農作業従事者、②指定農業機械作業従事者ならびに③家内労働者およびその補助者については、住居と就業の場所との間の往復の実態が明確でないために、通勤災害は対象としていません（労災保険法第35条第1項、労災保険則第46条の22の2）。

ウ　その他
　特定作業従事者の特別加入の要件、加入手続、効果および消滅ならびに複数の団体の構成員である場合の取扱いについては、一人親方その他の自営業者およびその事業に従事する者と同じ取扱いが行われます（33〜37頁参照）。

⑸　海外派遣者などの特別加入
ア　特別加入の範囲
　次の①および②の海外派遣者などは、労災保険に特別加入（第3種特別加入）できます（労災保険法第33条第6号、第7号）。
①　独立行政法人国際協力機構などの海外の開発途上地域に対する技術協力の実施

の事業（有期事業を除く）を行う団体から派遣されて、開発途上地域で行われている事業に従事する者（労災保険法第33条第6号）
② 国内で行われる事業（有期事業を除く）を行う事業主が海外において行われる海外支店、工場、現場、現地法人、海外の提携先企業などで行われる事業に従事させるために派遣する次のa．またはb．の者（労災保険法第33条第7号）
a．その事業規模が表2―1（29頁）の左欄の業種の区分に応じて表2―1の左欄の数以下の労働者を使用する事業に該当するときは、労働者、事業主その他労働者以外の者として派遣する者
b．その事業規模が表2―1の左欄の業種の区分に応じて表2―1の左欄の数以下の労働者を使用する事業に該当しないときは、労働者として派遣する者
　（注）「海外派遣」とは、海外の事業場に所属して、その事業場の使用者の指揮に従って勤務することをいい、国内の事業場に所属し、その事業場の使用者の指揮に従って単に労働の提供の場が海外にあるに過ぎない「海外出張者」とは異なります。「海外出張」の場合には、何ら特別の手続を要することなく、所属する国内の事業場の労災保険により給付を受けられます。

イ　特別加入の対象となる保険事故および保険給付
　海外派遣者などの特別加入の対象となる保険事故は業務災害および通勤災害の双方であり、対象となる保険給付は業務災害および通勤災害に関する保険給付です。

ウ　特別加入の手続き
1）特別加入の申請を行う者
　特別加入の申請を行うのは、アの①の場合には独立行政法人国際協力機構などの団体であり、アの②の場合には国内で行われる事業を行う事業主です。
2）特別加入の申請
　海外派遣者などの特別加入を行うためには、アの①の団体またはアの②の事業主が①団体の場合は団体の名称および住所、事業主の場合は事業主の氏名または名称および住所、②申請する事業の労働保険番号および名称ならびに事業場の所在地ならびに③特別加入予定者の氏名、従事する事業の名称、その事業場の所在地および当該事業場においてその者が従事する業務の内容を記載した「特別加入申請書（様式第34号の11）」を所轄の労働基準監督署長を経由して都道府県労働局長に提出することによって行わなければなりません（労災保険則第46条の25の2第1項）。
3）都道府県労働局長の承認
　海外派遣者などの特別加入については、その申請に対する都道府県労働局長の承認によって行われ、都道府県労働局長は「特別加入承認通知書」により、承認した旨を通知します（労災保険則第46条の25の2第2項）。

3）変更の手続き
　既に特別加入を承認されている者の氏名、作業内容に変更があった場合または特別加入対象者に新たに該当した者もしくは特別加入対象者に該当しなくなった者が生じた場合には、「特別加入に関する変更届（様式第34号の8）」を所轄の労働基準監督署長を経由して都道府県労働局長に対して提出しなければなりません（労災保険則第46条の25の2第2項）。

エ　特別加入の効果
　海外派遣者など特別加入が都道府県労働局長の承認があったときは、次のように取り扱われます（労災保険法第36条第1項）。
① 　特別加入の承認を受けた海外派遣者などは、団体または事業主が国内で行う事業に使用される労働者とみなされること。
② 　特別加入の承認を受けた海外派遣者などの給付基礎日額は、開発途上にある地域または海外の地域において行われる事業に使用される労働者の賃金の額その他の事情を考慮して厚生労働大臣が定める額とすること。
　給付基礎日額は、3,500円、4,000円、5,000円、6,000円、7,000円、8,000円、9,000円、10,000円、12,000円、14,000円、16,000円、18,000円および20,000円のうちから定められ、定められた給付基礎日額を基礎として、支給される休業補償給付もしくは休業給付、年金たる保険給付（傷病補償年金、障害補償年金もしくは遺族補償年金または傷病年金、障害年金もしくは遺族年金）、障害補償一時金、遺族補償一時金もしくは葬祭料または障害一時金、遺族一時金もしくは葬祭給付の額が算定されます（労災保険則第46条の25の3）。
　なお、承認された給付基礎日額は、「給付基礎日額変更申請書」などを提出することにより変更することができます。
③ 　海外派遣者などの事故が、第三種特別加入保険料が滞納されている期間中に生じたものであるときは、当該事故に関する保険給付の全部又は一部を行わないことがあること。

オ　特別加入の消滅
1）脱退
　特別加入の承認を受けた団体または事業主は、特別加入の承認があった後でも、当該都道府県労働局長の承認を受けて、脱退することができます（労災保険法第36条第2項）。
2）特別加入の承認の取消
　都道府県労働局長は、特別加入の承認を受けた団体または事業主が労災保険法もしくは徴収法またはこれらの法律に基づく命令の規定に違反したときは、特別加入

の承認を取り消すことができます（労災保険法第36条第2項）。

都道府県労働局長は、特別加入の承認を取り消したときは、遅滞なく、文書で、その旨を団体または事業主に通知します（労災保険則第46条の25の3）。

3）そのほかの特別加入の消滅事由

このほか、海外派遣者などが派遣期間の終了により国内に帰国したなど特別加入の要件に該当しなくなったときまたは派遣元事業の廃止などによりその事業についての保険関係が消滅したときは、その日に特別加入者としての地位が消滅します。

4）特別加入が消滅した場合の保険給付を受ける権利

特別加入の承認を受けた海外派遣者などの保険給付を受ける権利は、特別加入対象者でなくなったこと、脱退の承認または特別加入の承認の取消しによって影響を受けることはありません（労災保険法第36条第2項）。

❹ 労災保険の適用

労働者を1人でも使用する事業は、個人経営の農業、水産業で労働者数5人未満の場合および個人経営の林業で労働者を常時には使用しない場合を除き、強制適用事業として労災保険制度の適用を受け、加入の手続をとり（保険関係成立届の提出）、保険料を納付しなければなりません。保険料は全額事業主負担です。

労災保険は、原則として事業単位で適用され、その事業に使用される労働者は、その種類を問わず、労働者としてその事業に使用されている間はすべて労災保険の対象となり、業務上災害または通勤災害により負傷などをした場合は保険給付を受けることができます。

「事業」とは、企業を指すのではなく、本社、支店、工場、事務所などのように、経営組織として独立性をもった経営体をいい、一定の場所において一定の組織のもとに有機的に関連性をもって行う作業の一体と認めることができれば、独立の事業として取り扱われます（昭和22年9月11日基発第36号）。

(1) 適用事業

ア　強制適用事業

労災保険は、原則として労働者を使用するすべての事業に適用されます（労災保険法第3条第1項）。ただし、イで述べるように国の直営事業、非現業の中央・地方の官公署については適用除外とされています。

イ　適用除外

国の直営事業、非現業の中央・地方の官公署には、労災保険の適用はありません（労災保険法第3条第2項）。

これは、国家公務員については国家公務員災害補償法、地方公務員については地方公務員災害補償法に基づく特別の災害補償制度によって、労災保険と同様の保護が与えられているからです。

　なお、船員については、従来船員保険の適用を受け労災保険の適用はありませんでしたが、平成22年1月1日から船員保険のうち労災保険相当部分（職務上疾病・年金部門）が労災保険に統合されました。

　これにより、平成22年1月1日以降船員保険の被保険者である労働者は労災保険の適用となり、平成22年1月1日以降に発生した業務災害、通勤災害の補償については労災保険から支給されます。

　ただし、船員保険の独自給付および上乗せ給付は全国健康保険協会で行い、船員保険の資格喪失・適用徴収は年金事務所で行います。

ウ　暫定任意適用事業

　イの適用除外に該当する場合を除き労働者を使用するすべての事業については、原則として強制適用事業ですが、例外的に次の事業については当分の間任意適用事業とされています（昭和44年改正法附則第12条第1項、整備令第17条、昭和50年4月1日告示第35号）。

1）土地の耕作もしくは開墾または植物の栽植、栽培、採取もしくは伐採の事業その他農業の事業で、次の危険または有害な作業を主として行う事業および事業主が特別加入している事業以外の常時労働者5人未満を使用している個人経営の事業

① 毒劇薬、毒劇物またはこれらに準ずる毒劇性料品の取扱い
② 危険または有害なガスの取扱い
③ 重量物の取扱いなどの重激な作業
④ 病原体によって汚染されるおそれが著しい作業
⑤ 機械の使用によって身体に著しい振動を与える作業
⑥ 危険または有害なガス、蒸気または粉じんの発散を伴う作業
⑦ 獣毛などのじんあいまたは粉末を著しく飛散する場所における作業
⑧ 強烈な騒音を発する場所における作業
⑨ 著しく暑熱な場所における作業
⑩ 著しく寒冷な場所における作業
⑪ 異常気圧下における作業

2）立木の伐採、造林、木炭または薪を生産する事業その他の林業の事業で、労働者を常時には使用せず、かつ1年以内の期間において使用労働者の延人員が300人未満の個人経営の事業

3）水産動植物の採捕の事業で、総トン数5トン未満の漁船によるものまたは河川、湖沼または所定の水面において主として操業する常時労働者5人未満を使用している個人経営の事業

エ　出向労働者の取扱い

　出向労働者に対する労災保険の適用については、出向労働者の保険関係が、出向元事業と出向先事業とのいずれにあるかは、出向の目的および出向元事業主と出向先事業主とが出向労働者の出向につき行った契約ならびに出向先事業における出向労働者の労働の実態などに基づき、出向労働者の労働関係の所在を判断して、決定します。

　この場合に、出向労働者が、出向先事業の組織に組み入れられ、出向先事業場の他の労働者と同様の立場（ただし、身分関係および賃金関係を除く）で、出向先事業主の指揮監督を受けて労働に従事している場合には、たとえ、出向労働者が、出向元事業主と出向先事業主とが行った契約などにより、出向元事業主から賃金名目の金銭給付を受けている場合であっても、出向先事業主が金銭給付を出向先事業の支払う賃金として、徴収法第11条第2項に規定する事業の賃金総額に含め、保険料を納付する旨を申し出たときには、その金銭給付を出向先事業から受ける賃金とみなして、出向労働者を出向先事業の保険関係によるものとして取り扱います（昭和35年11月2日基発第932号）。

オ　派遣労働者の取扱い

　派遣労働者に対する労災保険の適用については、労働者派遣法に労働基準法の災害補償に関する規定の適用の特例が定められていないとともに、労災保険法の規定の適用の特例も定められていないことから、派遣労働者と労働契約関係にある派遣元事業とのみ保険関係が成立します。

　ただし、都道府県労働局長または労働基準監督署長が報告、文書の提出または出頭を命ずることができる対象および事業場に立ち入り、関係者に質問させ、または帳簿書類その他の物件を検査させることができる対象には、派遣先の事業主および事業場が含まれます（労災保険法第46条、第48条）。

カ　適用事業となる時期

　労災保険の適用事業の事業主については、その事業が開始された日に、その事業について労災保険の保険関係が成立します（徴収法第3条）。

　したがって、適用事業の要件を満たす事業については、その事業の開始の日から労災保険が適用され、事業主は保険料を納付する義務を負うとともに、その事業の労働者に業務災害、通勤災害の保険事故が生じた場合には、労働者やその遺族は保険給付を請求できます。

❺ 保険関係の成立と消滅

労災保険関係の成立と消滅については、徴収法などに定められています。

(1) 保険関係の成立

労災保険関係はその事業が開始された日に成立します（徴収法第3条）が、保険関係が成立した事業の事業主は、事業の成立した日から10日以内に、①事業の成立した日、②事業主の氏名または名称および住所、③事業の種類、④事業の行われる場所、⑤事業の名称、⑥事業の概要、⑦事業主の所在地、⑧事業に使用される労働者数ならびに⑨事業の期間が予定される事業（有期事業）の場合は事業の予定される期間を保険関係成立届（徴収則様式第1号）を所轄の労働基準監督署長または公共職業安定所長に提出することによって届け出なければなりません（徴収法第4条の2第1項、徴収則第4条）。

暫定任意適用事業の事業主については、事業主が労災保険の加入の申請をし、所轄の都道府県労働局長の認可があった日に、その事業について労災保険関係が成立します。暫定任意適用事業の事業主は、その事業に使用される労働者（船員保険の被保険者を除く）の過半数が希望するときは、労災保険の加入の申請をしなければなりません（整備法第5条第1項、第2項、第8条の2、整備則第1条）。

(2) 労災保険関係の変更事項の届出

労災保険関係が成立している事業の事業主は、①事業主の氏名または名称および住所、②事業の種類、③事業の行われる場所、④事業の名称ならびに⑤有期事業の場合は事業の予定される期間に変更があったときは、10日以内に名称・所在地等変更届（徴収則様式第2号）を所轄の労働基準監督署長または公共職業安定所長に提出することによって届け出なければなりません（徴収法第4条の2第2項、徴収則第5条）。

(3) 保険関係の消滅

労災保険関係が成立している事業が廃止され、または終了したときは、その事業についての保険関係は、その翌日に消滅します（徴収法第5条）。

事業主は、保険関係の消滅後50日以内に、確定保険料申告書を提出して保険料の精算手続をとらなければなりません（徴収法第19条第1項）。

(4) 労災保険の適用の仕組みと事業の一括

労災保険の適用単位である事業は、有期事業と継続事業とに分かれます。

有期事業とは工期が予定されるビル建築工事、トンネル工事などの建設工事や立木の伐採の事業のように一定の期間が経過すれば当然に目的を達し終了するような事業をいい、継続事業とは一般の工場、商店など特別の事情がない限り、永続的に

事業が存続することが予定される事業をいいます。
ア　有期事業の一括
１）有期事業の一括の対象事業
　同一の事業主が、建設の事業または立木の伐採の事業を同時に２つ以上行う場合に、それぞれの有期事業が次の条件をすべて満たしているときは、それらの有期事業を一括して１つの事業とみなされます（徴収法第７条第１項、第２項、徴収則第６条第１項、第２項）。
① 　事業主が同一人であること。
② 　事業の期間が予定されている事業であること。
③ 　それぞれの事業の規模が、概算保険料（労災保険の見込保険料で当該年度中に支払う賃金総額の見込額に労災保険率を乗じて算出します）の額で160万円未満であり、かつ、建設の事業の場合は請負金額が１億9,000万円未満、立木の伐採の事業の場合は素材の見込生産量が1,000立方メートル未満であること。
④ 　それぞれの事業が他のいずれかの事業の全部または一部と同時に行われること。
⑤ 　それぞれの事業が、事業の種類を同じくすること。
⑥ 　それぞれの事業の労働保険料の納付の事務が１つの事務所で取り扱われること。
⑦ 　それぞれの事業が、事務所の所在地の都道府県の区域内またはその隣接の都道府県の区域内で行われること（厚生労働大臣が指定する都道府県労働局の管轄区域を含む）。
　ただし、建設の事業のうちの機械装置の組立てまたは据付けの事業の一括については、その事業内容の特殊性からその地域的制限ははずされています。
２）一括有期事業開始届
　有期事業の一括の事業の事業主は、それぞれの事業を開始したときは、その開始の日の属する月の翌月10日までに、一括有期事業開始届（徴収則様式第３号）を所轄の労働基準監督署長に提出しなければなりません（徴収則第６条第３項）。
　なお、有期事業の一括の適用の事務については、労働保険料の納付の事務を行う事務所の所在地を管轄する都道府県労働局長および労働基準監督署長が、それぞれ所轄の都道府県労働局長および労働基準監督署長となります（徴収則第６条第４項）。
イ　継続事業の一括
１）継続事業の一括の継続事業
　同一の事業主が、２つ以上の継続事業を行う場合に、それぞれの継続事業が次の

条件をすべて満たしているときは、事業主が一括することについて申請し、都道府県労働局長の認可を受けたときは、これらの事業の保険関係を一括できます。この場合には、都道府県労働局長が認可をする際に指定する1つの事業以外の事業の労働保険関係は、消滅します（徴収法第9条、第45条、徴収則第10条第1項、第3項、第76条第2号）。

① 事業主が同一人であること
② それぞれの事業が継続事業であること
③ それぞれの事業が、次のいずれか1つのみに該当するものであること
ⅰ 労災保険関係が成立している事業のうち二元適用事業（注1）
ⅱ 雇用保険関係が成立している事業のうち二元適用事業（注1）
ⅲ 一元適用事業（注2）で労災保険および雇用保険の両保険の保険関係が成立しているもの
　（注1）　二元適用事業とは、労災保険関係と雇用保険関係とを別個に取り扱い、保険料の申告・納付をそれぞれ別に行う、次のa．からd．までの事業です。
ａ．都道府県または市区町村が行う事業およびこれらに準ずるものの事業
ｂ．港湾労働法が適用される港湾の運送事業
ｃ．農林水産の事業
ｄ．建設の事業
　（注2）　一元適用事業とは、労災保険関係と雇用保険関係とを1つの労働保険関係として取り扱い、保険料の申告および納付を一本で行うもので、二元適用事業以外の事業をいいます。
ⅳ それぞれの事業が「労災保険率表」による事業の種類を同じくすること。

2）継続事業一括申請書

　継続事業の一括の認可を受けようとする事業主は、継続事業一括申請書（徴収則様式第5号）を、指定を受けることを希望する事業の事業場の所在地を管轄する都道府県労働局長に提出しなければなりません（徴収則第10条第2項）。

3）継続被一括事業名称・所在地変更届

　1）の認可を受けた事業主は、当該認可を受けた事業のうち、1）の指定を受けた事業以外の事業の名称または当該事業の行われる場所に変更があったときは、遅滞なく、継続被一括事業名称・所在地変更届（徴収則様式第5号の2）を、指定を受けた事業の所轄の都道府県労働局長に提出しなければなりません（徴収則第10条第4項）。

ウ　請負事業の一括

建設の事業が数次の請負によって行われている場合には、原則として元請負人のみを事業主として取り扱い、1つの保険関係で処理します。ただし、元請負人および下請負人が、当該下請負人の請負の事業に関して請負事業の一括を受けることについて、保険関係が成立した日の翌日から起算して10日以内に、下請負人を事業主とする認可申請書（徴収則様式第4号）を所轄の都道府県労働局長に提出して（やむを得ない理由により、期限内に認可申請書の提出をすることができなかったときは期限後であっても提出することができます）、申請を行い、下請負人の請負の事業の規模が、概算保険料の額で160万円以上であるか、または請負金額が1億9,000万円以上のものであるとして、都道府県労働局長の認可があったときは、当該請負の事業については、当該下請負人のみを事業主として取り扱い、1つの保険関係で処理します（徴収法第8条、第45条、徴収則第7条、第8条、第76条第2号）。

6 費用の負担

　労災保険事業に要する費用にあてるため徴収される労災保険料についてはすべて事業主が負担しなければなりませんが、労災保険料は労働保険料として雇用保険料と合わせて一元的に徴収されます（徴収法第10条第1項）。

　労働保険料には、①一般保険料、②第1種特別加入保険料、③第2種特別加入保険料、④第3種特別加入保険料、⑤印紙保険料および⑥特例納付保険料があります（徴収法第10条第2項）。

　第1種特別加入保険料、第2種特別加入保険料および第3種特別加入保険料は労災保険の特別加入者の保険料、印紙保険料は日雇労働被保険者の雇用保険印紙による保険料、特例納付保険料は雇用保険について遡って適用する場合の保険料です。

(1)　一般保険料の額

　一般保険料の額は、労災保険および雇用保険の両保険の保険関係が成立している事業の場合はその事業に使用するすべての労働者に支払う賃金総額に労災保険率と雇用保険率を加えた率を乗じて得た額であり、労災保険または雇用保険の保険関係のいずれか一方のみが成立している事業の場合は、賃金総額に労災保険率または雇用保険率を乗じて得た額です（徴収法第11条第1項、第12条第1項）。

(2)　賃金総額

　「賃金総額」とは、原則として、事業主がその事業場に使用される労働者に対して賃金、給料、手当、賞与その他名称の如何を問わずその労働の対償として支払ったすべてのものをいいます。ただし、①請負による建設の事業、②立木の伐採の事業、③②の事業を除く、造林の事業、木炭または薪を生産する事業その他の林業の

事業および④水産動植物の採捕または養殖の事業については、この原則による賃金総額を正確に算定することが困難なものがあるため、賃金総額の算定について次のような特例が定められています（徴収法第11条第2項、第3項、徴収則第12条〜第15条、昭和24年4月11日告示第5号、昭和47年3月31日第15号）。
　ア　請負による建設の事業
　請負による建設の事業については、請負金額に表2―3の左欄の事業の種類に応じて表2―3の右欄に定める率を乗じて得た額を賃金総額とします。

表2―3　労務費率表

事　業　の　種　類		請負金額に乗ずる率
水力発電施設、ずい道等新設事業		18/100
道路新設事業		20/100
舗装工事業		18/100
鉄道または軌道新設事業		23/100
建築事業（既設建築物設備工事業を除く）		21/100
既設建築物設備工事業		22/100
機械装置の組立てまたは据付けの事業	組立てまたは取付けに関するもの	38/100
	その他のもの	21/100
その他の建設事業		23/100

　この場合に、請負金額については、次のように取扱います。
① 　事業主が注文者その他の者からその事業に使用する物の支給を受け、または機械器具などの貸与を受けた場合には、②に該当する場合を除き、支給された物の価額に相当する額または機械器具などの損料に相当する額を請負代金の額に加算すること。
② 　機械装置の組立てまたはすえ付けの事業の事業主が注文者その他の者からその事業に使用する機械装置の支給を受けた場合で、当該事業の請負代金の額に当該機械装置の価額が含まれているときは、当該機械装置の価額をその請負代金の額から控除すること。
　イ　立木の伐採の事業
　立木の伐採の事業については、所轄の都道府県労働局長が定める素材1立方メートルを生産するために必要な労務費の額に、生産するすべての素材の材積を乗じて

得た額を賃金総額とします。
ウ　イの事業を除く、造林の事業、木炭または薪を生産する事業その他の林業の事業および水産動植物の採捕または養殖の事業

　イの事業を除く、造林の事業、木炭または薪を生産する事業その他の林業の事業および水産動植物の採捕または養殖の事業については、厚生労働省労働基準局長の定める平均賃金に相当する額に、それぞれの労働者の使用期間の総日数を乗じて得た額の合算額を賃金総額とします。

(3)　**労災保険率**

　労災保険率は、労災保険法の規定による保険給付および社会復帰促進等事業に要する費用の予想額に照らし、将来にわたって、労災保険の事業の財政の均衡を保つことができるものでなければならないものとして、事業の種類ごとに、過去3年間に発生した業務災害および通勤災害の保険給付の種類ごとの受給者数および平均受給期間、過去3年間の二次健康診断等給付の受給者数その他の事項に基づき算定した保険給付に要する費用の予想額を基礎とし、労災保険関係が成立しているすべての事業の過去3年間の業務災害および通勤災害の災害率ならびに二次健康診断等給付に要した費用の額、社会復帰促進等事業として行う事業の種類および内容、労災保険事業の事務の執行に要する費用の予想額その他の事情を考慮して厚生労働大臣が定めます（徴収法第12条第2項、徴収令第2条）。

　具体的には、54業種について最高89/1,000から最低2.5/1,000となっていて、表2－4の中欄の事業の種類に応じて表2－4の右欄に定める労災保険率となっています（徴収則第16条第1項、別表第1）。

表2－4　労災保険率表

分類	事　業　の　種　類	労災保険率
林　業	木材伐出業	60/1,000
	その他の林業	
漁　業	海面漁業（定置網漁業または海面魚類養殖業を除く）	20/1,000
	定置網漁業または海面魚類養殖業	40/1,000
鉱　業	金属鉱業、非金属鉱業（石灰石鉱業またはドロマイト鉱業を除く）または石炭鉱業	88/1,000
	石灰石鉱業またはドロマイト鉱業	19/1,000
	原油または天然ガス鉱業	5.5/1,000
	採石業	58/1,000

	その他の鉱業		25/1,000
建設事業	水力発電施設、ずい道等新設事業		89/1,000
	道路新設事業		16/1,000
	舗装工事業		10/1,000
	鉄道または軌道新設事業		17/1,000
	建築事業（既設建築物設備工事業を除く）		13/1,000
	既設建築物設備工事業		15/1,000
	機械装置の組立てまたは据付けの事業		7.5/1,000
	その他の建設事業		19/1,000
製造業	食料品製造業（たばこ等製造業を除く）		6/1,000
	たばこ等製造業		6/1,000
	繊維工業または繊維製品製造業		4/1,000
	木材または木製品製造業		13/1,000
	パルプまたは紙製造業		7.5/1,000
	印刷または製本業		3.5/1,000
	化学工業		5/1,000
	ガラスまたはセメント製造業		7.5/1,000
	コンクリート製造業		13/1,000
	陶磁器製品製造業		19/1,000
	その他の窯業または土石製品製造業		26/1,000
	金属精錬業（非鉄金属精錬業を除く）		6.5/1,000
	非鉄金属精錬業		7/1,000
	金属材料品製造業（鋳物業を除く）		7/1,000
	鋳物業		17/1,000
	金属製品製造業または金属加工業（洋食器、刃物、手工具または一般金物製造業およびめっき業を除く）		10/1,000
	洋食器、刃物、手工具または一般金物製造業（めっき業を除く）		6.5/1,000
	めっき業		7/1,000
	機械器具製造業(電気機械器具製造業、輸送用機械器具製造業、船舶製造または修理業および計量器、光学機械、時計等製造業を除く)		5.5/1,000

	電気機械器具製造業	3/1,000
	輸送用機械器具製造業（船舶製造または修理業を除く）	4.5/1,000
	船舶製造または修理業	23/1,000
	計量器、光学機械、時計等製造業(電気機械器具製造業を除く)	2.5/1,000
	貴金属製品、装身具、皮革製品等製造業	4/1,000
	その他の製造業	7/1,000
運 輸 業	交通運輸事業	4.5/1,000
	貨物取扱事業（港湾貨物取扱事業および港湾荷役業を除く）	9/1,000
	港湾貨物取扱事業（港湾荷役業を除く）	11/1,000
	港湾荷役業	16/1,000
電気、ガス、水道又は熱供給の事業	電気、ガス、水道または熱供給の事業	3/1,000
その他の事業	農業または海面漁業以外の漁業	12/1,000
	清掃、火葬またはと畜の事業	13/1,000
	ビルメンテナンス業	5.5/1,000
	倉庫業、警備業、消毒もしくは害虫駆除の事業またはゴルフ場の事業	6.5/1,000
	通信業、放送業、新聞業または出版業	2.5/1,000
	卸売業、小売業、飲食店または宿泊業	3.5/1,000
	金融業、保険業または不動産業	2.5/1,000
	その他の各種事業	3/1,000

　この率には、通勤災害および二次健康診断等給付に関する率（非業務災害率（労災保険法の適用を受けるすべての事業の過去3年間の通勤災害の災害率および二次健康診断等給付に要した費用の額その他の事情を考慮して厚生労働大臣の定める率））も含まれており、その率は、全国・全業種を通じて一律に0.6/1,000です（徴収則第16条第2項）。

(4)　メリット制
　労災保険率は、事業の種類ごとに定められていますが、さらに、一定規模以上の事業については、個々の事業ごとにその事業の収支率に応じて、一定の範囲内で労

災保険率または保険料額を上下させ、事業主の労働災害防止努力を促進しようとするメリット制が設けられています（徴収法第12条第3項）。

ア　継続事業（一括有期事業を含む）のメリット制

1）メリット制適用事業

　メリット制は、連続する3保険年度中の各保険年度において、次の①から③までのいずれかを満たしている事業で、連続する3保険年度中の最後の保険年度に属する3月31日（基準日）現在において、労災保険関係が成立した後3年以上経過しているものについて、適用されます（徴収法第12条第3項、徴収則第17条）。

① 　常時100人以上の労働者を使用する事業
② 　常時20人以上100人未満の労働者を使用する事業であって、その使用労働者数に、事業の種類ごとに定められている労災保険率から非業務災害率（通勤災害および二次健診給付に関する率：0.6/1,000）を減じた率を乗じて得た数が0.4以上であるもの
③ 　一括有期事業における建設の事業および立木の伐採の事業であって、確定保険料の額が40万円以上であるもの

2）メリット収支率

　労災保険率を上げ下げする基準は、基準日において連続する3保険年度の間における当該事業の一般保険料の額から非業務災害率に応ずる部分の額を減じた額に調整率を乗じて得た額と業務災害に関する保険給付および特別支給金の額から特定疾病に関する給付および第三種特別加入者に対する給付の額を減じた額との割合により算出される収支率（メリット収支率）によって計算します（徴収法第12条第3項、徴収則第17条の2～第20条）。

$$\text{メリット収支率} = \frac{\left\{\begin{pmatrix}\text{連続する3保険年度間における}\\\text{業務災害に対して支払われた保}\\\text{険給付および特別支給金の額}\end{pmatrix} - \begin{pmatrix}\text{特定疾病に関する給}\\\text{付および第三種特別}\\\text{加入者に対する給付}\end{pmatrix}\right\} \times 100}{\left\{\begin{pmatrix}\text{連続する3保険年度間におけ}\\\text{る保険料額（非業務災害分を}\\\text{除く）}\end{pmatrix} \times \text{第1種調整率}\right\}}$$

（注1）　メリット収支率の分子に算入する保険給付および特別支給金の額の範囲は、表2－5の左欄の給付の種類について、それぞれ定める表2－5の右欄の額です（徴収則第18条第2項、第18条の3）。

表2-5 メリット収支率の分子に算入する保険給付および特別支給金の額の範囲

給付の種類	メリット収支率の分子に算入する額
障害補償年金	受給者の障害等級に応じて給付基礎日額（66～69頁参照）に次の日数を乗じた額（労働基準法相当額） 1級の場合には1,340日 2級の場合には1,190日 3級の場合には1,050日 4級の場合には920日 5級の場合には790日 6級の場合には670日 7級の場合には560日
障害特別年金	受給者の障害等級に応じて算定基礎日額（69頁参照）に次の日数を乗じた額 1級の場合には1,340日 2級の場合には1,190日 3級の場合には1,050日 4級の場合には920日 5級の場合には790日 6級の場合には670日 7級の場合には560日
遺族補償年金	給付基礎日額（66～69頁参照）に1,000日を乗じた額（労働基準法相当額）
遺族特別年金	算定基礎日額（69頁参照）に1,000日を乗じた額
療養補償給付	療養の開始後3年を経過する日の前日以前に支給事由が発生した額
休業補償給付および休業特別支給金	療養の開始後3年を経過する日の前日以前に支給事由が発生した額
介護補償給付	療養の開始から3年を経過する日の属する月の前月までの分の額
傷病補償年金および傷病特別年金	療養の開始から3年を経過する日の属する月の前月までの分の額

（注2） メリット制の収支率の算定基礎から除外する特定疾病の範囲は、表2－6の左欄の疾病について、当該疾病に応じて表2－6の中欄に定める業種の表2－6の右欄に定める疾病にかかった者のかかった疾病です（徴収則第17条の2）。

表2—6 メリット制の収支率の算定基礎から除外する特定疾病の範囲

疾 病	業種	疾病にかかった者
重量物を取り扱う業務、腰部に過度の負担を与える不自然な作業姿勢により行う業務その他腰部に過度の負担のかかる業務による腰痛	港湾貨物取扱事業または港湾荷役業	事業主を異にする2つ以上の事業場において非災害性腰痛の発生のおそれのある業務に従事し、または従事したことのある労働者で、当該疾病の発生原因となった業務に従事した最後の事業場の事業主に日々または2月以内の期間を定めて使用されたもの（2月を超えて使用されたものを除く）
さく岩機、鋲打ち機、チェーンソーなどの機械器具の使用により身体に振動を与える業務による手指、前腕などの末梢循環障害、末梢神経障害または運動器障害	林業または建設業	事業主を異にする2つ以上の事業場において振動障害の発生のおそれのある業務に従事し、または従事したことのある労働者で、当該疾病の発生原因となった業務に従事した最後の事業場において当該業務に従事した期間が1年に満たないもの
粉じんを飛散する場所における業務によるじん肺症または合併症	建設業	事業主を異にする2つ以上の事業場においてじん肺症の発生のおそれのある業務に従事し、または従事したことのある労働者で、当該疾病の発生原因となった業務に従事した最後の事業場において当該業務に従事した期間が3年に満たないもの
石綿にさらされる業務による肺がんまたは中皮腫	建設業	事業主を異にする2つ以上の事業場において肺がんまたは中皮腫の発生のおそれのある業務に従事し、または従事したことのある労働者で、当該疾病の発生原因となった業務に従事した最後の事業場において当該業務に従事した期間が肺がんについては10年、中皮腫については1年に満たないもの
	港湾貨物取扱事業または港湾荷役業	事業主を異にする2つ以上の事業場において肺がんまたは中皮腫の発生のおそれのある業務に従事し、または従事したことのある労働者で、当該疾病の発生原因となった業務に従事した最後の事業場の事業主に日々または2月以内の期間を定めて使用されたもの（2月を超えて使用されたものを除く）
著しい騒音を発する場所における業務による難聴などの耳の疾患	建設業	事業主を異にする2つ以上の事業場において難聴などの発生のおそれのある業務に従事し、または従事したことのある労働者で、当該疾病の発生原因となった業務に従事した最後の事業場において当該業務に従事した期間が5年に満たないもの

3）第1種調整率

　メリット収支率の算定に当たり、分子に算入される年金給付の評価額は労働基準法相当額（一時金）ですが、分母の保険料額は年金たる保険給付（傷病補償年金、障害補償年金もしくは遺族補償年金または傷病年金、障害年金もしくは遺族年金）に要する費用を基に設定された料率による保険料であるため、調整率を分母に乗じることにより分子との不均衡を調整しています。なお、林業、建設事業、港湾貨物取扱事業および港湾荷役業の事業については、特定疾病に関する保険給付分を分子に算入しないため、分母に乗じる調整率は一般の事業と異なります。

　第1種調整率は、表2—7の左欄の業種に応じて表2—7の右欄に定める率です。

表2—7　第1種調整率

業　　　類	第1種調整率
一般の事業	67/100
林業	51/100
建設業	63/100
港湾貨物取扱事業および港湾荷役業	63/100

4）メリット労災保険率

　メリット制適用事業の基準日以前3年間のメリット収支率が85パーセントを超え、または75パーセント以下である場合には、事業の種類ごとに定められている労災保険率から非業務災害率を減じた率を40パーセント〈一括有期事業で年間の確定保険料が40万円以上100万円未満の場合は30パーセント〉の範囲内で上下させて、それに非業務災害率を加えた率（メリット労災保険率）が、その事業についての基準日の属する年度の翌々年度の労災保険率となります（図2—1参照）。

図2―1 継続事業のメリット制

保険年度（4月1日から翌年3月31日まで）

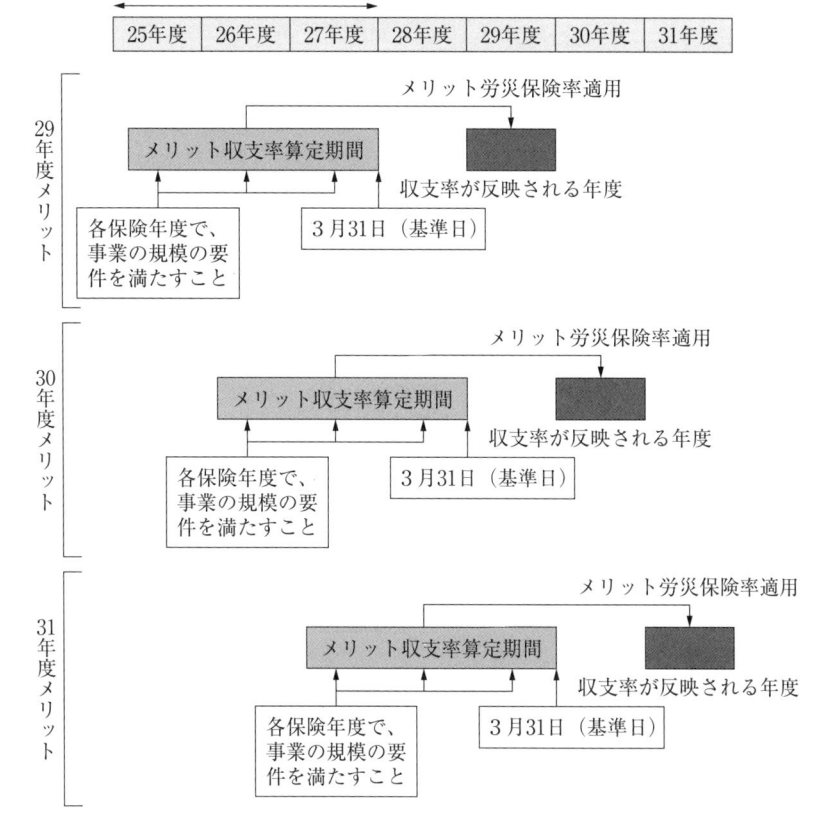

| 25年度 | 26年度 | 27年度 | 28年度 | 29年度 | 30年度 | 31年度 |

29年度メリット：メリット収支率算定期間（25～27年度）→ メリット労災保険率適用（収支率が反映される年度：29年度）
- 各保険年度で、事業の規模の要件を満たすこと
- 3月31日（基準日）

30年度メリット：メリット収支率算定期間（26～28年度）→ メリット労災保険率適用（収支率が反映される年度：30年度）
- 各保険年度で、事業の規模の要件を満たすこと
- 3月31日（基準日）

31年度メリット：メリット収支率算定期間（27～29年度）→ メリット労災保険率適用（収支率が反映される年度：31年度）
- 各保険年度で、事業の規模の要件を満たすこと
- 3月31日（基準日）

イ　有期事業のメリット制
1）メリット制適用事業
　メリット制は、次の①または②の有期事業に適用されます（徴収法第12条第3項、徴収則第17条）。
① 建設の事業で、確定保険料の額が100万円以上または請負金額が1億2,000万円以上のもの
② 立木の伐採の事業で、確定保険料の額が100万円以上または素材生産量が1,000立方メートル以上のもの
2）メリット収支率

労災保険料の額を上げ下げする基準は、当該事業の一般保険料の確定保険料の額から非業務災害率に応ずる部分の額を減じた額に調整率を乗じて得た額と、事業終了日から3月または9月を経過した日前までの業務災害に関する保険給付および特別支給金の額との割合により算出される収支率（メリット収支率）によって計算します（図2－2参照）。

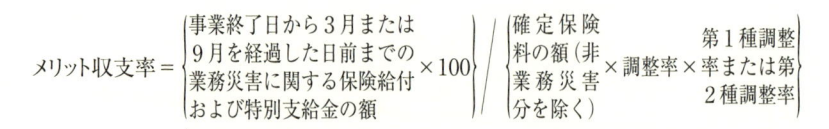

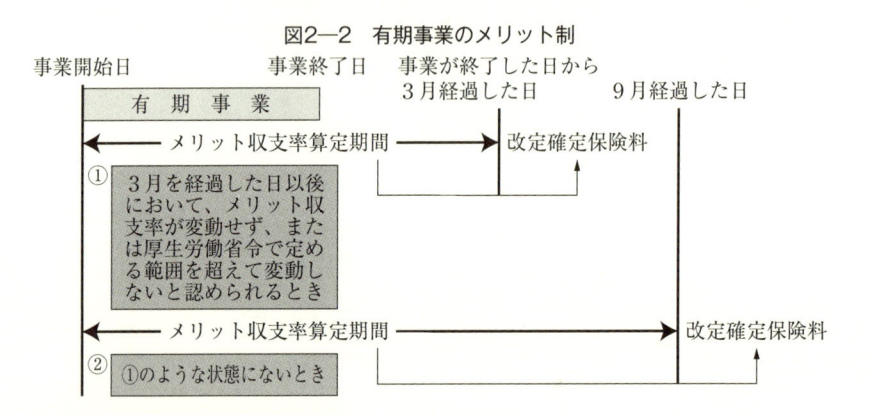

$$\text{メリット収支率} = \frac{\begin{pmatrix}\text{事業終了日から3月または}\\\text{9月を経過した日前までの}\\\text{業務災害に関する保険給付}\\\text{および特別支給金の額}\end{pmatrix} \times 100}{\begin{pmatrix}\text{確定保険}\\\text{料の額（非}\\\text{業務災害}\\\text{分を除く）}\end{pmatrix} \times \text{調整率} \times \begin{pmatrix}\text{第1種調整}\\\text{率または第}\\\text{2種調整率}\end{pmatrix}}$$

図2－2　有期事業のメリット制

```
事業開始日          事業終了日    事業が終了した日から
                                 3月経過した日      9月経過した日
        ┌────────────────┐
        │   有 期 事 業   │
        └────────────────┘
        ←── メリット収支率算定期間 ──→ 改定確定保険料
    ①  ┌──────────────┐
        │3月を経過した日以後│
        │において、メリット収│
        │支率が変動せず、また│
        │は厚生労働省令で定め│
        │る範囲を超えて変動し│
        │ないと認められるとき│
        └──────────────┘
        ←──── メリット収支率算定期間 ────→ 改定確定保険料
    ②  ┌──────────────┐
        │①のような状態にないとき│
        └──────────────┘
```

（注1）　メリット収支率の算定日および調整率については、次によります。
① 　当該事業の終了後6月を経過した日前におけるメリット収支率が、当該事業終了後3月を経過した日前のメリット収支率に対応する範囲にあると認められるときは、3月経過日をもって算定日としてメリット収支率を算定し、この場合には第1種調整率（56頁参照）を用いること。
② 　①以外のときは、事業が終了した日から9月を経過した日をもって算定日としてメリット収支率を算出し、この場合には第2種調整率を用いること。
　（注2）　第2種調整率は、表2－8の左欄に応じて表2－8の右欄に定める率です。

表2―8　第2種調整率

業種	第2種調整率
林　業	43/100
建設業	50/100

3）改定確定保険料額

　メリット収支率が85パーセントを超えまたは75パーセント以下である場合には、当該有期事業の確定保険料のうち業務災害に関する額を35パーセントの範囲内で上げ下げします。

ウ　特例メリット制

1）特例メリット制適用事業

　特例メリット制は、次の①から③までの要件をすべて満たす事業について、③の安全衛生措置を行った年度の翌年度の4月1日から9月30日までの間にメリット制の特例の適用の申告があるときに、適用されます（徴収法第12条の2、徴収則第20条の2、第20条の3、平成8年3月1日告示第13号）。

① 建設業および立木の伐採の事業以外の事業であること。

② 中小企業事業主が行う事業であること。

　（注）　中小企業事業主とは、③の措置が行われた保険年度において、企業全体で使用する労働者数が常時300人（金融業もしくは保険業、不動産業または小売業を主たる事業とする事業主については50人、卸売業またはサービス業を主たる事業とする事業主については100人）以下である事業主をいいます。

③ 次の安全衛生を確保するための次のいずれかの措置を行った事業であること。

a．「事業場における労働者の健康保持増進のための指針（昭和63年9月1日公示第1号）に従い、中央労働災害防止協会の援助を受けて、事業主が行う労働者の健康の保持増進のための措置

b．都道府県労働局長の認定を受けた快適職場推進計画に基づく快適な職場環境の形成のために行う措置

c．中央労働災害防止協会の援助を受けて、事業主の団体が労働災害の防止のための活動として行う措置を利用して、当該団体の構成員である事業主が行う安全衛生を確保するための措置

d．労働安全衛生法第88条第1項ただし書（同条第2項において準用する場合を含む）の規定による労働基準監督署長の認定を受けた事業主が行う危険性または有害性などの調査およびその結果に基づき行う措置ならびに労働安全衛生マネジメ

ントシステムに関する指針（平成11年4月30日告示第53号）に沿って行う自主的活動

2) 特例メリット制が適用される期間

特例メリット制は1)③の安全衛生措置を行った年度の次の次の年度から3年間で、メリット制が適用になる年度に限って、適用されます。

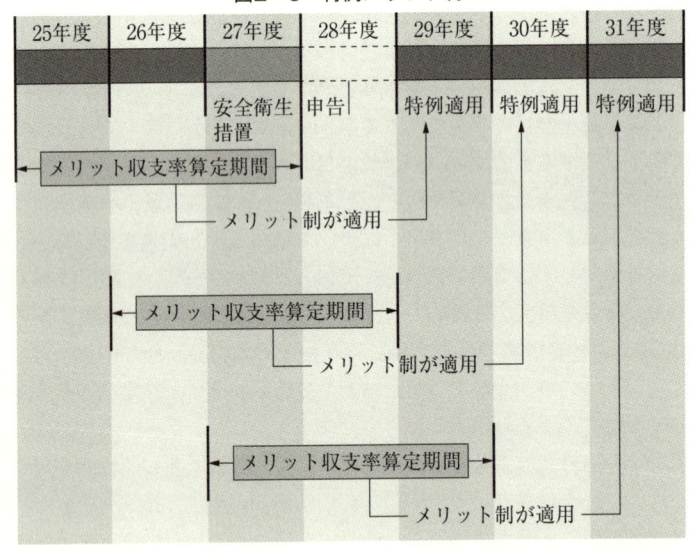

3) 特例メリット制の効果

特例メリット制を適用する場合には、継続事業のメリット制の場合と同様に計算したメリット収支率が85パーセントを超えまたは75パーセント以下となる場合には、事業の種類に応じて定められている労災保険率から非業務災害率を減じた率を45パーセントの範囲内で上げ下げし、これに非業務災害率を加えた率が、その事業についての基準となる3月31日の属する保険年度の次の次の保険年度の労災保険率となります（図2―3参照）。

図2―3 特例メリット制

25年度	26年度	27年度	28年度	29年度	30年度	31年度
		安全衛生措置	申告	特例適用	特例適用	特例適用

← メリット収支率算定期間 →
└─ メリット制が適用 ─┘

← メリット収支率算定期間 →
└─ メリット制が適用 ─┘

← メリット収支率算定期間 →
└─ メリット制が適用 ─┘

(5) 特別加入の場合の保険料

第1種特別加入をした中小事業主およびその家族従事者など(第1種特別加入者)は第1種特別加入保険料を、第2種特別加入をした一人親方その他の自営業者およびその事業に従事する者ならびに特定作業従事者（第2種特別加入者）は第2種特

別加入保険料を、第3種特別加入をした海外派遣者など（第3種特別加入者）は第3種特別加入保険料を、それぞれ負担しなければなりません。

ア　第1種特別加入保険料の額

　継続事業の場合の第1種特別加入保険料の額は、表2―9の左欄の給付基礎日額に応じて表2―9の右欄に定められる保険料算定基礎額の総額に第1種特別加入者の属する事業についての表2―4（50～52頁）の中欄の事業の種類に応じて表2―4の右欄に定める労災保険率（メリット制により引き上げまたは引き下げられた場合は、メリット制により引き上げまたは引き下げられた後の率）を乗じた額です。また、有期事業の場合の第1種特別加入保険料の額は、表2―9の左欄の給付基礎日額に応じて表2―9の右欄に定められる保険料算定基礎額を12で除した額に当該第1種特別加入者が加入した月数（1月未満の期間は1月に切り上げます）を乗じた額です（徴収法第13条、徴収則第21条、第21条の2、別表第4）。

表2―9　特別加入保険料算定基礎額表

給付基礎日額	保険料算定基礎額
20,000円	7,300,000円
18,000円	6,570,000円
16,000円	5,840,000円
14,000円	5,110,000円
12,000円	4,380,000円
10,000円	3,650,000円
9,000円	3,285,000円
8,000円	2,920,000円
7,000円	2,555,000円
6,000円	2,190,000円
5,000円	1,825,000円
4,000円	1,460,000円
3,500円	1,277,500円

イ　第2種特別加入保険料の額

　第2種特別加入保険料の額は、表2―9の左欄の給付基礎日額に応じて表2―9の右欄に定められる保険料算定基礎額の総額に表2―10の左欄の事業または作業の

種類に応じて表2―10の右欄に定められる第2種特別加入保険料率を乗じた額です。ただし、保険年度（4月から翌年3月まで）の中途で加入または脱退した第2種特別加入者については、表2―9の左欄の給付基礎日額に応じて表2―9の右欄に定められる保険料算定基礎額を12で除した額に当該第2種特別加入者が加入した月数（1月未満の期間は1月に切り上げます）を乗じた額です（徴収法第14条、徴収則第22条、第23条、別表第4、別表第5）。

表2―10　第2種特別加入保険料率表

事業または作業の種類	第2種特別加入保険料率
自動車を使用して行う旅客または貨物の運送の事業	14/1,000
建設の事業	19/1,000
漁船による水産動植物の採捕の事業	45/1,000
林業	52/1,000
医薬品の配置販売の事業	7/1,000
再生利用の目的となる廃棄物などの収集、運搬、選別、解体などの事業	13/1,000
船員が行う事業	50/1,000
特定農作業	9/1,000
指定機械作業	4/1,000
職場適応訓練	4/1,000
事業主団体等委託訓練	4/1,000
家内労働者などが行う金属などの加工・金属の焼入れなどの作業	15/1,000
家内労働者などが行う有機溶剤などを用いる作業	8/1,000
家内労働者などが行う粉じん作業など	16/1,000
家内労働者などが行う動力駆動の合糸機などを用いる作業	3/1,000
家内労働者などが行う木工機械を使用して行う作業	18/1,000
労働組合などの役員活動の作業	5/1,000
介護関係作業	7/1,000

ウ　第3種特別加入保険料の額

　第3種特別加入保険料の額は、表2―9（61頁）の左欄の給付基礎日額に応じて表2―9の右欄に定められる保険料算定基礎額の総額に4/1,000を乗じた額です。

ただし、保険年度の中途で加入または脱退した第2種特別加入者については、表2―9の左欄の給付基礎日額に応じて表2―9の右欄に定められる保険料算定基礎額を12で除した額に当該第3種特別加入者が加入した月数（1月未満の期間は1月に切り上げます）を乗じた額です（徴収法第14条、徴収則第23条の2、第23条の3、別表第4）。

(6) 労働保険料の申告と納付

労働保険料の申告と納付については、原則として以下のような取扱いが行われています。

ア　概算保険料の申告と納付

１）継続事業の場合

継続事業の場合には、事業主は、保険年度ごとに、その保険年度に使用するすべての労働者の賃金総額（1,000円未満の端は、切り捨てる）の見込額に当該事業の労災保険料率に雇用保険料率を加えた率（一般保険料率）を乗じた概算保険料を、第1種特別加入または第3種特別加入が承認された事業の場合は当該概算保険料に(4)アの第1種特別加入保険料の見込額または(4)ウの第3種特別加入保険料の見込額を加えた額を、第2種特別加入が承認された事業の場合は(4)イの第2種特別加入保険料の見込額を、概算保険料申告書（徴収則様式第6号）に添えて、その保険年度の6月1日から40日以内に納付しなければなりません。なお、保険年度の中途に保険関係が成立した事業については、保険関係が成立した日から50日以内に納付しなければなりません（徴収法第15条第1項、徴収則第24条）。

２）有期事業の場合

有期事業の場合には、事業主は、保険関係が成立した日（保険関係が成立した日の翌日以後に第1種特別加入について承認があった事業に関しては、承認があった日）から20日以内に、保険関係の全期間に使用するすべての労働者の賃金総額の見込額に当該事業についての一般保険料率を乗じて算定した概算保険料を、第1種特別加入が承認された事業の場合は概算保険料に保険関係の全期間の(4)アの第1種特別加入保険料の見込額を加えた額を、第2種特別加入が承認された事業の場合は保険関係の全期間の(4)イの第2種特別加入保険料の見込額を、概算保険料申告書（徴収則様式第6号）に添えて、納付しなければなりません（徴収法第15条第2項、徴収則第24条）。

イ　増加概算保険料の申告と納付

事業主は、保険年度の中途において、賃金総額の見込額が当初の申告より2倍を超えて増加し、かつ、その賃金総額によった場合の概算保険料の額と納付した概算保険料の額との差額が13万円以上であるときは、その日から30日以内に、増加後の

見込額に基づく労働保険料の額と納付した労働保険料の額との差額を、増加概算保険料申告書（徴収則様式第6号）に添えて、納付しなければなりません（徴収法第16条、徴収則第25条）。
ウ　概算保険料の追加徴収
　一般保険料率、第1種特別加入保険料率、第2種特別加入保険料率または第3種特別加入保険料率の引き上げられたときは、通知が発せられた日から起算して30日を経過した日をその納期限として、労働保険料の追加徴収が行われます（徴収法第17条、徴収則第26条）。
エ　概算保険料の延納
1）継続事業の場合
　継続事業の場合で、概算保険料額が40万円（労災保険か雇用保険のどちらか一方の保険関係のみ成立している場合は20万円）以上のときまたは労働保険事務組合に労働保険事務の処理を委託しているときは、事業主の申請に基づき、概算保険料の納付を延納して、3回分割して納付することができます（徴収法第18条、徴収則第27条）。
2）有期事業の場合
　有期事業の場合で、概算保険料額が75万円以上のときまたは労働保険事務組合に労働保険事務の処理を委託しているときは、事業主の申請に基づき、概算保険料の納付を延納して、3回分割して納付することができます（徴収法第18条、徴収則第27条）。
オ　確定保険料
1）継続事業の場合
　継続事業の場合には、事業主は、保険年度ごとに、その保険年度に使用したすべての労働者の賃金総額に一般保険料率を乗じた確定保険料を、第1種特別加入または第3種特別加入が承認された事業の場合は確定保険料に(4)アの第1種特別加入保険料の額または(4)ウの第3種特別加入保険料の額を加えた額を、次の保険年度の6月1日から40日以内に、第2種特別加入が承認された事業の場合は(4)イの第2種特別加入保険料の額を記載した確定保険料申告書（徴収則様式第6号）を提出し、不足額があるときはその不足額を納付しなければなりません。なお、保険年度の中途に保険関係が消滅した事業については、当該保険関係が消滅した日から50日以内に提出し、不足額があるときはその不足額を納付しなければなりません。一方、余剰額がある場合には、余剰額を次の保険年度の労働保険料などに充当するか、または還付されます（徴収法第19条第1項、第3項、第6項、徴収則第33条）。
2）有期事業の場合

有期事業の場合には、事業主は、保険関係が消滅した日から50日以内に、保険関係の全期間に使用したすべての労働者の賃金総額の額に当該事業についての一般保険料率を乗じて算定した確定保険料を、第1種特別加入が承認された事業の場合は確定保険料に当該保険関係の全期間の(4)アの第1種特別加入保険料の額を加えた額を、第2種特別加入が承認された事業の場合は保険関係の全期間の(4)イの第2種特別加入保険料の額を記載した確定保険料申告書（徴収則様式第6号）を提出し、不足額があるときはその不足額を納付しなければなりません。一方、余剰額がある場合には、余剰額を次の保険年度の労働保険料などに充当するか、または還付されます（徴収法第19条第1項、第3項、第6項、徴収則第33条）。

　なお、一括有期事業の事業主は、次の保険年度の6月1日から40日以内または保険関係が消滅した日から起算して50日以内に、一括有期事業報告書（徴収則様式第7号）を所轄の都道府県労働局歳入徴収官に提出しなければなりません（徴収則第34条）。

(7) 費用の徴収

　①事業主が故意もしくは重大な過失により労災保険の保険関係の成立に関する届出をしていない期間中に生じた事故、②事業主が保険料を納付しない期間中に生じた事故または③事業主が故意もしくは重大な過失により生じさせた業務災害の原因である事故について保険給付が行われたときは、事業主は、労働基準法の規定による災害補償の額の限度で、保険給付に要した費用の全部または一部を徴収される場合があります（労災保険法第31条）。

　なお、これに関連して、炭鉱会社が割当量達成のため、従業員などに対し増炭を要望し、従業員もまた増炭を欲して保安炭柱から採掘した事実があったとしても、炭鉱会社が重大な過失があるものとすることはできないとする判例（日立労基署長（鈴木炭礦）事件　東京高裁昭和28年2月24日　労民集4．1．30、最高裁第二小法廷昭和30年1月28日）がある一方、林道新設建設工事現場における従業員の転落事故に関連して、擁壁の外側型枠の取外しが絶壁に乗りかかってする作業であったところ、事業主が作業床または防網の設置などを行わなかった場合に、事業主に対して費用徴収の決定を行ったことは適法であるとする裁判例（高知労基局長（岡村組）事件　高知地裁昭和61年2月20日　労判470.43）があります。

(8) 石綿健康被害救済法に基づく一般拠出金

　労災保険の適用事業主は、石綿健康被害救済法に基づき、すべての労働者の賃金総額に0.05/1,000を乗じた一般拠出金を労働保険料と併せて申告し、納付しなければなりません（石綿健康被害救済法第35条第1項など）。

❼ 労災保険給付の基本的な概念

(1) 給付基礎日額

給付基礎日額とは、保険給付の額の算定の基礎となる額で、労災保険の保険給付の額は、療養に関する給付および葬祭料の定額部分を除き、すべて給付基礎日額の何日分または何パーセントという形で算定します。

なお、特別加入者の給付基礎日額は、3,500円、4,000円、5,000円、6,000円、7,000円、8,000円、9,000円、10,000円、12,000円、14,000円、16,000円、18,000円および20,000円のうちから定められます（32、36、41頁参照）。

ア　給付基礎日額の原則

給付基礎日額は、原則として、平均賃金に相当する額です（労災保険法第8条第1項）。平均賃金については、4～6頁に記載した方法で算定します。

イ　給付基礎日額の特例

平均賃金相当額を給付基礎日額とすることが適当でないと認められる次の場合には、給付基礎日額の算定方法に特例が設けられています。

A　平均賃金の算定期間中に業務外の災害による負傷・疾病の療養のため休業した期間がある場合

平均賃金の算定期間中に業務外の災害による負傷・疾病の療養のため休業した期間がある者の平均賃金の額が休業した期間を業務上の災害による負傷・疾病の療養のため休業した期間とみなして算定した場合の平均賃金の額に満たないときは、休業した期間を業務上の災害による負傷・疾病の療養のため休業した期間とみなして算定した場合の平均賃金の額とします（労災保険則第9条第1項第1号）。

B　じん肺にかかって保険給付を受ける場合

じん肺にかかって保険給付を受ける者の平均賃金の額が、じん肺にかかったため粉じん作業以外の作業に常時従事することになった日を平均賃金を算定すべき事由の発生した日とみなして算定した場合の平均賃金の額に満たない場合には、じん肺にかかったため粉じん作業以外の作業に常時従事することになった日を平均賃金を算定すべき事由の発生した日とみなして算定した平均賃金の額とします（労災保険則第9条第1項第2号）。

C　1年を通じて船員として船舶所有者に使用される場合

1年を通じて船員として船舶所有者に使用される者の賃金について、基本となるべき固定給のほか、船舶に乗り組むこと、船舶の就航区域、船積貨物の種類などにより変動がある賃金が定められる場合には、基本となるべき固定給の平均賃金の額と変動がある賃金の平均賃金の額とを基準として、厚生労働省労働基準局長が定め

る基準に従って算定する額とします(労災保険則第9条第1項第3号)。
D　その他平均賃金の額を給付基礎日額とすることが適当でないと認められる場合
　　平均賃金の額を給付基礎日額とすることが適当でないと認められる場合には、厚生労働省労働基準局長が定める基準に従って算定する額とします(労災保険則第9条第1項第4号)。
E　平均賃金の額またはAからDまでにより算定された額が給付基礎日額の最低保障額(自動変更対象額)である3,950円(平成24年8月1日時点)に満たない場合には3,950円とします。なお、自動変更対象額は、厚生労働省で作成している「毎月勤労統計」における「毎月きまって支給する給与」の年度(4月分から翌年3月分まで)の平均額(平均定期給与額)によって変動し、毎年7月31日までに告示されます(労災保険則第9条第1項第5号、第2項〜第4項)。
ウ　スライド制
1)休業給付基礎日額のスライド制
　休業補償給付および休業給付の額の算定の基礎として用いる給付基礎日額(休業給付基礎日額)については、スライド制が取られています。
　このスライド制については、当該四半期の平均定期給与額が算定事由発生日の属する四半期の平均定期給与額の10パーセントを超え、または10パーセントを下回る場合には、その比率を基準として厚生労働大臣が定めるスライド率を給付基礎日額に乗じた額が休業給付基礎日額となります。スライド率については、改定される四半期ごとに告示されます。スライドにより実際に給付基礎日額が改定されるのは、平均定期給与額が10パーセントを超えて上下した四半期の次の次の四半期からです(労災保険法第8条の2第1項第2号、労災保険則第9条の2)。
2)年金給付基礎日額などのスライド制
　年金たる保険給付(傷病補償年金、障害補償年金および遺族補償年金ならびに傷病年金、障害年金および遺族年金)の額の算定の基礎として用いる給付基礎日額(年金給付基礎日額)についても、スライド制が取られています。
　このスライドについては、その年度の平均定期給与額と算定事由発生日の属する年度の平均定期給与額との比率を基準として厚生労働大臣が定めるスライド率を給付基礎日額に乗じた額が年金給付基礎日額となります。このスライド率については、毎年7月31日までに告示されます(労災保険法第8条の3第1項第2号、労災保険則第9条の5)。
　なお、障害補償一時金、障害補償年金差額一時金、障害補償年金前払一時金、遺族補償一時金、遺族補償年金前払一時金、葬祭料、障害一時金、障害年金差額一時金、障害年金前払一時金、遺族一時金、遺族年金前払一時金および葬祭給付の額の

算定の基礎として用いる給付基礎日額のスライドについても、年金給付基礎日額のスライドと同様の方法により行われます（労災保険法第8条の4）。

　エ　年齢階層別の最低・最高限度額

年金給付基礎日額および療養を始めてから1年6月を経過した者の休業給付基礎日額については、厚生労働大臣が労働者の年齢階層別の就業状態その他の事情を考慮して、年齢階層別の最低限度額および最高限度額を定め、年金給付基礎日額または休業給付基礎日額として算定した額が年齢階層別の最低限度額に満たない場合には年齢階層別の最低限度額が、年齢階層別の最高限度額を超える場合には年齢階層別の最高限度額が、それぞれ年金給付基礎日額または休業給付基礎日額となります。

年齢階層別の最低限度額および最高限度額は、毎年、前年の「賃金構造基本統計調査」の結果に基づき、その年の8月1日から翌年の7月31日までの分の年金給付基礎日額または休業給付基礎日額に適用されるもので、当該8月の属する年の7月31日までに告示されます。

年齢階層別の最低限度額及び最高限度額については、平成24年8月1日現在、表2―11のように定められています。

表2―11　年齢階層別の最低限度額及び最高限度額（平成24年8月1日現在）

年齢階層区分	最低限度額	最高限度額
20歳未満	4,506円	12,944円
20歳以上25歳未満	5,011円	12,944円
25歳以上30歳未満	5,622円	13,644円
30歳以上35歳未満	6,116円	16,141円
35歳以上40歳未満	6,532円	18,548円
40歳以上45歳未満	6,746円	21,926円
45歳以上50歳未満	6,866円	24,472円
50歳以上55歳未満	6,484円	25,013円
55歳以上60歳未満	5,815円	23,187円
60歳以上65歳未満	4,686円	19,830円
65歳以上70歳未満	3,950円	14,386円
70歳以上	3,950円	12,944円

なお、どの年齢階層に属するかについては、給付を支給すべき事由が生じた日の属する四半期の初日における年齢をその年齢として計算します（労災保険法第8条の2第2項～第4項、第8条の3第2項労災保険則第9条の3、第9条の4）。

(2) 算定基礎年額および算定基礎日額

　算定基礎年額とは業務上または通勤による負傷や死亡の原因である事故が発生した日または診断によって病気にかかったことが確定した日以前1年間にその労働者が事業主から受けた特別給与の総額をいい、算定基礎日額とは算定基礎年額を365で除した額です。

　ただし、特別給与の総額が給付基礎年額（給付基礎日額の365倍の額）の20パーセントに相当する額を上回る場合には、給付基礎年額の20パーセントに相当する額が算定基礎年額となり、また、計算された算定基礎年額が150万円以上のときは150万円が限度となります。

　また、特別給与とは賞与、ボーナスなど3月を超える期間ごとに支払われる賃金をいい、給付基礎日額の算定の基礎から除外されています。ただし、臨時に支払われた賃金は含まれません（特別支給金則第6条）。

　算定基礎日額は、①障害特別年金、②障害特別一時金、③遺族特別年金、④遺族特別一時金および⑤傷病特別年金の額の算定の基礎となります。

(3) 年金たる保険給付の支給の時期

　年金たる保険給付である傷病補償年金、障害補償年金および遺族補償年金ならびに傷病年金、障害年金および遺族年金については、次により支給されます（労災保険法第9条）。

① 支給すべき事由が生じた月の翌月から支給を開始し、支給を受ける権利が消滅した月で支給を終了すること。

② 支給を停止する事由が生じたときは、その事由が生じた月の翌月からその事由が消滅した月までの間は支給しないこと。

③ 毎年2月、4月、6月、9月、10月および12月の6期に分けて、それぞれその前月分までの分を支給すること。ただし、支給を受ける権利が消滅した場合には、その期の給付は、支払期月でない月でも支給すること。

(4) 船舶や航空機が沈没・墜落した場合などの取扱い

　船舶または航空機が沈没もしくは墜落し、転覆し、滅失し、もしくは行方不明となった際現にその船舶または航空機に乗っていた者もしくは船舶または航空機に乗っていてその船舶または航空機の航行中に行方不明となった者の生死が3月間分からない場合またはこれらの者の死亡が3月以内に明らかとなり、かつ、その死亡の時期が分からない場合には、遺族補償給付、葬祭料、遺族給付および葬祭給付の

支給に関しては、その船舶が沈没し、転覆し、滅失し、もしくは行方不明となった日または行方不明となった日に死亡したものと推定します（労災保険法第10条）。

なお、死亡したものと推定した後に、推定と異なる事実が明らかになった場合には、明らかになった事実に基づいて処理されます。

(5) 保険給付を受ける権利を有する者が死亡した場合の未支給の保険給付の取扱い

保険給付を受ける権利を有する者が死亡した場合に、未支給の保険給付があるときには、次のように支給されます（労災保険法第11条）。なお、「未支給の保険給付」には、支給事由が生じた保険給付で請求されていないもの、請求はあったがまだ支給決定がないものおよび支給決定はあったがまだ支払われていないものが該当します。

① 遺族補償年金および遺族年金以外については、死亡の当時生計を同じくしていた死亡した者の配偶者、子、父母、孫、祖父母または兄弟姉妹の順で請求できること。

なお、「生計を同じくしていた」とは、1個の生計順位の構成員であることをいい、生計を維持されている必要はなく、必ずしも同居している必要はありませんが、生計を維持されている場合には、生計を同じくしているものと推定されます（昭和41年1月31日基発第73号）。

② 遺族補償年金または遺族年金については、死亡した者の配偶者、子、父母、孫、祖父母および兄弟姉妹ではなく、死亡の当時生計を同じくしていた死亡した者の配偶者、子、父母、孫、祖父母または兄弟姉妹で次順位の受給権者の順で請求できること。

③ 未支給の保険給付については、死亡した者ではなく、保険給付を受けることができる者本人の名義で請求できること。

④ 未支給の保険給付を受けることができる同順位者が2人以上いるときは、その1人が行った請求手続きは同順位者全員のためその全額について行ったものとみなされ、その1人に対して支給されたときは、全員に対して支給されたものとみなされること。

ただし、2人以上が同時に請求した場合に、請求人の人数で等分して各人に支給することが禁止されている訳ではありません（昭和41年1月31日基発第73号）。

(6) 年金たる保険給付の内払に関する措置

年金たる保険給付（傷病補償年金、障害補償年金および遺族補償年金ならびに傷病年金、障害年金および遺族年金）の支給を停止すべき事由が生じた場合、年金たる保険給付を減額して改定すべき事由が生じた場合、同一の負傷・疾病に関し、年

金たる保険給付の支給を受けている受給権者が失権し別の種類の年金たる保険給付などを受けることになった場合または同一の負傷・疾病に関し、休業補償給付または休業給付の支給を受けている労働者が他の保険給付に移行した場合に、従前の保険給付の支給を継続しているときには、本来過誤払いとして処理する必要がありますが、便宜上その後に支払うべき保険給付の内払とみなして処理します（労災保険法第12条）。

　ク　過誤払に関する返還金債権への充当に関する措置
　年金たる保険給付の受給権者が死亡したためその受給権が消滅したにもかかわらず、その死亡の日の属する月の翌月以後の分として年金たる保険給付が誤って支払われるという過誤払が行われた場合には、過誤払による返還金債権の管理の簡素化を図るため、返還金債務の弁済を行うべき者に支払うべき一定の保険給付があるときは、当該保険給付の支払金の金額を当該過誤払による返還金債権の金額に充当することができます（労災保険法第12条の2）。

(7)　支給制限
　ア　故意による負傷・疾病・障害・死亡・事故の発生の場合
　労働者が、故意に負傷、疾病、障害もしくは死亡またはその直接の原因となった事故を生じさせたときは、保険給付は行われません（労災保険法第12条の2の2第1項）。
　「故意」とは、結果の発生を意図したことをいいます（昭和40年7月31日基発第901号）が、精神障害によって、正常の認識、行為選択能力が著しく阻害され、または自殺行為を思いとどまる精神的な抑制力が著しく阻害されている状態で自殺が行われた場合には、結果の発生を意図した故意には該当しません（平成11年9月14日基発第545号）

　イ　故意の犯罪行為・重大な過失の場合
　労働者が故意の犯罪行為もしくは重大な過失により、または正当な理由がなくて療養に関する指示に従わないことにより、負傷、疾病、障害もしくは死亡もしくはこれらの原因となった事故を生じさせ、または負傷、疾病もしくは障害の程度を増進させ、もしくはその回復を妨げたときは、保険給付の全部または一部が行われないことがあります（労災保険法第12条の2の2第2項）。
　「故意の犯罪行為または重大な過失」に該当するのは、危害防止に関する罰則付きの法令の規定に違反する場合です（昭和40年7月31日基発第901号）。
　また、「療養に関する指示に従わない」に該当するのは、医療機関の診療担当者が療養に関する具体的な指示を行ったことが診療記録などで明らかな場合や労働基準監督署長が文書で具体的な指示を行った場合に、これらの指示に従わないときで

す（昭和40年7月31日基発第901号）。

(8) **不正受給者からの費用の徴収**

　偽りその他不正の手段により保険給付を受けた者に対しては、偽りその他不正の手段により保険給付を受けた部分に相当する額が徴収されます（労災保険法第12条の3第1項、昭和40年7月31日基発第906号）。

　また、事業主（数次の請負によって行なわれる建設業の場合には元請負人）が例えば、災害発生状況や死亡・負傷・疾病の年月日、平均賃金などについて虚偽の報告または証明をしたため、偽りその他不正の手段による保険給付が行われたときは、その事業主または元請負人に対して、保険給付を受けた者と連帯して保険給付に要した費用の全部または一部を納付するよう請求されます（労災保険法第12条の3第3項）。

(9) **第三者の行為によって発生した事故の取扱い**

　保険給付の原因である事故が事業主や労働者、遺族などの受給権者以外の第三者の不法行為などによって発生した場合（第三者行為災害）には、当該第三者は保険給付の受給権者に対して損害賠償の義務があります。

　したがって、第三者行為災害に該当する場合には、被災した労働者や遺族は第三者に対し損害賠償請求権を取得すると同時に、労災保険に対しても給付請求権を取得します。

　しかし、同一の事由について両者から重複して損害のてん補を受けることは適切ではないため、次のように調整します。

ア　第三者に対する損害賠償請求権の取得

　先に労災保険から給付を行った場合には、政府が給付の価格の限度で被災労働者などが有する損害賠償請求権を取得します。これにより政府は労災給付相当額を第三者に請求します（労災保険法第12条の4第1項）。

　この規定に基づく損害賠償請求権は、私法上の金銭債権で、公法上の金銭債権ではないので、その時効による消滅については、会計法などの規定が適用されます（松本労基署長事件　最高裁第一小法廷昭和44年11月6日）。

　なお、第三者の行為によって生じた事故について被災した労働者およびその遺族が加害者である第三者に対する損害賠償請求権を放棄した場合には、国は保険給付を行ったとしても、当該第三者に対して求償できないと解されています（小野運送事件　最高裁第三小法廷昭和38年6月4日　民集17．5．16）。

イ　保険給付の不支給

　先に第三者から保険給付の事由と同一の事由について損害賠償を受けている場合は、保険給付額からその額を控除して支給されます（労災保険法第12条の4第2

項）。

　「保険給付の事由と同一の事由」には精神的損害や物的損害は含まれませんので、第三者から支払われた慰謝料、見舞金、香典などは「同一の事由について損害賠償を受けた」には該当しません（昭和32年7月2日基発第551号）。
ウ　示談を行った場合の取扱い
　受給権者が事故を発生させた第三者と示談を行った場合には、示談が錯誤や脅迫などではなく両当事者の真意によって成立しており、かつ、その内容が保険給付の事由と同一の事由に基づく損害賠償請求権の全部のてん補を目的としているときは、原則として保険給付は行われません（昭和38年6月17日基発第687号）。
エ　第三者の行為による災害についての届出
　第三者行為災害について保険給付を受けようとする者は、第三者行為災害の事実、第三者の氏名・住所、被害の状況などを、遅滞なく、所轄の労働基準監督署長に届け出なければなりません（労災保険則第22条）。
　また、保険の給付を行う原因となった第三者行為災害を発生させた第三者も、第三者行為災害報告書を労働基準監督署に提出する必要があります（労災保険法第47条、労災保険則第51条の2）。
オ　第三者行為災害の場合の損害賠償の請求
　第三者行為災害の場合の損害賠償の請求に関しては、たとえ将来にわたり継続して保険給付が行われることが確定していても、将来の給付額を損害賠償額から控除する必要はないと解されています（共栄塗装事件　最高裁第一小法廷昭和46年12月2日　労判150.25）。

⑽　受給権の保護
　保険給付を受ける権利は、労働者の退職によって変更されることはありません（労災保険法第12条の5第1項）。
　また、保険給付を受ける権利は、独立行政法人福祉医療機構に年金たる保険給付の受給権を担保として小口資金貸付を受ける場合を除き、譲渡し、担保に供し、または差し押さえることができません（労災保険法第12条の5第2項）。
　ただし、労災保険金が預金口座に振り込まれて預金債権に転化し、一般財産になった場合には、金融機関が預金者に対して有する債権を自働債権とし、預金債権を受働債権として相殺することが許されると解されています（北見信用金庫事件　札幌高裁平成9年5月25日）。

⑾　保険給付の非課税
　保険給付として支給を受けた金銭や療養の給付として支給された薬剤、治療材料などの現物給付については、国税、地方税とも課税されません（労災保険法第12条

の6）。

(12) **保険給付に関する通知など**

ア　保険給付に関する処分の通知

　都道府県労働局長または労働基準監督署長は、保険給付に関する処分（療養の給付または二次健康診断等給付の場合は、その全部または一部を支給しない処分）を行ったときは、遅滞なく、文書で、その内容を請求人などに通知します（労災保険則第19条第1項）。

イ　書類などの返還

　都道府県労働局長または労働基準監督署長は、保険給付に関する処分を行ったときは、請求人などから提出された書類その他の資料のうち返還を要するものについて、遅滞なく、返還します（労災保険則第19条第2項）。

ウ　年金証書

　所轄の労働基準監督署長は、年金たる保険給付（傷病補償年金、障害補償年金および遺族補償年金ならびに傷病年金、障害年金および遺族年金）の支給の決定の通知をするときは、①年金証書の番号、②受給権者の氏名・生年月日、③年金たる保険給付の種類および④支給事由が生じた年月日を記載した年金証書を当該受給権者に交付します（労災保険則第20条）。

　年金証書を交付された受給権者は、年金証書を亡くし、著しく損傷し、または受給権者の氏名に変更があったときは、①年金証書の番号、②亡くし、損傷し、または氏名の変更の事由を記載した請求書に、損傷の場合は損傷した年金証書を、氏名の変更の場合は年金証書およびその変更の事実を証明することができる戸籍の謄本・抄本を添付して、所轄の労働基準監督署長に提出することにより、年金証書の再交付を請求することができます（労災保険則第20条の2第1項〜第3項）。

　年金証書の再交付を受けた受給権者は、その後亡くした年金証書を発見したときは、遅滞なく、発見した年金証書を所轄の労働基準監督署長に返納しなければなりません（労災保険則第20条の2第4項）。

第3章
業務災害

> 第3章においては、業務災害に該当する場合および業務災害に対する保険給付について解説します。

1 業務災害に該当する場合の概要

　労働者および特別加入者については、業務災害に関する規定が適用されます。
　このうち、労働者については、第1章でみたように、労働基準法第8章は、業務上負傷し、または疾病にかかった場合、すなわち業務災害に被災した場合には、使用者が所定の補償を行うべきことを法律上の義務として定めています。
　業務災害とは、労働関係から生じた災害、すなわち労働者が労働契約に基づいて使用者の支配下において労働を提供する過程で、業務に起因して発生した災害をいいます。
　労働者が使用者の支配下にある状態を業務遂行性といい、業務に起因することを業務起因性といいます。業務遂行性がなければ業務起因性も成立しませんが、業務遂行性があれば必ず業務起因性があるとは限りません。
　業務遂行性がある場合とは、次の3つの場合をいいます。

(1) **事業主の支配・管理下で業務に従事している場合**
　労働者が、予め定められた担当の仕事をしている場合、事業主からの特命の業務に従事している場合、担当業務を行う上で必要な行為、作業中の用便、飲水などの生理的行為を行っている場合、その他労働関係の本旨に照らして合理的と認められる行為を行っている場合などです。

(2) **事業主の支配・管理下にあるが、業務に従事していない場合**
　休憩時間に事業場構内でキャッチボールをしている場合、社員食堂で食事をしている場合、休憩室で休んでいる場合、事業主が通勤専用に提供した交通機関を利用している場合などです。

(3) **事業主の支配下にあるが、管理下を離れて業務に従事している場合**
　出張や社用での外出、運送、配達、営業などのため事業場の外で仕事をする場合、事業場外の就業場所への往復、食事、用便など事業場外での業務に付随する行為を行う場合などです。

　これらの3つの場合における業務起因性の有無については、次により判断します。

(1) 事業主の支配・管理下で業務に従事している場合
　事業主の支配・管理下で業務に従事している場合には、その災害は被災した労働

者の業務としての行為や事業場の施設・設備の管理状況などが原因となって発生しますので、他に業務上と認め難い事情がない限り、業務災害に該当します。ただし、次のような業務上と認め難い特別の事情がある場合には、業務災害に該当しません。

ア　被災した者が就業中に私用（私的行為）を行い、またはいたずら（恣意的行為）をしていて、その私的行為または恣意的行為が原因となって災害が発生した場合
イ　被災した者が故意に災害を発生させた場合
ウ　被災した者が個人的なうらみなどにより第三者から暴行を受けて被災した場合
エ　地震、台風、火災などの天災地変によって被災した場合。ただし、事業場の立地条件などにより、天災地変に際して災害を被り易い業務上の事情があるときは、業務起因性があります。

(2) 事業主の支配・管理下にあるが業務に従事していない場合

　事業主の支配・管理下にあるが業務に従事していない場合には、事業施設内にいる限り事業主の管理下にあり支配下にありますので業務遂行性がありますが、業務起因性については、休憩時間中は自由に利用できますので、その間の行動は私的行為であり、原則として業務起因性はありません。ただし、事業場の施設またはその管理に起因する場合には、業務起因性があります。また、事業主が提供した通勤専用交通機関の利用中の場合には、業務起因性があります。

(3) 事業主の支配下にあるが、管理下を離れて業務に従事している場合

　事業主の支配下にあるが、管理下を離れて業務に従事している場合には、事業主の施設管理下を離れてはいますが、労働契約に基づき事業主の命令を受けて仕事をしていますので、仕事の場所はどこであっても途中で労働者が積極的私的行為を行うなど特段の事情がない限り、一般に業務遂行性があり、業務起因性についても特にこれを否定すべき事情がない限りあります。

　一方、労働者が業務上疾病にかかった場合については、疾病は、負傷や事故による死亡と異なり、一般に業務起因性の判断や他の業務以外の原因によって生ずるものとの鑑別の困難なものが多いため、医学経験則上業務との因果関係の確立されている疾病を類型化し、あらかじめ明示することによって、これに該当し一定の要件を満たすものについては、特段の反証のない限り、業務上の事由によって生じたものとするという取扱いが行われていて、業務上疾病の範囲は、労働基準則別表第1の2に規定されています。

　業務上疾病における業務起因性については、業務に内在する危険有害因子の危険が具体化したものをいい、一般的には、労働者に発症した疾病について、①労働の場に危険有害因子が存在すること、②危険有害因子にばく露されていること、③発

症の経過および病態が医学的に見て妥当であること、の3つの要件を満たす場合には、原則として業務起因性があります。

❷ 業務遂行性と業務起因性についての具体的な判断

　具体的な災害事例により、業務遂行性と業務起因性についての具体的な判断について、以下解説します。
(1)　就業中の災害
ア　作業中の災害
　作業中に発生した災害は原則として業務災害に該当しますが、災害発生の事情によって、業務に従事していたかどうか、業務に従事していたとしてもその災害が業務外の事由によって生じたのではないかが問題となります。
　このような災害に関しては、次のような場合には、業務災害と認められています。
① 車掌が満員電車の発車の際に搭乗が禁止されている連結器に飛び乗ろうとして転落して死亡した場合（昭和25年5月11日基収第1391号）
② 用務員・雑役夫が事業主や上司の雑役や私用をしていたときに感電して死亡した場合（昭和25年11月10日基収第3237号、昭和33年1月25日基収第9641号）
③ 農業労働者が野菜採取中に隣家の馬に蹴られて死亡した場合（昭和34年4月28日基収第141号）
④ 建築作業中の突風によって建物が倒壊して負傷した場合（昭和26年9月27日基災収第1798号）
⑤ 運転手が強要されて道路工に運転させたために事故が発生した場合（昭和30年5月21日基収第457号）
⑥ 寒冷の中就業中に作業場のストーブの傍らによったところ貧血を生じて昏倒してやけどを負って死亡した場合（昭和38年9月30日基収第2868号）
⑦ 配達などの業務に従事していた者が商品配達のため使用者に無断でオート三輪車を運転していた際に事故死した場合（松本製菓工場事件　東京地裁昭和32年5月6日　労民集8．3．346）
⑧ 貨物自動車に上乗りして土砂などを運搬する作業に従事していた人夫が転落して死亡した場合（貨物自動車上乗人夫事件　函館地裁昭和34年9月14日）
⑨ タクシー運転手が無断時間外勤務中に事故により死亡した場合（東進交通事件　東京地裁昭和35年1月27日　労民集11．1．89）
⑩ トラックの運転手が助手と交替してトラックの荷台に上乗りしていた際に助手

の運転の過誤により転落し車に轢かれて死亡した場合（中野労基署長事件　長野地裁昭和39年10月6日　労民集15．5．1098）

一方、次のような場合には、業務災害とは認められていません。

① 　助手が泥酔してトラックから転落して死亡した場合（昭和24年7月15日基災収第3845号）
② 　運転手が顔見知りの他人の興味に応じて運転させて事故が発生した場合（昭和26年4月13日基収第1497号）
③ 　人員整理をめぐり会社と労働組合との争議中に被解雇者が強行就労して、作業中に負傷した場合（昭和28年12月18日基収第4466号）

イ　作業中断中の災害

　就業中の労働者の飲水、用便など生理的要求による作業中断中の行為は業務に付随する行為と評価されます。また、就業中に突発的な原因に対して反射的に一時的に業務から離れる場合も、それが避けられないものである場合または通常ありがちなものである場合には、業務に付随する行為と評価されます。

　業務に付随する行為と評価される場合には、当該行為によって発生した災害は、一般に業務災害です。ただし、労働者の恣意的な行動や私的な目的のために行われた行為は、業務起因性がありません。

　このような災害に関しては、次のような場合には、業務災害と認められています。

① 　作業時間中に飲水のために立入り禁止区域に入ろうとして転落して死亡した場合（昭和23年9月28日基収第2997号）
② 　作業時間中に用便に行く途中に事故が発生した場合（昭和24年11月22日基収第5759号）
③ 　風に飛ばされた帽子を拾おうとして車にはねられ死亡した場合（昭和25年5月8日基収第1006号）
④ 　車の前方の日陰で手待時間中に仮眠していて車に轢かれて死亡した場合（昭和25年11月20日基収第2970号）
⑤ 　作業時間中に炊事場に飲水に行った帰途に事故が発生した場合（昭和26年9月6日基災収第2455号）
⑥ 　運転手が運転途上食事のために停車して道路を横断中に死亡した場合（昭和32年7月19日基収第4390号）

ウ　作業に伴う必要行為または合理的行為中の災害

　直ちに担当業務といえないが私的行為ともいえない行為は、事業主の特命があれば担当業務となります。一方、労働者の判断によってなされた場合には、その行為

に合理性または必要性が認められるときに限って業務に含まれ、または業務に付随する行為と評価されます。

　このような災害に関しては、次のような場合には、業務災害と認められています。
① 自動車修理工などが無免許で試運転などをしていて事故が発生した場合（昭和23年1月15日基発第51号、昭和26年7月15日基収第2826号）
② 上司の家に報告に行く途中に事故が発生した場合（昭和24年4月8日基収第891号）
③ 製材工などが電柱のトランス修理中などに感電して死亡した場合（昭和23年12月17日基災発第243号、昭和26年12月13日基収第5224号）
④ 工場内の撒き水用の水を運搬中に転倒して死亡した場合（昭和30年1月26日基収第6002号）
⑤ 業務終了後同僚の食糧運搬を応援している途中で転落して死亡した場合（昭和30年11月4日基収第5187号）
⑥ 運転未熟を見かねて代わって運転中に事故が発生した場合（昭和31年3月31日基収第5597号）
⑦ 無免許の助手が急病の運転手に代わって運転中に運転未熟によって事故が発生した場合（昭和32年2月22日基収第576号）
⑧ 作業上必要な私物眼鏡を工場の門まで取りに行く途中に事故が発生した場合（昭和32年7月20日基収第3615号）
⑨ 運転手が現場を離れている間に無免許の現場事務員が対向車を避けるためにトラックを移動させようとして事故が発生した場合（昭和36年12月28日昭36労第61号）
⑩ 警備会社に雇用されて受付業務を担当していたアルバイト学生が就業時間内に無断で会社所有の自動二輪を無免許で運転中に会社構内の警備区域内で事故死した場合（神戸東労基署長事件　神戸地裁昭和35年5月16日）
⑪ 同僚のために弁当を買って戻る途中交通事故に遭った場合（岐阜労基署長（山口精機）事件　岐阜地裁平成20年2月14日　労判968.196）

　一方、次のような場合には、業務災害とは認められていません。
① トラックの車体検査受験のため検査場へ行き同所のストーブ煙突取り外し作業を手伝って転落して死亡した場合（昭和32年9月17日基収第4722号）
② 無免許の雑役夫が担当業務外のタイヤショベルを運転中に事故が発生した場合（昭和44年9月30日昭43労第305号）
③ 旋盤工が事業主から魚を刺すヤスを仕事の合間とか、昼休み作業終了後に作る

よう指示され、その制作中に砥石車の破裂により発生した事故の場合（大野労基署長事件　福井地裁昭和41年9月6日　訟務月報12.11.1538）
④　自動車で製品を届けた後、妻と一緒に商店に立ち寄ったところ酔漢により暴行を受けた場合（飯田橋労基署長事件　東京地裁平成元年3月29日　労判544.74）
⑤　新聞配達員が上司の依頼により同僚の引越しの手伝いに行く途上に発生した事故の場合（横浜北労基署長事件　横浜地裁平成7年12月21日）

エ　作業に伴う準備または後始末行為中の災害

　作業に伴う準備または後始末行為は、業務に付随する行為として業務の延長と見ることができます。ただし、業務に通常または当然に付随する行為でない場合には、単なる事業場施設の利用となる場合があります。

　このような災害に関しては、次のような場合には、業務災害と認められています。

①　就業時間の前後に線路の状況の点検などを通常行っていた鉄道線路班工手について就業時間前に発生した事故の場合（昭和25年5月9日基収第1118号）
②　日雇労働者が作業後に現場から事務所へ行く途中に発生した事故の場合（昭和28年11月14日基収第5088号）

　一方、通常の退勤時間から1時間半ほど後に退勤しないまま施設内にいたホテルの客室係が泥酔して料理運搬用のリフト通気孔内に転落して死亡した場合には、業務災害とは認められていません（西宮労基署長（宝塚グランドホテル）事件　神戸地裁昭和58年12月19日　労判425.40）。

オ　緊急業務中の災害

　事業場に生じた緊急事態に臨んで行われる緊急業務は、事業主の命令による場合だけでなく、当該事業の労働者として当然行われるべき行為の場合は、業務に該当します。ただし、当該行為が当該事業の労働者として行われるべきものでない場合には、業務には該当しません。

　このような災害に関しては、次のような場合には、業務災害と認められています。

①　異常出水時に事業場の設備、器材などの防護をしたため退避が遅れて死亡した場合（昭和28年11月2日基収第4220号）
②　山林労働者が豪雨の中で木材を監視するなどしていた途中に発生した事故の場合（昭和29年3月16日基収第120号）
③　砂防堰堤の防護準備中に堰堤が決壊して土砂にのみ込まれて死亡した場合（昭和30年5月12日基収第5780号）
④　井戸さらい待機中に井戸に入った店員がガス中毒で死亡した場合（昭和33年10

月21日基収第6350号)
⑤ 同一作業現場の労働者を救助しようとして死亡した場合(昭和34年12月26日基収第9335号)
⑥ 運転手が他の運転手の交通事故について救出作業を行った後引き続き行った事故車の復旧行為中に後続車に追突され、死亡した場合(半田労基署長(北陸トラック運送)事件　名古屋地裁平成20年9月16日　労判972.93)

　一方、次のような場合には、業務災害とは認められていません。
① スト中に廃坑内でガス中毒した部外者を救助しようとしてガス中毒で死亡した場合(昭和31年11月28日基収第6806号)
② 工場敷地内の社宅で台風によるガラス戸が壊れるのを防ごうとして負傷した場合(昭和35年3月23日基収第34号)

(2) 就業時間外の災害

ア　休憩時間中の災害

　休憩時間中は労働者は原則として自由に使用することができますが、事業場施設内で行動している限り、事業主の支配下にありますので、業務遂行性があります。しかし、その間の行為は私的行為ですので、休憩時間中の災害が事業場施設またはその管理に起因することが証明されなければ、業務起因性はありません。ただし、飲水、用便など生理的要求による行為や作業と関連する必要行為、合理的行為は業務に付随する行為と評価されます。

　このような災害に関しては、次のような場合には、業務災害と認められています。
① 事業場の安全施設の不備により構内通行中に事故が発生した場合(昭和23年3月25日基収第1205号)
② 休憩時間中に水汲みに行って転落して死亡した場合(昭和24年12月28日基収第4173号)
③ 道路清掃労働者などが道路などの傍らで休憩中に交通事故に遭遇した場合(昭和25年6月8日基収第5780号、昭和40年4月30日昭39労第43号)
④ 作業場近くの崖で昼食中に落盤事故などで死亡した場合(昭和27年10月13日基災収第3552号、昭和33年2月12日基収第574号)
⑤ 休憩中に喫煙しようとしてガソリンの染みた作業着に引火して火傷した場合(昭和30年5月12日基発第298号)
⑥ 休憩時間中に行われた業間体操に引き続き就業時間に若干ずれこんで行われたハンドボールの際に負傷した場合(佐賀労基署長(ブリジストンタイヤ)事件　佐賀地裁昭和57年11月5日　労判397.10)

一方、次のような場合には、業務災害とは認められていません。
① 休憩中に拾った不発雷管をもてあそんでいて爆発した場合（昭和27年12月1日基災収第3907号）
② 休憩時間中に酔って小用を足そうとして、仮停泊中の船から転落死した場合（社会保険庁長官（第五新高丸）事件　東京地裁平成2年4月17日）

イ　事業場施設利用中の災害

就業時間外における事業場施設の利用中の災害については、その災害が事業場施設またはその管理に起因していることが証明された時に限って業務起因性が認められます。

このような災害に関しては、次のような場合には、業務災害と認められています。
① 寄宿舎浴場で入浴中に感電して死亡した場合（昭和23年1月7日基災発第29号）
② 作業開始前に焚火をしていて火傷した場合（昭和23年6月1日基発第1485号）
③ 寄宿舎内の火災により発生した事故の場合（昭和33年9月8日基収第3164号、昭和39年12月26日基収第5754号）

一方、隣の飯場からもらった寿司で食中毒した場合には、業務災害とは認められていません（昭和32年7月31日昭32労第4号）。

ウ　事業場施設内で行動中の災害

出勤して始業準備するまでの間や終業後の後始末を終えて退勤するまでの間に事業場施設内で行動中に災害が発生した場合についても、その災害が事業場施設またはその管理に起因していることが証明された時に限って業務起因性が認められます。

このような災害に関しては、次のような場合には、業務災害と認められています。
① 通路の不備により墜落して死亡した場合（昭和23年4月2日基収第1259号）
② 構内通行中にマムシに咬まれた場合（昭和27年12月1日基収第5603号）

(3) 事業場施設外における災害

ア　出張中の災害

出張中については、その用務の成否や遂行方法などについて包括的に事業主に責任を負っているので、出張過程の全般について事業主の支配下にあり、積極的な私用・私的行為・恣意行為などにわたるものを除き、業務遂行性が認められます。

このような災害に関しては、次のような場合には、業務災害と認められています。
① 急性伝染病流行地などに出張して伝染病などに罹患した場合（昭和23年8月14

日基収第1913号、昭和29年8月18日基収第2691号）
② 出張途上でトラックに便乗して転落した場合（昭和23年8月28日基収第3097号）
③ 自宅から出張先への往復の途中の自転車などの事故の場合（昭和32年10月1日基収第5268号、昭和34年7月15日基収第2980号）
④ 出張中の労働者が宿泊施設内での慰労と懇親のための飲食によって酩酊して、宿泊施設の階段で転倒し、死亡した場合（大分労基署長（大分放送）事件　福岡高裁平成5年4月28　労判648.82）
⑤ 中国大連出張中にホテル内で強盗によって殺害された場合（鳴門労基署長事件　徳島地裁平成14年1月25日　労判821.81）

一方、次のような場合には、業務災害とは認められていません。
① 出張地外で催し物を見物後その帰途に発生した事故の場合（昭和27年12月1日基収第4772号）
② 出張先で「子供に土産を買いに行く」と言って、失踪した場合（昭和36年12月26日基収第3262号）
③ 業務で自転車により出張した者が用務先で丸太を自己の個人的用途にあてるためもらい受け自転車に積んで自宅へ帰る途中丸太のため自転車の安定を害し、後方から来た自動車と接触して死亡した場合（大阪労災保険審査会事件　大阪地裁昭和32年7月19日　時報131.34）
④ 出張中に現場宿舎で寝泊りしていた労働者が、同じ現場で働いていた他の労働者の送別会で飲酒し、宿舎に帰った後で行方不明となり、数日後近くの川で溺死しているのが発見された場合（立川労基署長（東芝エンジニアリング）事件　東京地裁平成11年8月9日　労判767.22）

イ　赴任途上の災害

次の要件をすべて満たす赴任途上における災害については、業務上の事由による災害（赴任途上災害）として取り扱われます（平成3年2月1日基発第75号）。
① 新たに採用された労働者が、採用日以後の日において、その採用に伴う移転のため住所若しくは居所（住居地）から採用事業場などに赴く（新規赴任）途上または転勤を命ぜられた労働者が、その転勤に伴う移転のため転勤前の住居地などから赴任先事業場などに赴く（転勤）途上に発生した災害であること。
② 赴任先事業主の命令に基づき行われる赴任であって社会通念上合理的な経路および方法による赴任であること。
③ 赴任のために直接必要でない行為あるいは恣意的行為に起因して発生した災害でないこと。
④ 当該赴任に対し赴任先事業主より旅費が支給される場合であること。

ウ　通勤途上の災害

　出勤および退勤については、業務と密接な関連にありますが、「事業主の支配下にあるとはいえない」ので、業務遂行性は認められません。ただし、出退勤の途上でも、次の場合には業務遂行性が認められます。

① 　事業場専用の交通機関で出退勤を行う場合
② 　突発的な事故で事業主から呼び出しを受け、自宅から現場まで行く途中の場合
　このような災害に関しては、次のような場合には、業務災害と認められています。
① 　突発事故のため、呼出しを受けて現場にかけつける途上で発生した事故の場合（昭和24年１月19日基収第3375号、昭和30年11月22日基収第917号）
② 　豪雨のため不文律の社則により社宅で待機すべく出張先から戻る途上で発生した事故の場合（昭和25年４月12日基収第620号）
③ 　事業場の通勤専用バスに乗車する際に発生した事故の場合（昭和25年５月９日基収第32号）
④ 　宿舎から現場に行く途中で発生した事故の場合（昭和26年10月19日基収第3782号）
⑤ 　出勤途上に慣例により部下の無届欠勤者の事故調査を行うため欠勤者宅に行く途中で発生した事故の場合（昭和24年12月25日基収第3001号）
⑥ 　山間僻地の発電所に社有車を利用して通勤し、それ以外に通常は往復の方法がなく、当日出勤せざるをえない状況にあった労働者がバスに乗り遅れたため自家用の原動機付の自転車を運転して出勤する途中に転落して死亡した場合（橋本労基署長事件　大阪高裁昭和53年11月30日　労判309.25、最高裁第二小法廷昭和54年12月７日　労判344.19）
⑦ 　農協職員が勤務終了後自宅に帰る前に共済保険加入の勧誘に向う途中の自動車事故により死亡した場合（相馬労基署長事件　仙台高裁昭和54年９月10日　労判328.64）
⑧ 　上司から私的な通勤手段確保のため最寄りの駅まで会社所有の自転車の運搬を命じられた職員がその自転車に乗って帰宅の途上にある最寄りの駅に向けて進行中に溝に落ちて負傷した場合（熊谷労基署長事件　浦和地裁昭和55年５月21日　労判343（速報カード）13）

　一方、次のような場合には、業務災害とは認められていません。
① 　建築会社の現場監督がアパートの竣工検査を済ませ、帰宅の途上に列車に接触して死亡した場合（高長谷建設事件　千葉地裁昭和33年１月16日　労民集９.１.84、東京高裁昭和34年６月20日　労民集10.３.633）

②　日雇い港湾労働者が紹介先の事業場から派遣された連絡員の点呼確認を受けたあと、自己所有のオートバイで事業場に向う途中の事故の場合（川崎南労基署長事件　横浜地裁昭和48年10月19日　訟務月報20．3．41、東京高裁昭和52年1月27日　労判269.38）
ウ　会社行事に参加中の災害
1）運動競技会への出場中の災害
　運動競技会への出場中の災害については、一般的には業務起因性はありませんが、運動競技会出場が事業主の特別の業務命令によるものである場合には、業務遂行性が認められます。具体的には、次のいずれも満たす場合です（平成12年5月18日基発第366号）。
A　対外的な運動競技会への出場
①　運動競技会への出場が出張または出勤として取り扱われるものであること。
②　運動競技会への出場に関して、必要な旅行費用などの負担が事業主により行われ（競技団体などが全部または一部負担する場合を含む）、本人が負担するものでないこと。
B　事業場内の運動競技会への出場
①　運動競技会は、同一事業場または同一企業に所属する労働者全員の出場を意図して行われるものであること。
②　運動競技会当日は勤務を要する日とされ、出場しない場合には欠勤したものとして取り扱われること。
C　運動競技の練習への参加
　運動競技の練習については、Aの要件に加え、事業主があらかじめ定めた練習計画に従って行われるものであること。
　このような災害に関しては、商工会議所主催の野球大会に出勤扱いで出場した選手が試合中に頭部打撲で死亡した場合には、業務災害と認められています（昭和33年3月18日基収第68号）。
　一方、次のような場合には、業務災害とは認められていません。
①　事業場内で従業員の親睦会と健康保険組合との共催による体育会出場中の柔道選手が試合で負傷した場合（昭和32年11月2日基収第6787号）
②　「健康づくり運動」の一環として休憩時間中に行われたドッジボールにおいて負傷した場合（尼崎労基署長（神崎製紙）事件　神戸地裁昭和63年3月24日　労判515.38）
2）宴会などの行事に出席中の災害
　社外行事への参加については、強制参加の場合には一般に業務と評価されます

が、費用の全額が会社が負担している場合であっても、強制参加とされていない場合には業務とは評価されません。

また、宴会などの行事の世話役などが自己の職務の一環として参加する場合は一般に業務遂行性が認められますが、それ以外の労働者の場合には、特別な事情がないかぎり業務遂行性は認められません。

なお、二次会は、事業に付随した本来業務と解することが出来ず、あらかじめ予定された設宴と認めがたいとされています（昭和33年5月31日昭32労第122号）

このような災害に関しては、次のような場合には、業務災害とは認められていません。

① 事業場主催の毎年恒例の従業員慰安旅行中に船の沈没事故で死亡した場合（昭和22年12月19日基発第516号）
② 得意先を招待してアクアラングを装着して遊泳中に死亡した場合（神戸西労基署長事件　神戸地裁昭和44年2月25日　訟務月報15.6.672、大阪高裁昭和46年1月28日、最高裁第一小法廷昭和49年10月14日　訟務月報21.2.434）
③ 取引会社およびその協力会社の経営幹部により構成される団体のゴルフコンペに事業主の命により出席する途中で発生した交通事故の場合（榛麓会ゴルフコンペ事件　前橋地裁昭和50年6月24日　労判230.26）
④ 事業主の開催した忘年会に出席し、その終了後に交通事故にあって負傷した場合（福井労基署長事件　福井地裁昭和57年5月28日　労判388（速報カード）17、名古屋高裁金沢支部昭和58年9月21日　労判419（速報カード）25）
⑤ 建設会社の労働者が「棟上げ式」の餅まきの行事に参加して何者かに押されて転倒して負傷した場合（淡路労基署長（上田建設）事件　神戸地裁昭和58年8月29日　労判416.49）
⑥ 「研修旅行」と称する関連会社の工場見学などのほか、主に観光地訪問を内容とした台湾旅行に一部自己負担金を支払って参加した旅行の帰途航空機事故により死亡した場合（多治見労基署長（日東製陶）事件　岐阜地裁平成13年11月1日　労判818.17）

(4) その他の災害
ア　天災地変による災害

就業中に、台風、洪水、地震などの天災地変が起って、労働者が負傷したような場合、天災地変は自然現象であり、一般的に業務起因性が認められません。しかし、業務の性質や内容、作業条件や作業環境、事業場施設の状況などから、天災事変による災害を被りやすい事情にあり、その事情と相まって発生した災害は、業務に伴う危険が具現化したものとして業務起因性が認められることがあります。

また、天災地変の際の避難行為中の災害については、その行為が業務行為中に事業場施設に危険な事態が生じたため、業務行為の継続が困難と判断し、危険を避けるために当該施設外へ避難するという行為は、単なる私的行為または恣意行為と異なり合理的な行為、すなわち業務に附随する行為ですので、当該避難行為が私的行為、恣意行為と認められない限りは、業務起因性が認められます（昭和49年10月25日基収第2950号）。
　このような災害に関しては、次のような場合には、業務災害と認められています。
① 　地震によって発生した次の災害（昭和49年10月25日基収第2950号）
ａ．事務所が土砂崩壊により埋没したための災害
ｂ．作業現場でブロック塀が倒れたための災害
ｃ．作業場が倒壊したための災害
ｄ．岩石が落下し、建物が倒壊したための災害
ｅ．土砂崩壊により建物が倒壊したための災害
ｆ．運転中の落石による災害
ｇ．建築現場の足場から転落した災害
ｈ．作業場から避難する際の災害
ｉ．避難の途中の交通事故
② 　大雨後の坑内浸水により溺死した場合（昭和23年９月28日基収第2565号）
③ 　台風により漁船乗組員が遭難した場合（昭和24年９月５日基発第785号、昭和24年９月９日基収第5084号）
④ 　山林労働者が暴風下の倒木により死亡した場合（昭和25年４月12日基収第469号）
⑤ 　台風などによる宿舎などの倒壊などによる死亡などの場合（昭和29年11月24日基収第5564号、昭和31年２月29日基収第1180号）
⑥ 　落雷によって誘発されたダイナマイトの爆発による事故の場合（昭和30年３月28日基収第225号）
⑦ 　舟上作業中の落雷による事故の場合（昭和31年５月28日基収第3399号）
⑧ 　ロープウェイの補強工事中に火山が爆発し、噴石の落下により作業員が死亡した場合（昭和33年８月４日基収第4633号）
⑨ 　土砂崩壊によるバスなどの埋没事故の場合（昭和36年12月15日基収第10062号、昭和38年５月15日基収第2034号）
　一方、設備に欠陥のない事業場における旋風による作業中の事故の場合には、業務上災害とは認められていません（昭和37年４月３日基収第523号）。

イ　他人の暴行による災害

　他人の暴行による災害は、一般的には業務起因性はありません。しかし、災害と業務に相当因果関係が認められる場合には業務起因性が認められる場合があります。具体的には、当該暴行が職務との関連でうらみを買ったもので、加害者と被害者との間に私的な怨恨関係などがない場合です。一方、私的な怨恨関係による「けんか」の場合は、業務起因性は認められません。なお、加害者も同時に負傷している場合には、被災者自身も加害者となり、いわば「けんか」とみるべき場合があります。「けんか」の場合には、災害の原因が既に私怨に発展していることが多いから、発端は業務と関連があっても、業務との因果関係は、既に失われているとみられるのが通常です。

　このような災害に関しては、次のような場合には、業務災害と認められています。

① 建設部長が作業の手抜きを指摘した大工に殴打されて負傷した場合（昭和23年9月28日基災発第167号）
② 勤労係長が労働者の不心得を注意して殴打されて負傷した場合（昭和23年9月28日基災発第176号）
③ 警備員が暴漢に襲われて死亡した場合（昭和24年9月12日基災収第5119号）
④ 寮の炊事夫が寮員にいいがかりを付けられ切りつけられた場合（昭和24年9月12日基災収第5119号）
⑤ 警防係員が酔漢の乱暴を制止しようとして負傷した場合（昭和31年4月21日基収第6132号）
⑥ トラック運転手が玉掛作業中のトラブルにより他の運転手から暴行を受けた場合（浜松労基署長（雪島鉄工所）事件　最高裁第一小法廷昭和58年10月13日、東京高裁昭和60年3月25日　労判417.29）

一方、次のような場合には、業務災害とは認められていません。
① 寮の自治委員長が寮員から暴行を受けた場合（昭和25年3月29日基収第115号）
② 無札乗車者を検札した車掌が後日ダンス場で暴行を受けた場合（昭和26年1月13日基収第3295号）
③ 電気代集金人が集金先でケンカになり殴打されて負傷した場合（昭和32年12月24日基災発第169号）
④ 大工が建築工事現場で就職依頼に来た男に侮辱的な言辞を浴びたなどとしてけんかになり、暴行を受けて死亡した場合（倉敷労基署長事件　広島地裁昭和43年12月21日、広島高裁岡山支部昭和45年3月27日　労民集21.2.406、最高裁第一小法廷昭和49年9月2日）

⑤　農協の貯金係の女子職員が職場で片思いの顧客から刺殺された場合（呉労基署長事件　広島地裁昭和46年12月21日　労判149.70、広島高裁昭和49年3月27日　訟務月報20.7.95）

⑥　飲酒のうえで勤務しようとして注意され同僚と口論したあと勤務についた守衛がその同僚から呼び出しを受け、もみあいになり、転倒して死亡した場合（東海飲料事件　静岡地裁昭和51年12月7日　訟務月報22.13.2934）

⑦　事業場構内の宿直棟に居住していた代表取締役の実子が、同じ構内に居住する精神障害者である実兄により刺殺された場合（加古川労基署長（中谷山金属）事件　神戸地裁平成元年1月26日　労判535.73）

⑧　乗組員が出漁中の船内で船長に包丁で刺されて負傷した場合（第八宝来丸事件　札幌地裁平成2年1月29日　労判560.54）

ウ　原因不明の災害

　労働者が単独で業務を行っていて災害が発生し、死亡が確認されたが、災害の原因が不明という場合があります。このような場合には、間接的な事実関係などに基づき、経験則上最も合理的な説明のできる推論をとって、業務起因性の有無を推定します。そして、労働者の死亡がその業務に従事中に発生し、その死亡に業務遂行性が認められる場合には、反証のない限り、その業務と死亡との間に相当因果関係があり、その死亡に業務起因性があるものと推定されます。

　このような災害に関しては、次のような場合には、業務災害と認められています。

①　船員の水死や行方不明の場合（昭和26年9月14日基収第4321号、昭和36年2月2日基収第32号）

②　坑内の立入り禁止区域内での坑夫のガス中毒死の場合（昭和36年10月10日基収第5037号）

③　電柱に登って引込み線の架設工事を行なっていた電工が5、6分後に宙ずり状態で死亡しているのが発見された場合（宇部労基署長事件　山口地裁昭和49年2月18日　労判195.59）

④　砕石の現場責任者が水中ポンプの漏電により死亡した場合（厳原労基署長事件　長崎地裁平成元年10月20日、福岡高裁平成3年7月29日　労判594.59）

❸ 業務上の疾病に該当する場合

(1) 業務上の疾病の範囲

　業務上の疾病の範囲については、一定の疾病を例示列挙するとともに包括的な救

済規定を補足的に設けるいわゆる「例示列挙主義」により定められています。このため、業務上疾病の範囲は具体的に定められた疾病に限定されるものではなく、列挙疾病以外の疾病であっても業務との相当因果関係が認められるものは、包括的救済規定によって災害補償の対象となります（昭和53年３月30日基発第186号）。

業務上の疾病の具体的範囲については、次のように定められています（労働基準法第75条第２項、労働基準則第35条、別表第１の２）。

ア　業務上の負傷に起因する疾病
イ　物理的因子による次の疾病
① 紫外線にさらされる業務による前眼部疾患または皮膚疾患
② 赤外線にさらされる業務による網膜火傷、白内障などの眼疾患または皮膚疾患
③ レーザー光線にさらされる業務による網膜火傷などの眼疾患または皮膚疾患
④ マイクロ波にさらされる業務による白内障などの眼疾患
⑤ 電離放射線にさらされる業務による急性放射線症、皮膚潰瘍などの放射線皮膚障害、白内障などの放射線眼疾患、放射線肺炎、再生不良性貧血などの造血器障害、骨壊死その他の放射線障害
⑥ 高圧室内作業または潜水作業による潜函病または潜水病
⑦ 気圧の低い場所における業務による高山病または航空減圧症
⑧ 暑熱な場所における業務による熱中症
⑨ 高熱物体を取り扱う業務による熱傷
⑩ 寒冷な場所における業務または低温物体を取り扱う業務による凍傷
⑪ 著しい騒音を発する場所における業務による難聴などの耳の疾患
⑫ 超音波にさらされる業務による手指などの組織壊死
⑬ ①から⑫までのほか、これらの疾病に付随する疾病その他物理的因子にさらされる業務に起因することの明らかな疾病

ウ　身体に過度の負担のかかる作業態様に起因する次の疾病
① 重激な業務による筋肉、腱、骨もしくは関節の疾患または内臓脱
② 重量物を取り扱う業務、腰部に過度の負担を与える不自然な作業姿勢により行う業務その他腰部に過度の負担のかかる業務による腰痛
③ さく岩機、鋲打ち機、チェーンソーなどの機械器具の使用により身体に振動を与える業務による手指、前腕などの末梢循環障害、末梢神経障害または運動器障害
④ 電子計算機への入力を反復して行う業務その他上肢に過度の負担のかかる業務による後頭部、頸部、肩甲帯、上腕、前腕または手指の運動器障害
⑤ ①から④までのほか、これらの疾病に付随する疾病その他身体に過度の負担のかかる作業態様の業務に起因することの明らかな疾病

エ　化学物質などによる次の疾病
① 表3―1の中欄の化学物質および化合物（合金を含む）にさらされる業務により発症する、それぞれの化学物質に応じて表3―1の右欄に定める症状または障害を主たる症状または障害とする疾病

表3―1　化学物質にさらされる業務により発症する症状または障害

化　学　物　質		症状または障害
無機の酸およびアルカリ	アンモニア	皮膚障害、前眼部障害または気道・肺障害
	塩酸（塩化水素を含む）	皮膚障害、前眼部障害、気道・肺障害または歯牙酸蝕
	硝酸	皮膚障害、前眼部障害、気道・肺障害または歯牙酸蝕
	水酸化カリウム	皮膚障害、前眼部障害または気道・肺障害
	水酸化ナトリウム	皮膚障害、前眼部障害または気道・肺障害
	水酸化リチウム	皮膚障害、前眼部障害または気道・肺障害
	弗化水素酸(弗化水素を含む。以下同じ。)	皮膚障害、前眼部障害または気道・肺障害
	硫酸	皮膚障害、前眼部障害、気道・肺障害または歯牙酸蝕
金属（セレンおよび砒素を含む）およびその化合物	亜鉛などの金属ヒューム	金属熱
	アルキル水銀化合物（アルキル基がメチル基またはエチル基である物に限る。以下同じ）	四肢末端もしくは口囲の知覚障害、視覚障害、運動失調、平衡障害、構語障害または聴力障害
	アンチモンおよびその化合物	頭痛、めまい、嘔吐などの自覚症状、皮膚障害、前眼部障害、心筋障害または胃腸障害
	塩化亜鉛	皮膚障害、前眼部障害または気道・肺障害

塩化白金酸およびその化合物	皮膚障害、前眼部障害または気道障害
カドミウムおよびその化合物	気道・肺障害、腎障害または骨軟化
クロムおよびその化合物	皮膚障害、気道・肺障害、鼻中隔穿孔または嗅覚障害
コバルトおよびその化合物	皮膚障害または気道・肺障害
四アルキル鉛化合物	頭痛、めまい、嘔吐などの自覚症状またはせん妄、幻覚などの精神障害
水銀およびその化合物（アルキル水銀化合物を除く）	頭痛、めまい、嘔吐などの自覚症状、振せん、歩行障害などの神経障害、焦燥感、記憶減退、不眠などの精神障害、口腔粘膜障害または腎障害
セレンおよびその化合物（セレン化水素を除く）	皮膚障害（爪床炎を含む）、前眼部障害、気道・肺障害または肝障害
セレン化水素	頭痛、めまい、嘔吐などの自覚症状、前眼部障害または気道・肺障害
鉛およびその化合物（四アルキル鉛化合物を除く）	頭痛、めまい、嘔吐などの自覚症状、造血器障害、末梢神経障害または疝痛、便秘などの胃腸障害
ニッケルカルボニル	頭痛、めまい、嘔吐などの自覚症状または気道・肺障害
バナジウムおよびその化合物	皮膚障害、前眼部障害または気道・肺障害
砒化水素	血色素尿、黄疸または溶血性貧血
砒素およびその化合物（砒化水素を除く）	皮膚障害、気道障害、鼻中隔穿孔、末梢神経障害または肝障害
ブチル錫	皮膚障害または肝障害
ベリリウムおよびその化合物	皮膚障害、前眼部障害または気道・肺障害
マンガンおよびその化合物	頭痛、めまい、嘔吐などの自覚症状または言語障害、歩行障害、振せんなどの神経障害

ハロゲンおよびその無機化合物	塩素	皮膚障害、前眼障害、気道・肺障害または歯牙酸蝕
	臭素	皮膚障害、前眼部障害または気道・肺障害
	弗素およびその無機化合物（弗化水素酸を除く）	皮膚障害、前眼部障害、気道・肺障害または骨硬化
	沃素	皮膚障害、前眼部障害または気道・肺障害
りん、硫黄、酸素、窒素および炭素ならびにこれらの無機化合物	一酸化炭素	頭痛、めまい、嘔吐などの自覚症状、昏睡などの意識障害、記憶減退、性格変化、失見当識、幻覚、せん妄などの精神障害または運動失調、視覚障害、色視野障害、前庭機能障害などの神経障害
	黄りん	歯痛、皮膚障害、肝障害または顎骨壊死
	カルシウムシアナミド	皮膚障害、前眼部障害、気道障害または血管運動神経障害
	シアン化水素、シアン化ナトリウムなどのシアン化物	頭痛、めまい、嘔吐などの自覚症状、呼吸困難、呼吸停止、意識喪失または痙攣
	二酸化硫黄	前眼部障害または気道・肺障害
	二酸化窒素	前眼部障害または気道・肺障害
	二硫化炭素	せん妄、躁うつなどの精神障害、意識障害、末梢神経障害または網膜変化を伴う脳血管障害もしくは腎障害
	ヒドラジン	頭痛、めまい、嘔吐などの自覚症状、皮膚障害、前眼部障害または気道障害
	ホスゲン	頭痛、めまい、嘔吐などの自覚症状、皮膚障害、前眼部障害または気道・肺障害

		ホスフィン	頭痛、めまい、嘔吐などの自覚症状または気道・肺障害
		硫化水素	頭痛、めまい、嘔吐などの自覚症状、前眼部障害、気道・肺障害または呼吸中枢機能停止
脂肪族化合物	脂肪族炭化水素およびそのハロゲン化合物	塩化ビニル	頭痛、めまい、嘔吐などの自覚症状、皮膚障害、中枢神経系抑制、レイノー現象、指端骨溶解または門脈圧亢進
		塩化メチル	頭痛、めまい、嘔吐など自覚症状、中枢神経系抑制、視覚障害、言語障害、協調運動障害などの神経障害または肝障害
		クロロプレン	中枢神経系抑制、前眼部障害、気道・肺障害または肝障害
		クロロホルム	頭痛、めまい、嘔吐などの自覚症状、中枢神経系抑制または肝障害
		四塩化炭素	頭痛、めまい、嘔吐などの自覚症状、中枢神経系抑制または肝障害
		一・二―ジクロルエタン（別名二塩化エチレン）	頭痛、めまい、嘔吐などの自覚症状、中枢神経系抑制、前眼部障害、気道・肺障害または肝障害
		一・二―ジクロルエチレン（別名二塩化アセチレン）	頭痛、めまい、嘔吐などの自覚症状または中枢神経系抑制
		ジクロルメタン	頭痛、めまい、嘔吐などの自覚症状、中枢神経系抑制、前眼部障害または気道・肺障害
		臭化エチル	中枢神経系抑制または気道・肺障害
		臭化メチル	頭痛、めまい、嘔吐などの自覚症状、皮膚障害、気道・肺障害、視覚障害、言語障害、協調運動障害、振せんなどの神経障害、性格変化、せん妄、幻覚などの精神障害または意識障害

	一・一・二・二―テトラクロルエタン（別名四塩化アセチレン）	頭痛、めまい、嘔吐などの自覚症状、中枢神経系抑制または肝障害
	テトラクロルエチレン（別名パークロルエチレン）	頭痛、めまい、嘔吐などの自覚症状、中枢神経系抑制、前眼部障害、気道障害または肝障害
	一・一・一―トリクロルエタン	頭痛、めまい、嘔吐などの自覚症状、中枢神経系抑制または協調運動障害
	一・一・二―トリクロルエタン	頭痛、めまい、嘔吐などの自覚症状、前眼部障害または気道障害
	トリクロルエチレン	頭痛、めまい、嘔吐などの自覚症状、中枢神経系抑制、前眼部障害、気道・肺障害、視神経障害、三叉神経障害、末梢神経障害または肝障害
	ノルマルヘキサン	末梢神経障害
	沃化メチル	頭痛、めまい、嘔吐などの自覚症状、視覚障害、言語障害、協調運動障害などの神経障害、せん妄、躁状態などの精神障害または意識障害
アルコール、エーテル、アルデヒド、ケトン及びエステル	アクリル酸エチル	頭痛、めまい、嘔吐などの自覚症状、皮膚障害または粘膜刺激
	アクリル酸ブチル	皮膚障害
	アクロレイン	皮膚障害、前眼部障害または気道・肺障害
	アセトン	頭痛、めまい、嘔吐などの自覚症状または中枢神経系抑制
	イソアミルアルコール（別名イソペンチルアルコール）	中枢神経系抑制、前眼部障害または気道障害
	エチルエーテル	頭痛、めまい、嘔吐などの自覚症状または中枢神経系抑制

エチレンクロルヒドリン	頭痛、めまい、嘔吐などの自覚症状、前眼部障害、気道・肺障害、肝障害または腎障害
エチレングリコールモノメチルエーテル（別名メチルセロソルブ）	頭痛、めまい、嘔吐などの自覚症状、造血器障害、振せん、協調運動障害、肝障害または腎障害
酢酸アミル	中枢神経系抑制、前眼部障害または気道障害
酢酸エチル	前眼部障害または気道障害
酢酸ブチル	前眼部障害または気道障害
酢酸プロピル	中枢神経系抑制、前眼部障害または気道障害
酢酸メチル	中枢神経系抑制、視神経障害または気道障害
二―シアノアクリル酸メチル	皮膚障害、気道障害または粘膜刺激
ニトログリコール	頭痛、めまい、嘔吐などの自覚症状、狭心症様発作または血管運動神経障害
ニトログリセリン	頭痛、めまい、嘔吐などの自覚症状または血管運動神経障害
二―ヒドロキシエチルメタクリレート	皮膚障害
ホルムアルデヒド	皮膚障害、前眼部障害または気道・肺障害
メタクリル酸メチル	皮膚障害、気道障害または末梢神経障害
メチルアルコール	頭痛、めまい、嘔吐などの自覚症状、中枢神経系抑制、視神経障害、前眼部障害または気道・肺障害
メチルブチルケトン	頭痛、めまい、嘔吐などの自覚症状または末梢神経障害
硫酸ジメチル	皮膚障害、前眼部障害または気道・肺障害

	その他の脂肪族化合物	アクリルアミド	頭痛、めまい、嘔吐などの自覚症状、皮膚障害、協調運動障害または末梢神経障害
		アクリロニトリル	頭痛、めまい、嘔吐などの自覚症状、皮膚障害、前眼部障害または気道障害
		エチレンイミン	皮膚障害、前眼部障害、気道・肺障害または腎障害
		エチレンジアミン	皮膚障害、前眼部障害または気道障害
		エピクロルヒドリン	皮膚障害、前眼部障害、気道障害または肝障害
		酸化エチレン	頭痛、めまい、嘔吐などの自覚症状、皮膚障害、中枢神経系抑制、前眼部障害、気道・肺障害、造血器障害または末梢神経障害
		ジアゾメタン	気道・肺障害
		ジメチルアセトアミド	肝障害または消化器障害
		ジメチルホルムアミド	頭痛、めまい、嘔吐などの自覚症状、皮膚障害、前眼部障害、気道障害、肝障害または胃腸障害
		ヘキサメチレンジイソシアネート	皮膚障害、前眼部障害または気道・肺障害
		無水マレイン酸	皮膚障害、前眼部障害または気道障害
脂環式化合物		イソホロンジイソシアネート	皮膚障害または気道障害
		シクロヘキサノール	前眼部障害または気道障害
		シクロヘキサノン	前眼部障害または気道障害
		ジシクロヘキシルメタン—四・四′—ジイソシアネート	皮膚障害
芳香族化合物	ベンゼンおよびその同族体	キシレン	頭痛、めまい、嘔吐などの自覚症状または中枢神経系抑制
		スチレン	頭痛、めまい、嘔吐などの自覚症状、皮膚障害、前眼部障害、視覚障害、気道障害または末梢神経障害

	トルエン	頭痛、めまい、嘔吐などの自覚症状または中枢神経系抑制
	パラ―tert―ブチルフェノール	皮膚障害
	ベンゼン	頭痛、めまい、嘔吐などの自覚症状、中枢神経系抑制または再生不良性貧血などの造血器障害
芳香族炭化水素のハロゲン化物	塩素化ナフタリン	皮膚障害または肝障害
	塩素化ビフェニル（別名PCB）	皮膚障害または肝障害
	ベンゼンの塩化物	前眼部障害、気道障害または肝障害
芳香族化合物のニトロまたはアミノ誘導体	アニシジン	頭痛、めまい、嘔吐などの自覚症状、皮膚障害、溶血性貧血またはメトヘモグロビン血
	アニリン	頭痛、めまい、嘔吐などの自覚症状、溶血性貧血またはメトヘモグロビン血
	クロルジニトロベンゼン	皮膚障害、溶血性貧血またはメトヘモグロビン血
	四・四′―ジアミノジフェニルメタン	皮膚障害または肝障害
	ジニトロフェノール	頭痛、めまい、嘔吐などの自覚症状、皮膚障害、代謝亢進、肝障害または腎障害
	ジニトロベンゼン	溶血性貧血、メトヘモグロビン血または肝障害
	ジメチルアニリン	中枢神経系抑制、溶血性貧血またはメトヘモグロビン血
	トリニトロトルエン（別名TNT）	皮膚障害、溶血性貧血、再生不良性貧血などの造血器障害または肝障害
	二・四・六―トリニトロフェニルメチルニトロアミン（別名テトリル）	皮膚障害、前眼部障害または気道障害
	トルイジン	溶血性貧血またはメトヘモグロビン血

		パラーニトロアニリン	頭痛、めまい、嘔吐などの自覚症状、溶血性貧血、メトヘモグロビン血または肝障害
		パラーニトロクロルベンゼン	溶血性貧血またはメトヘモグロビン血
		ニトロベンゼン	頭痛、めまい、嘔吐などの自覚症状、溶血性貧血またはメトヘモグロビン血
		パラーフェニレンジアミン	皮膚障害、前眼部障害または気道障害
		フェネチジン	皮膚障害、溶血性貧血またはメトヘモグロビン血
	その他の芳香族化合物	クレゾール	皮膚障害、前眼部障害または気道・肺障害
		クロルヘキシジン	皮膚障害、気道障害またはアナフィラキシー反応
		トリレンジイソシアネート（別名TDI）	皮膚障害、前眼部障害または気道・肺障害
		一・五―ナフチレンジイソシアネート	前眼部障害または気道障害
		ビスフェノールA型及びF型エポキシ樹脂	皮膚障害
		フェニルフェノール	皮膚障害
		フェノール（別名石炭酸）	頭痛、めまい、嘔吐などの自覚症状、皮膚障害、前眼部障害または気道・肺障害
		オルト―フタロジニトリル	頭痛、めまい、嘔吐などの自覚症状または意識喪失を伴う痙攣
		ベンゾトリクロライド	皮膚障害または気道障害
		無水トリメリット酸	気道・肺障害または溶血性貧血
		無水フタル酸	皮膚障害、前眼部障害または気道・肺障害
		メチレンビスフェニルイソシアネート（別名MDI）	皮膚障害、前眼部障害または気道障害
		四―メトキシフェノール	皮膚障害

	りん酸トリーオルトークレジル	末梢神経障害
	レゾルシン	皮膚障害、前眼部障害または気道障害
複素環式化合物	一・四―ジオキサン	頭痛、めまい、嘔吐などの自覚症状、前眼部障害または気道・肺障害
	テトラヒドロフラン	頭痛、めまい、嘔吐などの自覚症状または皮膚障害
	ピリジン	頭痛、めまい、嘔吐などの自覚症状、皮膚障害、前眼部障害または気道障害
農薬その他の薬剤の有効成分	有機りん化合物（ジチオリン酸O―エチル＝S・S―ジフェニル（別名EDDP）、ジチオリン酸O・O―ジエチル＝S―（二―エチルチオエチル）（別名エチルチオメトン）、チオリン酸O・O―ジエチル＝O―二―イソプロピル―四―メチル―六―ピリミジニル（別名ダイアジノン）、チオリン酸O・O―ジメチル＝O―四―ニトロ―メタ―トリル（別名MEP）、チオリン酸S―ベンジル＝O・O―ジイソプロピル（別名IBP）、フェニルホスホノチオン酸O―エチル＝O―パラ―ニトロフェニル（別名EPN）、りん酸二・二―ジクロルビニル＝ジメチル（別名DDVP）およびりん酸パラ―メチルチオフェニル＝ジプロピル（別名プロパホス）)	頭痛、めまい、嘔吐などの自覚症状、意識混濁などの意識障害、言語障害などの神経障害、錯乱などの精神障害、筋の線維束攣縮、痙攣などの運動神経障害または縮瞳、流涎、発汗などの自律神経障害

カーバメート系化合物（メチルカルバミド酸オルト—セコンダリーブチルフェニル（別名BPMC)、メチルカルバミド酸メタートリル（別名MTMC）およびN—（メチルカルバモイルオキシ）チオアセトイミド酸S—メチル（別名メソミル））	頭痛、めまい、嘔吐などの自覚症状、意識混濁などの意識障害、言語障害などの神経障害、錯乱などの精神障害、筋の線維束攣縮、痙攣けいれんなどの運動神経障害または縮瞳、流涎ぜん、発汗などの自律神経障害
二・四—ジクロルフェニル＝パラ—ニトロフェニル＝エーテル（別名NIP）	前眼部障害
ジチオカーバメート系化合物（エチレンビス（ジチオカルバミド酸）亜鉛（別名ジネブ）およびエチレンビス（ジチオカルバミド酸）マンガン（別名マンネブ））	皮膚障害
N—（一・一・二・二—テトラクロルエチルチオ）—四—シクロヘキセン—一・二—ジカルボキシミド（別名ダイホルタン）	皮膚障害または前眼部障害
トリクロルニトロメタン（別名クロルピクリン）	皮膚障害、前眼部障害または気道・肺障害
二塩化一・一′—ジメチル—四・四′—ビピリジニウム（別名パラコート）	皮膚障害または前眼部障害
パラ—ニトロフェニル＝二・四・六—トリクロルフェニル＝エーテル（別名CNP）	前眼部障害
ブラストサイジンS	前眼部障害、気道・肺障害または嘔吐、下痢などの消化器障害
六・七・八・九・一〇・一〇—ヘキサクロル—一・五・五a・六・九・九a—ヘキサ	頭痛、めまい、嘔吐などの自覚症状、意識喪失などの意識障害、失見当識などの精神障害または痙攣などの神経障

— 102 —

ヒドロ―六・九―メタノ―二・四・三―ベンゾジオキサチエピン三―オキシド（別名ベンゾエピン）	害
ペンタクロルフェノール（別名PCP）	皮膚障害、前眼部障害、気道・肺障害または代謝亢進
モノフルオル酢酸ナトリウム	頭痛、めまい、嘔吐などの自覚症状、不整脈、血圧降下などの循環障害、意識混濁などの意識障害、言語障害などの神経障害または痙攣
硫酸ニコチン	頭痛、めまい、嘔吐などの自覚症状、流涎、呼吸困難、意識混濁、筋の線維束攣縮または痙攣

② 弗素樹脂、塩化ビニル樹脂、アクリル樹脂などの合成樹脂の熱分解生成物にさらされる業務による眼粘膜の炎症または気道粘膜の炎症などの呼吸器疾患
③ すす、鉱物油、うるし、タール、セメント、アミン系の樹脂硬化剤などにさらされる業務による皮膚疾患
④ 蛋白分解酵素にさらされる業務による皮膚炎、結膜炎または鼻炎、気管支喘息などの呼吸器疾患
⑤ 木材の粉じん、獣毛のじんあいなどを飛散する場所における業務または抗生物質などにさらされる業務によるアレルギー性の鼻炎、気管支喘息などの呼吸器疾患
⑥ 落綿などの粉じんを飛散する場所における業務による呼吸器疾患
⑦ 石綿にさらされる業務による良性石綿胸水またはびまん性胸膜肥厚
⑧ 空気中の酸素濃度の低い場所における業務による酸素欠乏症
⑨ ①から⑧までのほか、これらの疾病に付随する疾病その他化学物質などにさらされる業務に起因することの明らかな疾病

オ　粉じんを飛散する場所における業務によるじん肺症またはじん肺と合併した次の疾病（じん肺法第２条第１項第２号、じん肺則第１条）。
① 肺結核
② 結核性胸膜炎
③ 続発性気管支炎
④ 続発性気管支拡張症

⑤　続発性気胸
⑥　原発性肺がん
カ　細菌、ウイルスなどの病原体による次の疾病
①　患者の診療もしくは看護の業務、介護の業務または研究その他の目的で病原体を取り扱う業務による伝染性疾患
②　動物もしくはその死体、獣毛、革その他動物性の物またはぼろなどの古物を取り扱う業務によるブルセラ症、炭疽症などの伝染性疾患
③　湿潤地における業務によるワイル病などのレプトスピラ症
④　屋外における業務による恙虫病
⑤　①から④までのほか、これらの疾病に付随する疾病その他細菌、ウイルスなどの病原体にさらされる業務に起因することの明らかな疾病
キ　がん原性物質もしくはがん原性因子またはがん原性工程における業務による次の疾病
①　ベンジジンにさらされる業務による尿路系腫瘍
②　ベーターナフチルアミンにさらされる業務による尿路系腫瘍
③　四—アミノジフェニルにさらされる業務による尿路系腫瘍
④　四—ニトロジフェニルにさらされる業務による尿路系腫瘍
⑤　ビス（クロロメチル）エーテルにさらされる業務による肺がん
⑥　ベンゾトリクロライドにさらされる業務による肺がん
⑦　石綿にさらされる業務による肺がんまたは中皮腫
⑧　ベンゼンにさらされる業務による白血病
⑨　塩化ビニルにさらされる業務による肝血管肉腫または肝細胞がん
⑩　電離放射線にさらされる業務による白血病、肺がん、皮膚がん、骨肉腫、甲状腺がん、多発性骨髄腫または非ホジキンリンパ腫
⑪　オーラミンを製造する工程における業務による尿路系腫瘍
⑫　マゼンタを製造する工程における業務による尿路系腫瘍
⑬　コークスまたは発生炉ガスを製造する工程における業務による肺がん
⑭　クロム酸塩または重クロム酸塩を製造する工程における業務による肺がんまたは上気道のがん
⑮　ニッケルの製錬または精錬を行う工程における業務による肺がんまたは上気道のがん
⑯　砒素を含有する鉱石を原料として金属の製錬もしくは精錬を行う工程または無機砒素化合物を製造する工程における業務による肺がんまたは皮膚がん
⑰　すす、鉱物油、タール、ピッチ、アスファルトまたはパラフィンにさらされる

業務による皮膚がん
⑱ ①から⑰までのほか、これらの疾病に付随する疾病その他がん原性物質若しくはがん原性因子にさらされる業務またはがん原性工程における業務に起因することの明らかな疾病
ク 長期間にわたる長時間の業務その他血管病変などを著しく悪化させる業務による脳出血、くも膜下出血、脳梗塞、高血圧性脳症、心筋梗塞、狭心症、心停止（心臓性突然死を含む）もしくは解離性大動脈瘤またはこれらの疾病に付随する疾病
ケ 人の生命にかかわる事故への遭遇その他心理的に過度の負担を与える事象を伴う業務による精神および行動の障害またはこれに付随する疾病
コ 超硬合金の粉じんを飛散する場所における業務による気管支肺疾患
サ 亜鉛黄または黄鉛を製造する工程における業務による肺がん
シ ジアニシジンにさらされる業務による尿路系腫瘍
ス その他業務に起因することの明らかな疾病

⑵ 具体的に列挙された疾病と列挙されていない疾病との認定の違い

⑴で述べた通り、業務上の疾病の範囲を定める労働基準則別表第1の2の規定などには、具体的列挙規定と包括的救済規定とがありますが、これらの規定にそれぞれ該当する疾病の間には医学的に普遍化し得る因果関係の確立をみているか否かの相違があるため、業務起因性の判断に当たっては、その考え方が違ってきます。

ア 具体的に列挙された疾病

具体的に列挙された疾病については、危険有害因子のばく露を受ける業務とこれに起因して生ずる疾病との間に、一般的に医学的な因果関係があることが確立されています。このため、次の要件を満たす具体的に列挙された疾病は、それが業務以外の原因によって生じたものであることなどの立証がなされない限り、業務に起因して生じたものとして取り扱われます。

① 労働者が労働基準則別表第1の2の各号のいずれかに列挙されている危険有害因子を有する業務に従事したこと。
② 労働者が業務上の事由により発症原因とするに足るだけの危険有害因子にばく露されていること。
③ 労働者に発症した疾病が、ばく露した危険有害因子により発症する疾病の症状・徴候を示し、かつ、ばく露の時期と発症の時期との間および症状の経過について医学的矛盾がないこと。

イ 具体的に列挙されていない疾病

具体的に列挙されていない疾病については、個別事例ごとに職歴、危険有害因子

へのばく露、疾病の病態などから業務に起因することが明らかであると認められた疾病に限り業務上の疾病となります。また、業務起因性があると判断された疾病に付随する疾病（労働基準則別表第1の2第1号に該当する疾病を除く）も各号末尾および第9号の包括的救済規定にそれぞれ該当します。なお、労働基準則別表第1の2第1号に該当する疾病に付随する疾病は同号に該当するものとして取り扱われます。

(3) 業務上疾病における業務遂行性と業務起因性の考え方

業務上疾病についても、業務上の負傷などの場合と同様、業務遂行性と業務起因性がある場合に認定されます。

ア 業務遂行性

業務上疾病の場合においても、業務遂行性は「労働者が労働契約に基づいて事業主の支配管理下にある状態」と定義されています。

業務上疾病は、労働者が労働の場において業務に内在する種々の危険有害因子に遭遇（はく露）して引き起こされるものですから、危険有害因子を受ける危険にさらされている状態が業務遂行性となります。

ただし、業務遂行性は、労働者が事業主の支配管理下にある状態において疾病が発症することを意味しているものではなく、事業主の支配管理下にある状態において危険有害因子を受けることを意味していますので、例えば、労働者が事業主の支配管理下において脳出血を発症したとしてもその発症原因たり得る業務上の危険有害因子へのばく露が認められない場合には、その疾病と業務との間には相当因果関係がありません。他方、事業主の支配管理下を離れた場合に発症した場合でも、業務上の危険有害因子へのばく露によるものと認められるときは、業務起因性が認められます。

イ 業務起因性

業務上疾病の発症の形態は、業務に内在する危険としての危険有害因子が労働者に接触し、または侵入などにより疾病発生の原因が形成されるものですから、発症はその危険が具体化されたものです。

このため、業務起因性とは、業務と発症原因との間の因果関係とその発症原因と結果としての疾病との間の因果関係の二重の因果関係を意味します。そして、それぞれの因果関係は、単なる条件関係あるいは関与ではなく、業務が発症原因の形成に、また、その発症原因が疾病形成に、それぞれ相対的に有力な役割を果たしたと医学的に認められ得ることが必要です。

一般的には、労働者に発症した疾病について、①労働の場に危険有害因子が存在すること、②危険有害因子にばく露されていること、③発症の経過および病態が医

学的に見て妥当であること、の3つの要件を満たす場合には、原則として業務起因性が認められます。
 1）労働の場における危険有害因子の存在
　危険有害因子は、業務に内在する危険有害な物理的因子、化学物質、身体に過度の負担のかかる作業様態、病原体などの諸因子を指すもので、一般的環境の場と労働の場において同一の条件で発症の原因となるものおよび人の健康障害を引き起こすことの知見が得られていないものは、一般に労働関係の場における危険有害因子ではありません。
 2）危険有害因子へのばく露条件
　健康障害は危険有害因子へのばく露によって起こりますが、その健康障害を起こすのに足りるばく露があったかどうかが重要です。ばく露の程度は、基本的にはばく露の濃度などとばく露期間によって決まりますが、どのような形態でばく露を受けたかによっても左右されますので、ばく露条件の把握が必要となります。また、危険有害因子によっては、ばく露条件が異なると、障害をうける身体の部位、症状の程度、臨床経過などに相違を生ずることも少なくないので、ばく露条件の把握は重要です。
　例えば、物理的因子であれば、エネルギーの性質・大きさ、これを受ける身体の部位、1作業当たり、1日当たりおよび全労働期間を通じてのばく露時間など、また、化学的因子であれば、その取引形態、作業環境中の濃度、作業時間、接触する部位または侵入経路などが主として問題となりますが、いずれの場合でも、危険有害因子へのばく露の低減のための措置の有無および事故的な高濃度ばく露の有無などもばく露条件を把握するための重要な要素です。
 3）発症の経過および病態
　業務上疾病は、労働者が業務に内在する危険有害因子に接触し、またはこれが侵入することによって起こりますから、その危険有害因子へのばく露開始後に発症したものでなければなりませんが、業務上疾病の中には危険有害因子へのばく露後、短時日のうちに発症するものもあれば、相当長時間の潜伏期間を経て発症するものもあり、これらの違いはばく露した危険有害因子の性質、ばく露条件などによって生じます。したがって、発症の時期は、危険有害因子へのばく露中またはその直後のみに限定されるものではありませんが、危険有害因子の性質、ばく露条件などからみて医学的に妥当な時期でなければなりません。
　また、業務上疾病は、危険有害因子の性質、ばく露条件などによって異なりますが、接触した身体の部位およびその関連臓器、吸収・蓄積・排泄を行う臓器、標的臓器などに症状・障害を起こすことによって生じ、その症状などは、一般に危険有

害因子の性質、ばく露条件などに対応する特徴がありますので、医学的研究によって確立された知見に基づいて判断される必要があります。
(4) 複数の原因が競合する場合の考え方
　労働者がり患する疾病のなかには、業務上の危険有害因子と業務以外の危険有害因子が競合して発症するものがあります。業務以外の危険有害因子には、遺伝的因子や環境的因子があり、さらに、これらによって形成される素因などが含まれます。
　業務上の危険有害因子と業務以外の危険有害因子の両方が認められる疾病の場合であっても、業務上の危険有害因子がその疾病発症に相対的に有力な原因となっている場合には業務上の疾病として取り扱われますが、具体的には、次の考え方によっています。
① 当該疾病の発症原因となることの知見が得られている特定の危険有害因子が労働の場に相応に存在すること。
② その危険有害因子によって引き起こされることが知られている疾病の特徴を示しているものであること。
③ 業務上の危険有害因子へのばく露が相対的に有力な発症原因と認められる状況があること。
　素因については、一般的には条件として作用したものと考えられる場合が多いですが、素因の質、程度などからこれが職業的原因と共働原因となって作用したと認められる場合にも、業務との相当因果関係が認められる疾病は、業務起因性が認められます。
　労働者が業務とは関係のない基礎疾患または既存疾病を有していた場合で、当該基礎疾患または既存疾病が労働に支障のない程度の状態にあったとき、何らかの原因で悪化し、発症することがありますが、これが労働を契機としてまたは労働に従事しているときに起こったとしても、その多くは、加齢、一般生活などによる自然経過によるものであると考えられ、一般に業務起因性は認められませんが、その悪化し、発症した経緯または病態が、当該基礎疾患または既存疾病の自然経過や他の原因によるものとは明らかに異なり、業務上の危険有害因子にばく露したことにより、基礎疾患または既存疾病の自然経過を超えて顕著に悪化し、発症したと認められる場合には、業務起因性が認められます。
　この場合に、悪化した部分については、悪化前の状態に回復するまで（悪化前の状態に至らず、病状が固定する場合はその病状固定まで）が、業務上疾病として取り扱われます。
　例えば、くも膜下出血を発症後、脳動脈瘤が基礎疾患として存在していたことが判明し、これが基礎として発症にいたったとしても、業務上の過重な負荷により悪

化して発症し、業務が相対的に有力な原因として認められる場合には業務上疾病として取り扱われます。

(5) 業務上疾病に付随する疾病の認定の考え方

　業務上疾病に付随する疾病、すなわち、業務上の原疾患が原因となって発症した疾病については、おおむね原疾患と一体のものとして取り扱われます。この業務上疾病に付随する疾病には次のような疾病がありますが、原疾患に合併した疾病が業務上疾病に付随する疾病であるか否かについては、医学経験則により業務と相当因果関係があるか否かによって判断されます。

① 業務上疾病の経過中またはその進展により業務上疾病との関連で発症するもの
② 業務上疾病を母地として細菌感染などの外因が加わって発症するもの
③ 業務上疾病に有意な高率で合併し得るもの
④ 業務上疾病の治療の際の薬剤による副作用などを原因として発症するもの

　なお、一般人が通常り患するような疾病がたまたま業務上疾病と同時にまたは後発して合併しても、その合併症の部分については、一般的に、業務起因性は認められません。また、業務上疾病に付随する疾病は、原疾患が存在している間に発症することが多いですが、原疾患が治ゆした後に発症することもあります。

(6) 業務上疾病の認定基準

　主要な業務上疾病については、迅速かつ統一的な認定判断を行うために、認定基準が定められています。

　ここでは、特に重要な業務上疾病の認定基準を紹介します。

ア　負傷に起因するものを除く脳・心臓疾患の認定基準（平成13年12月12日基発第1063号）（概要）

1）基本的な考え方

① 脳・心臓疾患は、血管病変などが長い年月の生活の営みの中で、形成、進行および悪化するといった自然経過をたどり発症します。
② しかしながら、業務による明らかな過重負荷が加わることによって、血管病変などがその自然経過を超えて著しく悪化し、脳・心臓疾患が発症する場合があります。
③ 脳・心臓疾患の発症に影響を及ぼす業務による過重負荷として、発症に近接した時期における負荷のほか、長期間にわたる疲労の蓄積も考慮します。
④ 業務の過重性の評価に当たっては、労働時間、勤務形態、作業環境、精神的緊張の状態などを具体的かつ客観的に把握、検討し、総合的に判断します。

2）対象疾病

① 脳血管疾患：脳内出血（脳出血）、くも膜下出血、脳梗塞、高血圧性脳症

② 虚血性心疾患など：心筋梗塞、狭心症、心停止（心臓性突然死を含む）、解離性大動脈瘤

3）認定要件

次の業務による過重負荷を受けたことにより発症した脳・心臓疾患は、業務上疾病として取り扱います。

① 発症直前から前日までの間において、発生状態を時間的および場所的に明確にし得る異常な出来事に遭遇したこと（異常な出来事）。
② 発症に近接した時期において、特に過重な業務に就労したこと（短期間の過重業務）。
③ 発症前の長期間にわたって、著しい疲労の蓄積をもたらす特に過重な業務に就労したこと（長期間の過重業務）。

4）認定要件の運用

A　脳・心臓疾患の疾患名および発症時期の特定

a．疾患名の特定

脳・心臓疾患の発症と業務との関連性を判断する上で、発症した疾患名は重要ですので、臨床所見、解剖所見、発症前後の身体の状況などから疾患名を特定し、対象疾病に該当することを確認します。

b．発症時期の特定について

脳・心臓疾患の発症時期については、業務と発症との関連性を検討する際の起点となるので、臨床所見、症状の経過などから症状が出現した日を特定し、その日を発症日とします。

B　過重負荷

過重負荷とは、医学経験則に照らして、脳・心臓疾患の発症の基礎となる血管病変などをその自然経過を超えて著しく悪化させ得ることが客観的に認められる負荷をいいます。

a．異常な出来事

ア）異常な出来事

① 極度の緊張、興奮、恐怖、驚がくなどの強度の精神的負荷を引き起こす突発的または予測困難な異常な事態
② 緊急に強度の身体的負荷を強いられる突発的または予測困難な異常な事態
③ 急激で著しい作業環境の変化

イ）評価期間

発症直前から前日までの間

ウ）過重負荷の有無の判断

遭遇した出来事がア）の異常な出来事に該当するか否かによって判断します。
　b．短期間の過重業務
　ア）特に過重な業務
　特に過重な業務とは、日常業務（通常の所定労働時間内の所定業務内容）に比較して特に過重な身体的、精神的負荷を生じさせたと客観的に認められる業務をいいます。
　イ）評価期間
　　発症前おおむね1週間
　ウ）過重負荷の有無の判断
　特に過重な業務に就労したと認められるか否かについては、①発症直前から前日までの間について、②発症直前から前日までの間の業務が特に過重であると認められない場合には発症前おおむね1週間について、業務量、業務内容、作業環境などを考慮し、同僚などにとっても、特に過重な身体的、精神的負荷と認められるかという観点から、客観的かつ総合的に判断します。
　具体的な負荷要因は、労働時間、不規則な勤務、拘束時間の長い勤務、出張の多い業務、交替制勤務・深夜勤務、作業環境（温度環境・騒音・時差）、精神的緊張を伴う業務です。なお、労働時間以外の各項目の負荷の程度を評価する視点は表3－2のとおりです。
　c．長期間の過重業務
　ア）疲労の蓄積の考え方
　恒常的な長時間労働などの負荷が長期間にわたって作用した場合には、「疲労の蓄積」が生じ、これが血管病変などをその自然経過を超えて著しく増悪させ、その結果、脳・心臓疾患を発症させることがあります。
　発症との関連性において、業務の過重性を評価するに当たっては、発症時における疲労の蓄積がどの程度であったかという観点から判断します。
　イ）評価期間
　　発症前おおむね6月間
　ウ）過重負荷の有無の判断
　著しい疲労の蓄積をもたらす特に過重な業務に就労したと認められるか否かについては、業務量、業務内容、作業環境などを考慮し、同僚などにとっても特に過重な身体的、精神的負荷と認められるかという観点から、客観的かつ総合的に判断します。
　具体的には、b．ウ）の負荷要因でみます。
　疲労の蓄積をもたらす最も重要な要因である労働時間が長いほど、業務の過重性

が増し、発症日を起点とした1月単位の連続した期間をみて、
① 発症前1月間ないし6月間にわたって、1月当たりおおむね45時間を超える時間外労働が認められない場合は業務と発症との関連性が弱いが、おおむね45時間を超えて時間外労働時間が長くなるほど業務と発症との関連性が徐々に強まると評価できます。
② 発症前1月間におおむね100時間または発症前2月間ないし6月間にわたって、1月当たりおおむね80時間を超える時間外労働が認められる場合は、業務と発症との関連性が強いと評価できることを踏まえて判断します。

表3―2　労働時間以外の負荷要因

就労態様		負荷の程度を評価する視点
不規則な勤務		予定された業務スケジュールの変更の頻度・程度、事前の通知状況、予測の度合、業務内容の変更の程度など
拘束時間の長い勤務		拘束時間数、実労働時間数、労働密度（実作業時間と手待時間との割合など）、業務内容、休憩・仮眠時間数、休憩・仮眠施設の状況（広さ、空調、騒音など）など
出張の多い業務		出張中の業務内容、出張(特に時差のある海外出張)の頻度、交通手段、移動時間および移動時間中の状況、宿泊の有無、宿泊施設の状況、出張中における睡眠を含む休憩・休息の状況、出張による疲労の回復状況など
交替制勤務・深夜勤務		勤務シフトの変更の度合、勤務と次の勤務までの時間、交替制勤務における深夜時間帯の頻度など
作業環境	温度環境	寒冷の程度、防寒衣類の着用の状況、一連続作業時間中の採暖の状況、暑熱と寒冷との交互のばく露の状況、激しい温度差がある場所への出入りの頻度など
	騒音	おおむね80デシベルを超える騒音の程度、そのばく露時間・期間、防音保護具の着用の状況など
	時差	5時間を超える時差の程度、時差を伴う移動の頻度など
精神的緊張を伴う業務		日常的に精神的緊張を伴う業務 業務量、就労期間、経験、適応能力、会社の支援など 発症に近接した時期における精神的緊張を伴う業務に関連する出来事 出来事（事故、事件など）の大きさ、損害の程度など

イ　心理的負荷による精神障害の認定基準（平成23年12月26日基発1226第1号）（概要）

1）対象疾病

　対象疾病は、ICD-10第5章に分類される精神障害で器質性のものおよび有害物質に起因するものを除きますが、業務に関連して発病する可能性のある精神障害は主に統合失調症、統合失調症型障害および妄想性障害、気分（感情）障害ならびに神経症性障害、ストレス関連障害および身体表現性障害です。

2）認定要件

　①対象疾病を発病していること、②対象疾病の発病前おおむね6月の間に業務による強い心理的負荷が認められること、③業務以外の心理的負荷および個体側要因により対象疾病を発病したとは認められないことの要件も満たす対象疾病は、業務上疾病として取り扱います。

3）認定要件に関する基本的な考え方

　対象疾病の発病に至る原因の考え方は、環境由来の心理的負荷（ストレス）と個体側の反応性、脆弱性との関係で精神的破綻が生じるかどうかが決まり、心理的負荷が非常に強ければ、個体側の脆弱性が小さくても精神的破綻が起こるし、逆に脆弱性が大きければ、心理的負荷が小さくても破綻が生ずるとする「ストレス―脆弱性理論」に依拠しています。

　強い心理的負荷とは、精神障害を発病した労働者がその出来事及び出来事後の状況が持続する程度を主観的にどう受け止めたかではなく、同種の労働者が一般的にどう受け止めるかという観点から評価され、「同種の労働者」とは職種、職場における立場や職責、年齢、経験などが類似する者をいいます。

4）認定要件の具体的判断

A　発病の有無などの判断

　対象疾病の発病の有無、発病時期および疾患名は、ICD-10診断ガイドラインに基づき、医学的に判断します。

B　業務による心理的負荷の強度の判断

　業務による心理的負荷の強度の判断に当たっては、精神障害発病前おおむね6月の間に、発病に関与したと考えられる業務によるどのような出来事があり、その後の状況がどのようなものであったのかを具体的に把握し、心理的負荷の強度はどの程度であるかについて、表3―3「業務による心理的負荷評価表」を指標として「強」、「中」、「弱」の3段階に区分します。

a．「特別な出来事」に該当する出来事がある場合

　発病前おおむね6月間に、次の「特別な出来事」に該当する業務による出来事が認められた場合には、心理的負荷の総合評価を「強」と判断します。

①　生死にかかわる、極度の苦痛を伴う、または永久労働不能となる後遺障害を残

す業務上の病気やケガをした（業務上の傷病により6月を超えて療養中に症状が急変し極度の苦痛を伴った場合を含む）
② 業務に関連し、他人を死亡させ、または生死にかかわる重大なケガを負わせた（故意によるものを除く）
③ 強姦や本人の意思を抑圧して行われたわいせつ行為などのセクシュアルハラスメントを受けた
④ 発病直前の1月におおむね160時間を超えるような、またはこれに満たない期間にこれと同程度の（例えば3週間におおむね120時間以上の）時間外労働を行った（休憩時間は少ないが手待ち時間が多い場合など労働密度が特に低い場合を除く）

b．「特別な出来事」に該当する出来事がない場合
「特別な出来事」に該当する出来事がない場合は、次の手順により心理的負荷の総合評価を行い、「強」、「中」または「弱」に区分します。
① 業務による出来事が表3－3の「具体的出来事」のどれに当てはまるか、あるいは近いかを判断すること。
② 当てはめた表3－3の「具体的出来事」の欄に示されている具体例の内容に、事実関係が合致する場合には、その強度で評価すること。事実関係が具体例に合致しない場合には、個々の事案ごとに評価すること。
③ 複数の出来事が関連して生じた場合には、その全体を1つの出来事として評価すること。原則として最初の出来事を具体的出来事として表3－3に当てはめ、関連して生じたそれぞれの出来事は出来事後の状況とみなし、全体の評価をすること。関連しない出来事が複数生じた場合には、出来事の数、それぞれの出来事の内容、時間的な近接の程度を考慮して全体の評価をすること。

C 業務以外の心理的負荷
業務以外の心理的負荷の強度については、対象疾病の発病前おおむね6月の間に、対象疾病の発病に関与したと考えられる業務以外の出来事の有無を確認し、出来事が1つ以上確認できた場合は、それらの出来事の心理的負荷の強度について、表3－4の「業務以外の心理的負荷評価表」を指標として、心理的負荷の強度を「強」、「中」または「弱」に区分します。

D 個体側要因の評価
精神障害の既往歴やアルコール依存状況などの本人の個体側要因については、その有無とその内容について確認し、個体側要因の存在が確認できた場合には、それが発病の原因であると判断することの医学的な妥当性を慎重に検討して、個体側要因により対象疾病を発病したことに該当するか否かを判断します。

表3―3　業務による心理的負荷

出来事の類型	具体的出来事	弱	中	強
①事故や災害の体験	病気やケガをした			・長期間（おおむね2月以上）の入院を要する、または労災保険の障害年金に該当するもしくは原職への復帰ができなくなる後遺障害を残すような業務上の病気やケガをした ・業務上の傷病により6月を超えて療養中の者について、当該傷病により社会復帰が困難な状況にあった、死の恐怖や強い苦痛が生じた
	悲惨な事故や災害の体験、目撃をした	・業務に関連し、本人の負傷は軽症・無傷で、悲惨とまではいえない事件・事故の体験、目撃をした	・業務に関連し、本人の負傷は軽症・無傷で、「強」の程度に至らない悲惨な事件・事故の体験、目撃をした	・業務に関連し、本人の負傷は軽度・無傷であったが、自らの死を予感させる程度の事件、事故を体験した ・業務に関連し、被災者が死亡する事故、多量の出血を伴うような事故など特に悲惨な事故であって、本人が巻き込まれる可能性がある状況や、本人が被災者を救助することができたかもしれない状況を伴う事故を目撃した
②仕事の失敗、過重な責任の発生など	業務に関連し、重大な人身事故、重大事故を起こした			・業務に関連し、他人に重度の病気やケガ（長期間（おおむね2月以上）の入院を要する、または労災保険の障害年金に該当するもしくは原職への復帰ができ

				なくなる後遺障害を残すような病気やケガ）を負わせ、事後対応にも当たった ・他人に負わせたケガの程度は重度ではないが、事後対応に多大な労力を費した（減給、降格などの重いペナルティを課された、職場の人間関係が著しく悪化したなどを含む）
会社の経営に影響するなどの重大な仕事上のミスをした				会社の経営に影響するなどの重大な仕事上のミス（倒産を招きかねないミス、大幅な業績悪化に繋がるミス、会社の信用を著しく傷つけるミスなど）をし、事後対応にも当たった ・「会社の経営に影響するなどの重大な仕事上のミス」とまでは言えないが、その事後対応に多大な労力を費した（懲戒処分、降格、月給額を超える賠償責任の追及など重いペナルティを課された、職場の人間関係が著しく悪化したなどを含む）
会社で起きた事故、事件について、責任を問われた	・軽微な事故、事件（損害などの生じない事態、その後の業務で容易に損害などを回復できる事態、社内でたびたび生じる事態など）の責任（監	・立場や職責に応じて事故、事件の責任（監督責任など）を問われ、何らかの事後対応を行った	・重大な事故、事件（倒産を招きかねない事態や大幅な業績悪化に繋がる事態、会社の信用を著しく傷つける事態、他人を死亡させ、または生死に関わるケガを負わせる事態など）の責任（監督責任

		督責任など）を一応問われたが、特段の事後対応はなかった		など）を問われ、事後対応に多大な労力を費した ・重大とまではいえない事故、事件ではあるが、その責任（監督責任など）を問われ、立場や職責を大きく上回る事後対応を行った（減給、降格などの重いペナルティが課されたなどを含む）
	自分の関係する仕事で多額の損失などが生じた	・多額とはいえない損失（その後の業務で容易に回復できる損失、社内でたびたび生じる損失など）などが生じ、何らかの事後対応を行った	・多額の損失などが生じ、何らかの事後対応を行った	・会社の経営に影響するなどの特に多額の損失（倒産を招きかねない損失、大幅な業績悪化に繋がる損失など）が生じ、倒産を回避するための金融機関や取引先への対応などの事後対応に多大な労力を費した
	業務に関連し、違法行為を強要された	・業務に関連し、商慣習としてはまれに行われるような違法行為を求められたが、拒むことにより終了した	・業務に関連し、商慣習としてはまれに行われるような違法行為を命じられ、これに従った	・業務に関連し、重大な違法行為（人の生命に関わる違法行為、発覚した場合に会社の信用を著しく傷つける違法行為）を命じられた ・業務に関連し、反対したにもかかわらず、違法行為を執拗に命じられ、やむなくそれに従った ・業務に関連し、重大な違法行為を命じられ、何度もそれに従った ・業務に関連し、強要された違法行為が発覚し、事後対応に多大な労力を費した（重いペ

			ナルティを課されたなどを含む)
達成困難なノルマが課された	・同種の経験などを有する労働者であれば達成可能なノルマを課された ・ノルマではない業績目標が示された（当該目標が、達成を強く求められるものではなかった）	・達成は容易ではないものの、客観的にみて、努力すれば達成も可能であるノルマが課され、この達成に向けた業務を行った	・客観的に相当な努力があっても達成困難なノルマが課され、達成できない場合には重いペナルティがあると予告された
ノルマが達成できなかった	・ノルマが達成できなかったが、何ら事後対応は必要なく、会社から責任を問われることなどもなかった ・業績目標が達成できなかったものの、当該目標の達成は、強く求められていたものではなかった	・ノルマが達成できなかったことによりペナルティ（昇進の遅れなどを含む。）があった	・経営に影響するようなノルマ（達成できなかったことにより倒産を招きかねないもの、大幅な業績悪化につながるもの、会社の信用を著しく傷つけるものなど）が達成できず、そのため、事後対応に多大な労力を費した（懲戒処分、降格、左遷、賠償責任の追及など重いペナルティを課されたなどを含む）
新規事業の担当になった、会社の建て直しの担当になった	・軽微な新規事業など（新規事業であるが、責任が大きいとはいえないもの）の担当になった	新規事業など（新規プロジェクト、新規の研究開発、会社全体や採算部門の建て直しなど成功に対する高い評価が期待されやりがいも大きいが責任も大きい業務）の担当になった	・経営に重大な影響のある新規事業など（失敗した場合に倒産を招きかねないもの、大幅な業績悪化につながるもの、会社の信用を著しく傷つけるもの、成功した場合に会社の新たな主要事業になるものなど）の担当であって、事業の成否に重大な責任のある立場に就き、

				当該業務に当たった
	顧客や取引先から無理な注文を受けた	・同種の経験などを有する労働者であれば達成可能な注文を出され、業務内容・業務量に一定の変化があった ・要望が示されたが、達成を強く求められるものではなく、業務内容・業務量に大きな変化もなかった	・業務に関連して、顧客や取引先から無理な注文（大幅な値下げや納期の繰上げ、度重なる設計変更など）を受け、何らかの事後対応を行った	・通常なら拒むことが明らかな注文（業績の著しい悪化が予想される注文、違法行為を内包する注文など）ではあるが、重要な顧客や取引先からのものであるためこれを受け、他部門や別の取引先と困難な調整に当たった
	顧客や取引先からクレームを受けた	・顧客などからクレームを受けたが、特に対応を求められるものではなく、取引関係や、業務内容・業務量に大きな変化もなかった	・業務に関連して、顧客などからクレーム（納品物の不適合の指摘などその内容が妥当なもの）を受けた	・顧客や取引先から重大なクレーム（大口の顧客などの喪失を招きかねないもの、会社の信用を著しく傷つけるものなど）を受け、その解消のために他部門や別の取引先と困難な調整に当たった
	大きな説明会や公式の場での発表を強いられた	・大きな説明会や公式の場での発表を強いられた		
	上司が不在になることにより、その代行を任された	・上司が不在になることにより、その代行を任された		
③仕事の量・質	仕事内容・仕事量の（大	・仕事内容の変化が容易に対応できるもの（会	・担当業務内容の変更、取引量の急増などにより、仕事	・仕事量が著しく増加して時間外労働も大幅に増える（倍以上に増加

きな）変化を生じさせる出来事があった	議・研修などの参加の強制、職場のOA化の進展、部下の増加、同一事業場内の所属部署の統廃合、担当外業務としての非正規職員の教育など）であり、変化後の業務の負荷が大きくなかった	内容、仕事量の大きな変化（時間外労働時間数としてはおおむね20時間以上増加し1月当たりおおむね45時間以上となるなど）が生じた	し、1月当たりおおむね100時間以上となる）などの状況になり、その後の業務に多大な労力を費した（休憩・休日を確保するのが困難なほどの状態となったなどを含む） ・過去に経験したことがない仕事内容に変更となり、常時緊張を強いられる状態となった
1月に80時間以上の時間外労働を行った	・1月に80時間未満の時間外労働を行った	・1月に80時間以上の時間外労働を行った	・発病直前の連続した2月間に、1月当たりおおむね120時間以上の時間外労働を行い、その業務内容が通常その程度の労働時間を要するものであった ・発病直前の連続した3月間に、1月当たりおおむね100時間以上の時間外労働を行い、その業務内容が通常その程度の労働時間を要するものであった
2週間以上にわたって連続勤務を行った	・休日労働を行った	・平日の時間外労働だけではこなせない業務量があり、休日に対応しなければならない業務が生じたなどの事情により、2週間（12日）以上にわたって連続勤務を行った（1日あたりの労働時間が特に短い場合、手待ち時間が多いなど	・1月以上にわたって連続勤務を行った ・2週間（12日）以上にわたって連続勤務を行い、その間、連日、深夜時間帯に及ぶ時間外労働を行った（いずれも、1日あたりの労働時間が特に短い場合、手待ち時間が多いなどの労働密度が特に低い場合を除く）

			の労働密度が特に低い場合を除く）	
	勤務形態に変化があった	勤務形態に変化があった		
	仕事のペース、活動の変化があった	仕事のペース、活動の変化があった		
④役割・地位の変化など	退職を強要された			・退職の意思のないことを表明しているにもかかわらず、執拗に退職を求められた ・恐怖感を抱かせる方法を用いて退職勧奨された ・突然解雇の通告を受け、何ら理由が説明されることなく、説明を求めても応じられず、撤回されることもなかった
	配置転換があった	・以前に経験した業務など配置転換後の業務が容易に対応できるものであり、変化後の業務の負荷が軽微であった		・過去に経験した業務と全く異なる質の業務に従事することとなったため、配置転換後の業務に対応するのに多大な労力を費した ・配置転換後の地位が、過去の経験からみて異例なほど重い責任が課されるものであった ・左遷された（明らかな降格であって配置転換としては異例なものであり、職場内で孤立した状況になった）
	転勤をし	・以前に経験した		・転勤先は初めて赴任す

た	場所であるなど転勤後の業務が容易に対応できるものであり、変化後の業務の負荷が軽微であった		る外国であって現地の職員との会話が不能、治安状況が不安といったような事情から、転勤後の業務遂行に著しい困難を伴った
複数名で担当していた業務を1人で担当するようになった	・複数名で担当していた業務を1人で担当するようになったが、業務内容・業務量はほとんど変化がなかった	・複数名で担当していた業務を1人で担当するようになり、業務内容・業務量に何らかの変化があった	・業務を1人で担当するようになったため、業務量が著しく増加し時間外労働が大幅に増えるなどの状況になり、かつ、必要な休憩・休日も取れないなど常時緊張を強いられるような状態となった
非正規社員であるとの理由などにより、仕事上の差別、不利益取扱いを受けた	・社員間に処遇の差異があるが、その差は小さいものであった	・非正規社員であるとの理由、またはその他の理由により、仕事上の差別、不利益取扱いを受けた ・業務の遂行から疎外・排除される取扱いを受けた	・仕事上の差別、不利益取扱いの程度が著しく大きく、人格を否定するようなものであって、かつこれが継続した
自分の昇格・昇進があった		・自分の昇格・昇進があった	
部下が減った		・部下が減った	
早期退職制度の対象となった		・早期退職制度の対象となった	
非正規社員である自分の契約満了が迫った		・非正規社員である自分の契約満了が迫った	

⑤対人関係	嫌がらせ、いじめ、または暴行を受けた	・複数の同僚などの発言により不快感を覚えた（客観的には嫌がらせ、いじめとはいえないものも含む）	・上司の叱責の過程で業務指導の範囲を逸脱した発言があったが、これが継続していない ・同僚などが結託して嫌がらせを行ったが、これが継続していない	・部下に対する上司の言動が、業務指導の範囲を逸脱しており、その中に人格や人間性を否定するような言動が含まれ、かつ、これが執拗に行われた ・同僚などによる多人数が結託しての人格や人間性を否定するような言動が執拗に行われた ・治療を要する程度の暴行を受けた
	上司とのトラブルがあった	・上司から、業務指導の範囲内である指導・叱責を受けた ・業務をめぐる方針などにおいて、上司との考え方の相違が生じた（客観的にはトラブルとはいえないものも含む）	・上司から、業務指導の範囲内である強い指導・叱責を受けた ・業務をめぐる方針などにおいて、周囲からも客観的に認識されるような対立が上司との間に生じた	・業務をめぐる方針などにおいて、周囲からも客観的に認識されるような大きな対立が上司との間に生じ、その後の業務に大きな支障を来した
	同僚とのトラブルがあった	・業務をめぐる方針などにおいて、同僚との考え方の相違が生じた（客観的にはトラブルとはいえないものも含む）	・業務をめぐる方針などにおいて、周囲からも客観的に認識されるような対立が同僚との間に生じた	・業務をめぐる方針などにおいて、周囲からも客観的に認識されるような大きな対立が多数の同僚との間に生じ、その後の業務に大きな支障を来した
	部下とのトラブルがあった	・業務をめぐる方針などにおいて、部下との考え方の相違が生じた（客観的にはトラブルとは	・業務をめぐる方針などにおいて、周囲からも客観的に認識されるような対立が部下との間に生じた	・業務をめぐる方針などにおいて、周囲からも客観的に認識されるような大きな対立が多数の部下との間に生じ、その後の業務に大きな

		いえないものも含む)		支障を来した
	理解してくれていた人の異動があった	・理解してくれていた人の異動があった		
	上司が替わった	・上司が替わった		
	同僚等の昇進・昇格があり、昇進で先を越された	・同僚などの昇進・昇格があり、昇進で先を越された		
⑥ セクシュアルハラスメント	セクシュアルハラスメントを受けた	・「○○ちゃん」などのセクシュアルハラスメントに当たる発言をされた ・職場内に水着姿の女性のポスターなどを掲示された	・胸や腰などへの身体接触を含むセクシュアルハラスメントであっても、行為が継続しておらず、会社が適切かつ迅速に対応し発病前に解決した ・身体接触のない性的な発言のみのセクシュアルハラスメントであって、発言が継続していない ・身体接触のない性的な発言のみのセクシュアルハラスメントであって、複数回行われたものの、会社が適切かつ迅速に対応し発病前にそれが終了した	・胸や腰などへの身体接触を含むセクシュアルハラスメントであって、継続して行われた ・胸や腰などへの身体接触を含むセクシュアルハラスメントであって、行為は継続していないが、会社に相談しても適切な対応がなく、改善されなかったまたは会社への相談などの後に職場の人間関係が悪化した ・身体接触のない性的な発言のみのセクシュアルハラスメントであって、発言の中に人格を否定するようなものを含み、かつ継続してなされた ・身体接触のない性的な発言のみのセクシュアルハラスメントであっ

| | | | | | て、性的な発言が継続してなされ、かつ会社がセクシュアルハラスメントがあると把握していても適切な対応がなく、改善がなされなかった |

表3―4　業務以外の心理的負荷

出来事の類型	弱	中	強
①自分の出来事			離婚または夫婦が別居した
			自分が重い病気やケガをしたまたは流産した
		自分が病気やケガをした	
	夫婦のトラブル、不和があった		
	自分が妊娠した		
	定年退職した		
②自分以外の家族・親族の出来事			配偶者や子供、親または兄弟が死亡した
			配偶者や子供が重い病気やケガをした
			親類の誰かで世間的にまずいことをした人が出た
		親族とのつきあいで困ったり、辛い思いをしたことがあった	
		親が重い病気やケガをした	
	家族が婚約したまたはその話が具体化した		

	子供の入試・進学があったまたは子供が受験勉強を始めた		
	親子の不和、子供の問題行動、非行があった		
	家族が増えた（子供が産まれた）または減った（子供が独立して家を離れた）		
	配偶者が仕事を始めたまたは辞めた		
③金銭関係			多額の財産を損失したまたは突然大きな支出があった
		収入が減少した	
		借金返済の遅れ、困難があった	
	住宅ローンまたは消費者ローンを借りた		
④事件、事故、災害の体験			天災や火災などにあったまたは犯罪に巻き込まれた
		自宅に泥棒が入った	
		交通事故を起こした	
	軽度の法律違反をした		
⑤住環境の変化		騒音など家の周囲の環境（人間環境を含む）が悪化した	
		引っ越した	
	家屋や土地を売買したまたはその具体的な計画が持ち上がった		
	家族以外の人（知人、下宿人など）が一緒に住むようになった		
⑥他人との人間関係		友人、先輩に裏切られショックを受けた	

		親しい友人、先輩が死亡した	
		失恋、異性関係のもつれがあった	
		隣近所とのトラブルがあった	

ウ　業務上腰痛の認定基準（昭和51年10月16日基発第750号）（概要）
1）災害性の原因による腰痛
　業務上の負傷（急激な力の作用による内部組織の損傷を含む）に起因して労働者に腰痛が発症した場合で、①腰部の負傷または腰部の負傷を生ぜしめたと考えられる通常の動作と異なる動作による腰部に対する急激な力の作用が業務遂行中に突発的なできごととして生じたと明らかに認められるものであること、②腰部に作用した力が腰痛を発症させ、または腰痛の既往症もしくは基礎疾患を著しく増悪させたと医学的に認めるに足るものであること、のいずれも満たし、かつ、医学上療養を必要とするときは、業務上疾病として取り扱います。
2）災害性の原因によらない腰痛
　次のような重量物を取り扱う業務など腰部に過度の負担のかかる業務に従事する者に腰痛が発症した場合で作業態様、従事期間および身体的条件からみて腰痛が業務に起因して発症したものと認められ、かつ、医学上療養を必要とするものについては、業務上疾病として取り扱います。
A　次のような業務におおむね3月から数年以内の期間従事する者に発症した腰痛
①　おおむね20キログラム程度以上の重量物または軽重不同の物を繰り返し中腰で取り扱う業務
②　腰部にとって極めて不自然ないしは非生理的な姿勢で毎日数時間程度行う業務
③　長時間にわたって腰部の伸展を行うことのできない同一作業姿勢を持続して行う業務
④　腰部に著しく粗大な振動を受ける作業を継続して行う業務
B　おおむね30キログラム以上の重量物を労働時間の3分の1程度以上取り扱う業務もしくはおおむね20キログラム以上の重量物を労働時間の半分程度以上取り扱う業務またはAの①から④の業務におおむね10年以上の期間にわたって継続して従事する者に発症した慢性的な腰痛
エ　上肢作業に基づく疾病の業務上外の認定基準（平成9年2月3日基発第65号）

（概要）
1）対象疾病
　上肢などに過度の負担のかかる業務によって、後頭部、頸部、肩甲帯、上腕、前腕、手および指に発生した運動器の障害で、代表的なものとしては、上腕骨外（内）上顆炎、肘部管症候群、回外（内）筋症候群、手関節炎、腱炎、腱鞘炎、手根管症候群、書痙、書痙様症状、頸肩腕症候群などがあります。
2）認定要件
　次のいずれの要件も満たし、医学上療養が必要であると認められる上肢障害は、業務上疾病として取り扱います。
A　次のいずれかの作業を主とする業務に原則として6月程度以上従事した後に発症したものであること
① 上肢の反復動作の多い作業
② 上肢を上げた状態で行う作業
③ 頸部、肩の動きが少なく、姿勢が拘束される作業
④ 上肢などの特定の部位に負担のかかる状態で行う作業
B　発症前に原則として次のいずれかに該当する過重な業務に就労したこと。
① 同一事業場における同種の労働者と比較して、おおむね10パーセント以上業務量が増加し、その状態が発症直前3月程度にわたる場合
② 業務量が一定せず、例えばa．業務量が1月の平均では通常の範囲内であっても、1日の業務量が通常の業務量のおおむね20パーセント以上増加し、その状態が1月のうち10日程度認められるもの、b．業務量が1日の平均では通常の範囲内であっても、1日の労働時間の3分の1程度にわたって業務量が通常の業務量のおおむね20パーセント以上増加し、その状態が1月のうち10日程度認められるもの、に該当するような状態が発症直前3月程度継続している場合
C　過重な業務への就労と発症までの経過が、医学上妥当なものと認められること
オ　騒音性難聴の認定基準（昭和61年3月18日基発第149号）（概要）
　金属研磨、鋲打、圧延など著しい騒音を発する場所における業務に従事していた労働者に発生した難聴で、次のいずれの要件も満たすものは、業務上疾病として取り扱います。
① 作業者の耳の位置における騒音がおおむね85デシベル以上である業務におおむね5年以上引続き従事した後に発生したものであること。
② 鼓膜または中耳に著変がないこと。
③ 純音聴力検査の結果、オージオグラムにおいて、気導値および骨導値が障害され、気導値と骨導値に明らかな差がなく、聴力障害が低音域より3,000ヘルツ以

上の高音域において大であること。
④　内耳炎などによる難聴でないこと。
カ　振動障害の認定基準（昭和52年5月28日基発第307号）（概要）
　振動工具を取り扱うことにより身体局所に振動ばく露を受ける業務に従事する労働者に発生した疾病で、次の1）および2）の要件を満たし、療養を要すると認められるものは、業務上疾病として取り扱います。
1）圧搾空気を動力源とし、または内燃機関、電動モーターなどの動力により駆動される工具で身体局所に著しい振動を与える振動工具を取り扱う業務（振動業務）におおむね1年以上従事した後に発生した疾病であること。
2）次のいずれかに該当する疾病であること。
A　手指、前腕などにしびれ、痛み、冷え、こわばりなどの自覚症状が持続的または間けつ的に現われ、かつ、次の障害のすべてが認められるか、またはそのいずれかが著明に認められる疾病であること。
①　手指、前腕などの末梢循環障害
②　手指、前腕などの末梢神経障害
③　手指、前腕などの骨、関節、筋肉、腱等の異常による運動機能障害
B　レイノー現象の発現が認められた疾病であること。

(7) 業務上疾病に該当する事例

　裁判例において業務上疾病に該当すると判断されたものとして、次のようなものがあります。
ア　脳・心臓疾患
①　冠状動脈硬化症などの基礎疾病を有する艀の船長が艀作業に従事中に悪性の不整脈を起こして死亡した場合（高取運輸・艀第八香取丸事件　東京高裁昭和51年9月30日　判例タイムズ345.256）
②　オール夜勤体制のパン工場でベルトコンベアにより製品の仕分け作業に従事していた作業員が作業中に倒れ心筋梗塞により死亡した場合（浦和労基署長（明治パン）事件　東京高裁昭和54年7月9日　労判323.26）
③　長時間継続的に深夜業務に従事し、旧勤務形態のもとでは午前0時から午前6時までの仮眠時間が設けられていたものの、仮眠場所が不完全な施設で周辺の環境や緊急指令などにより十分な睡眠をとることができない状態で勤務を続け、日曜日などは連続15時間以上、時には87時間に及ぶ勤務に就いていたうえ、2週間前からの新勤務形態下では、午後5時から翌朝午前8時まで連続15時間の長時間、仮眠もしないで勤務に就き、連続39時間にわたる勤務を続けたこともあり、勤務内容も深夜1人で車を運転して42箇所を巡回し、一夜に80回以上車を乗降し

て人気のない工場、倉庫などの施設の点検などの警備業務を行っていた警備員が警備中に脳幹部出血により死亡した場合（泉大津労基署長（第一警備保障）事件　大阪地裁昭和61年2月28日　労判470.33）

④　深夜勤務を伴う長時間の不規則労働が常態の長距離貨物運搬業務に従事していた運転手が、10分ないし30分間の休憩4回、仮眠2回を挟んで22時間余約1,000キロメートル乗務し、その間直接11時間35分運転に従事し、到着すると直ちに200キログラム入りドラム缶50本を横に倒し転がして行く重労働の荷卸し作業に約40分間従事し、作業終了と同時に休息もせず帰路につき、カーブの多い道路を貨物自動車に同乗して走行し、振動および横振れの影響を受けたことが誘因となって脳出血が発症して死亡した場合（四日市労基署長（日本運送）事件　津地裁昭和62年2月26日　労判493.27、名古屋高裁昭和63年10月31日　労判529.15）

⑤　トラックの運転手がブロックの手降ろし作業に従事していて、くも膜下出血に起因する急性心不全により死亡した場合（中野労基署長（旭運輸）事件　長野地裁昭和62年4月23日　労判498.57）

⑥　暖房のない住環境および昼間、夜間の不規則な勤務に休息時間の少ない連続勤務などの状況にあり、4日間連続して寒気の強い夜勤に従事したうえ、当日は交通量の多い幹線道路でブレーカー作業に比較的長時間従事した高血圧症などの基礎疾病を有する出稼ぎ労働者がガス管敷設工事に従事中に脳出血を発症して死亡した場合（天満労基署長事件　大阪地裁昭和63年5月16日　労判518.6、大阪高裁平成2年9月19日　労判570.42）

⑦　2日前に重量物が地上約3メートルの高さから近くに落下して、その顔面を負傷した事故に遭遇し、その事故後も厳冬期に地上約10メートルの電柱上での電気供給工事などの相当の緊張と体力を要する作業に従事していた電気工が脳血管疾患を発症させて死亡した場合（大館労基署長（四戸電気工事店）事件　秋田地裁平成3年2月1日　労判582.33、最高裁第三小法廷平成9年4月26日）

⑧　小型漁船に乗り組んでカツオ漁をしていた季節労働者が寒さが厳しくなった午前3時ころ冷気の中を起き出し、しゅう雨の中を出港し、前日の時化の影響の残る外洋へ乗り出し、初めての経験である船の舳先に乗っての魚群探索作業を行っていて、高血圧性脳内出血を発症して死亡した場合（中央労基署長事件　東京地裁平成3年7月16日　労判593.12）

⑨　外国航路のコンテナ船の船長が乗船以来6月余下船することなく、極東北米航路を5往復以上航海した後の航海中の船内で急性心不全により死亡した場合（社会保険庁長官（タワーブリッジ号）事件　東京地裁平成3年12月20日　労判606.35）

⑩　脳動脈瘤の基礎疾病を有する工場で製品製造に従事してきた従業員が、東京近郊の販売店に出張し、店頭販売業務に従事中に脳出血により死亡した場合（静岡労基署長事件　静岡地裁平成3年11月15日　労判598.20、東京高裁平成8年3月21日　労判696.64）

⑪　特別加入者であるバナナ熟成加工業者が急激な温度変化に曝されての搬入作業終了後くも膜下出血により死亡した場合（加古川労基署長（バナナ熟成加工業者）事件　大阪高裁平成4年4月28日　労判611.46）

⑫　支店長の乗車する自動車の運転手が、約半年前以降1日平均の時間外労働時間が7時間を上回り、1日平均の走行距離も長いような勤務が継続し、前月以降勤務の終了が午後12時を過ぎた日があったほか、発症の前日から当日にかけて自動車の修理のため3時間30分程度の睡眠の後運転業務を開始していた状況の中で、くも膜下出血を発症させた場合（横浜南労基署長（東京海上横浜支店）事件　横浜地裁平成5年3月23日　労判628.44、東京高裁平成7年5月30日　労判683.73、最高裁第一小法廷平成12年7月17日　労判785.6）

⑬　境界域高血圧症状の基礎疾病を有しているタクシー運転手が運転業務中に高血圧性脳内出血を発症した場合（佐賀労基署長事件　佐賀地裁平成6年2月18日　労判679.83、福岡高裁平成7年1月26日　労判679.81）

⑭　高血圧症の基礎疾病を有するタクシー運転手が運転業務中に脳出血で死亡した場合（尼崎労基署長（交安タクシー）事件　神戸地裁平成6年3月11日　労判657.77、大阪高裁平成7年2月17日　労判676.76）

⑮　本態性高血圧症の基礎疾病を有する新幹線内清掃作業員が夜勤、交代勤務による睡眠不足や、不自然な姿勢による作業が数月続いた後における寒暖差の大きい冬期の深夜作業が一段落した直後の点検待機中に脳出血で死亡した場合（茨木労基署長事件　大阪高裁平成6年3月18日　労判655.54）

⑯　狭い既設トンネル内での高い騒音に囲まれ、作業に伴う粉塵が飛散し、厳冬下のトンネル内外の大きな温度差に曝されるという作業環境の下で高い騒音と強い振動を発生する作業機械を手で持ち上げて行う重筋労働に従事していた坑夫が脳動脈瘤破裂によるくも膜下出血によって死亡した場合（小諸労基署長事件　長野地裁平成6年6月16日　労判739.116、東京高裁平成10年3月25日　労判739.99）

⑰　高血圧症の基礎疾病を有するメーカーの取締役開発部長が初めての海外出張中に、夕食会の終了後に倒れて死亡した場合（名古屋南労基署長（矢作電設）事件　名古屋地裁平成6年8月26日　労判654.9、名古屋高裁平成8年11月26日　労判707.27）

⑱　合宿研修3日目の早朝のジョギング中にくも膜下出血により死亡した場合（仙

台労基署長事件　仙台地裁平成6年10月24日　労判662.55）

⑲　プリント基板の品質管理業務に従事していた者がくも膜下出血により死亡した場合（飯田労基署長事件　長野地裁平成7年3月2日　労判671.46）

⑳　セミトレーラー運転手が運転業務従事中に脳動脈瘤が破裂し、くも膜下出血で死亡した場合（名古屋南労基署長（東宝運輸）事件　名古屋地裁平成7年9月29日　労判684.26）

㉑　ノルマに追われ、4日間連続勤務の間改善基準にも大幅に違反する長時間の拘束を受け、直前約8週間では最大拘束時間21時間20分、最大労働時間20時間10分、1日当たり平均拘束時間18時間、平均労働時間16時間53分などの状況にあった糖尿病の基礎疾病を有するタクシー運転手が急性心筋梗塞を発症した場合（名古屋西労基署長事件　名古屋地裁平成8年3月27日　労判693.46）

㉒　長距離トラック運転手が到着後の短い仮眠後荷卸作業に従事していて、脳動脈瘤を破裂させて、くも膜下出血により死亡した場合（京都南労基署長（北信運輸）事件　大阪高裁平成8年4月27日）

㉓　第3日目の午後4時から第5日目の午前4時まで36時間拘束され、その間、5時間ずつ2度の仮眠をはさんで26時間勤務に従事する特別勤務体制下に入ってから約2月が経過し、10日ごとの特別勤務日を7回経験していた印刷会社の労働者が、勤務時間中に虚血性心不全で死亡した場合（三田労基署長（東日印刷）事件　東京地裁平成8年6月13日　労判698.18）

㉔　長時間・不規則・出張労働が多く、クレーム処理や納期管理に従事していたメーカーの営業所長が京都から鳥取への自動車運転による出張からの帰途で急性心筋梗塞を発症して死亡した場合（京都上労基署長（ローム）事件　京都地裁平成8年9月11日　労判709.59）

㉕　製鋼作業員として勤務しペンダント作業に従事していた者が高温多湿の作業現場から冷房が効いている休憩室に移動していた休憩時間中に心筋梗塞を発症して死亡した場合（北九州西労基署長（東京製鉄）事件　福岡地裁平成8年9月25日　労判705.61）

㉖　観光バスの運転手が高血圧性脳出血に罹った場合（西宮労基署長（大阪淡路交通）事件　神戸地裁平成8年9月27日　労判743.27、大阪高裁平成9年12月25日　労判743.72、最高裁第一小法廷平成12年7月17日　労判786.14）

㉗　相当長期の休養をとらなければ疲労が回復しない程度に至っていた食肉加工会社の労働者が疲労の蓄積を解消することができないまま鶏肉解体作業中に倒れ死亡した場合（関労基署長（美濃かしわ）事件　岐阜地裁平成8年11月14日　労判708.43、名古屋高裁平成10年10月22日　労判749.17）

㉘　30代のトレーラー運転手が運転中に脳出血により死亡した場合（帯広労基署長（梅田運輸）事件　釧路地裁平成8年12月10日　労判709.20）

㉙　毎日売上高を伸ばせと命令する営業本部長である社長と売上高をどうやって伸ばすかと悩む営業部員との中間に立って深夜近くまで頭を悩ませ営業部員を指導監督する業務に従事し、直前1月間は部下の営業課長が営業部員を引き抜いて同業の別会社を設立する動きを封ずるため連日会議を開くなどの対策に追われ、直前14日前からは営業部員25名中課長を含む9名が退職し同業別会社を設立したことに対する善後策に追われ、直前1年間の残業時間が毎日約5時間、直前1月間の残業時間が毎日約7時間である書籍販売会社の営業部次長が脳内出血を発症した場合（北九州西労基署長（教育出版）事件　福岡地裁平成10年6月10日　労判741.19）

㉚　運送会社の車両班長兼運行管理者が、貨車に積載してある長さ10メートル以上、重量数百キログラムのレール12本を2人がかりで金てこを用いてレールを回転させるなどしながら、貨車の床上、距離1.06メートルの貨車側板および距離2.15メートルのホーム上を横移動し、枕木台の上にしゃくり上げて、その上を押し送りながら一列に並べるというレールの移動作業中に脳出血で死亡した場合（札幌中央労基署長（札幌通運）事件　札幌高裁平成10年9月18日　労判753.60）

㉛　連日午後8時過ぎまで残業し、直前3日間は助手が連続して休んだため単独で作業をしていた製本会社の裁断工がくも膜下出血で死亡した場合（中央労基署長（永井製本）事件　東京地裁平成11年8月11日　労判770.41、東京高裁平成12年8月9日　労判797.41）

㉜　ビデオ販売店の労働者が営業会議出席中に出席者から突然横領嫌疑をかけられて口論した直後に脳出血を発症し、病院に入院して治療を受けていたが、呼吸不全により約2週間後に死亡した場合（ビデオ販売会社事件　神戸地裁平成11年10月26日）

㉝　従前業務は、拘束時間が恒常的に1日13時間を超え、十数店舗を回って、合計3トン近い牛乳パックのケースを積み降ろす作業に1月に3日程度の休日で無遅刻無早退で4年以上続け、発症5日前に拘束時間が11時間を超え、車幅が広く、ブレーキも異なる車両への運転車両の変更、走行する道路の変化、配送先の変更などの業務環境に変化のある新業務を担当したトラック運転手が、最低気温が零下0.8度という寒さの中で牛乳パックなどの配送業務に従事していた勤務時間中に意識不明で倒れ、急性心筋梗塞の発症により死亡した場合（堺労基署長（名糖運輸）事件　大阪地裁平成12年1月26日　労判780.20）

㉞　特別加入者である一人親方のダンプトラック運転手が専属している会社のずり

の運搬中に高速道への進入車を避けようとして縁石に接触させ、そのまま運転を継続したが、まもなく意識を失い、脳内出血を発症した場合（茨木労基署長（大龍産業）事件　大阪高裁平成12年6月2日　労判786.33）

㉟　新聞、雑誌などの仕分け、梱包、配達、集金などの早朝・深夜を含む業務に従事していた者が突然意識を失い、無酸素脳症による植物状態に陥った場合（平塚労基署長（東都春陽堂）事件　横浜地裁平成12年8月31日　判例タイムズ1102.166、東京高裁平成13年12月20日　労判838.77）

㊱　直前1月余りで、5回の休日のうち3回の休日出勤があり、時間外労働が22.5時間で、発症3日前に親戚の結婚式に出席するため休みを1日とったものの、その前は17日間連続して勤務し、直前2週間は週平均61.5時間の労働で早出が5回、残業が3回あり、当日は最高気温29.5度の中鉄板仕訳作業のレッカー車の運転に従事していた労働者が勤務終了後帰宅して倒れ、心筋梗塞で死亡した場合（佐伯労基署長（協栄産業）事件　福岡高裁平成12年9月27日　判例タイムズ1073.162）

㊲　火力発電所のボイラー設備の塗装工事をする塗装会社の課長職の労働者が単身赴任しながら、唯一の現場監督として職人らを統括し、指示を与えるなどして工期までに工事を適正に完成させるという職務を負っていたところ、赴任6月後から天候などによる工事の遅れなどから残業時間が増加し労働時間が早朝から深夜に及ぶ激務が続いていた中でその約3月後の業務従事中に脳出血を発症して死亡した場合（富岡労基署長（東邦塗装）事件　仙台高裁平成12年9月28日　労判794.19）

㊳　測量調査会社の海洋調査などの業務を担当していた主任技師が、1週間1人で出張後1月半の予定で出張した1週間後、滞在先で致死的不整脈による心臓突然死により死亡した場合（厚木労基署長（アジア航測）事件　横浜地裁平成13年2月8日　労判811.42）

㊴　大手広告代理店の労働者で米国子会社に出向していた者が東京出張中に宿泊先でくも膜下出血により死亡した場合（中央労基署長（電通）事件　東京地裁平成13年5月30日　労判813.42）

㊵　スポーツ新聞社の編集局特信部の競馬担当者が、直前1年間に勤務日数280日のうち160日間が出張であり、33泊34日の予定で北海道へ出張中の出張終了3日前に滞在先で急性心不全により死亡した場合（中央労基署長（スポーツニッポン新聞社）事件　東京地裁平成14年2月27日　労判825.32）

㊶　直前2週間前に鹿児島や宇都宮への日帰り出張した後、台湾を含む国内外5泊6日の出張をし、13日間1日も休暇のなかった労働者が急性心筋梗塞で死亡した

場合（中央労基署長（三井東圧化学）事件　東京高裁平成14年３月26日　労判828.51）

㊷　電話回線の増設、変更などの必要から架線敷設工事を行うための設計図面の作成などに従事していた労働者が、同僚らからの支援を期待できないという業務を１月間に時間外労働時間104時間を行うなどの状況の中で脳内出血を発症して死亡した場合（NTT和歌山設備建設センター事件　和歌山地裁平成15年７月22日　労判860.43）

㊸　造船会社の研究所の研究推進室長が継続的に相当の長時間労働に従事し、慢性的な赤字を抱え、出張回数の増加、担当者の退職、研究業務の遅れなどの状況の中で急性心筋梗塞を発症した場合（長崎労基署長（三菱重工長崎研究所）事件　長崎地裁平成16年３月２日　労判873.43）

㊹　タクシー運転手が、直前の13営業日で拘束時間が282時間、隔日勤務で所定時間が19時間という状況の中で、タクシー車内で虚血性心疾患を発症して死亡した場合（岡山労基署長（東和タクシー）事件　広島高裁岡山支部平成16年12月９日　労判889.62）

㊺　約３時間にわたり車両を運転し、引き続き外気温よりも20度前後低いコンテナ内に入って、積荷の積み替え作業中の運送会社の運転手が不整脈を発症して死亡した場合（立川労基署長（東京港運送）事件　東京高裁平成16年12月16日　労判888.63）

㊻　航空会社の客室乗務員が、勤務時間が早朝、深夜、徹夜と様々であり、長大路線や１日に複数の路線に乗務する場合などには拘束時間が非常に長くなること、５時間以上の時差のある地域への乗務も度々こなさなければならないこと、長時間の乗務であっても一定の休憩時間を必ず取ることができるとは限らず、その休憩場所の設備も必ずしも十分に整っていないことなどの状況の中で、乗務のために滞在していた香港のホテルの客室内において、脳動脈瘤破裂に伴う出血に起因するくも膜下出血を発症した場合（成田労基署長（日本航空）事件　千葉地裁平成17年９月27日　労判907.46、東京高裁平成18年11月22日　労判929.18）

㊼　長期間深夜交替制で勤務していた梱包作業員が、発症１月前および２月前の時間外労働時間が56.5時間、57時間あったという状況の中で、作業中に急性心筋梗塞で死亡した場合（京都上労基署長（大日本京都物流システム）事件　大阪高裁平成18年４月28日　労判917.5）

㊽　道路舗装工が工事中に脱水状態から熱中症を発症し、肺水腫、肝機能障害、腎不全などの多臓器不全を発症するとともに、その一環として心筋虚血を発症し、これに伴う致死的不整脈が生じて死亡した場合（足立労基署長（日昇舗装興業）

事件　東京地裁平成18年６月26日　労判923.54）

㊾　危険物保安監督者が消防署の立入り検査に対応するため、保管庫に約38キログラムの危険物（樹脂原料）の一斗缶を両手に提げて、約30分の間に約24回にわたり各４メートルの距離を運び、３段に積み上げたという運搬作業中に急性心筋梗塞により死亡した場合（立川労基署長（日本光研工業）事件　東京地裁平成18年７月10日　労判922.42、東京高裁平成19年９月20日）

㊿　広告宣伝物印刷会社のデザイン課長が、直前６月間平均１月当たり75時間を越える時間外労働を行っていたなどの状況の中で、勤務中に突然倒れて虚血性心疾患により死亡した場合（京都下労基署長（晃榮）事件　大阪地裁平成18年９月６日　労判927.33）

(51)　２日間の休業明けに通常どおり出勤して通常どおりの作業をし、その後に久しぶりの残業をした荷役作業に従事していた者が、玉掛け作業終了後に倒れ、致死性不整脈により死亡した場合（大阪西労基署長（藤原運輸）事件　大阪高裁平成18年９月28日　労判925.25）

(52)　直前６月間の１月当たりの平均時間外労働時間がおおむね80時間であった家電販売店のシステム職の労働者が就寝中に急性心筋梗塞により死亡した場合（津労基署長（ミドリ電化）事件　津地裁平成18年９月28日　労判925.36）

(53)　１月平均130時間前後の時間外労働を約１年４月続けていた建築会社の部長が左下肢動脈急性閉塞、Ｓ字結腸壊死を発症して死亡した場合（池袋労基署長（フクダコーポレーション）事件　東京地裁平成19年１月22日　労判939.79、東京高裁平成20年２月28日）

(54)　米国子会社に生産・技術部門担当副社長として出向中の者が、発症前２年間１月当たり80時間前後の時間外労働が常態化していたこと、唯一の日本人技術者であり、かつ生産・技術部門の副社長として、責任ある立場にあったこと、労務管理に腐心していたものの、その成果が上がらず、生産量の改善の見通しが立たない状況の中で、打合せ会議中に突然発作を起こし、くも膜下出血により死亡した場合（大阪中央労基署長（興国鋼線索）事件　大阪地裁平成19年６月６日　労判952.64）

(55)　自動車製造過程の品質検査業務に従事していた労働者が、後工程のチームリーダーらから強い口調で叱責されたこと、小集団活動を含めると１日５時間程度の時間外労働が継続し、発症前１月間におおむね100時間を超える時間外労働があったことなどの状況の中で、終業時刻後工場内の詰所で心停止により死亡した場合（豊田労基署長（トヨタ自動車）事件　名古屋地裁平成19年11月30日　労判951.11）

㊺ システム統合に伴う通帳切替えなどの事務処理の遅れ、新システムに不慣れなことなどに伴う様々な問題が生じ、精神的ストレスが生じていたほか、持ち帰り残業を行っていた銀行支店の営業課長がくも膜下出血により死亡した場合（札幌東労基署長（北洋銀行）事件　札幌高裁平成20年2月28日　労判968.136）

㊻ 直前6月間の1月当たりの休日は3日〜5日で7日間を超える連続勤務は7回あった葬祭の仕出し会社の営業課長がくも膜下出血を発症して死亡した場合（三鷹労基署長（アジサイワールド）事件　東京地裁平成20年3月24日　労判962.14）

㊼ フィリピンやインドネシアに連続して出張した後出張先の東京で作業に従事していたメーカーの海外現地法人の労働者が出張先のホテルでくも膜下出血を発症し死亡した場合（松本労基署長（セイコーエプソン）事件　東京高裁平成20年5月22日　労判968.58）

㊽ 営業所勤務の労働者が時間外労働が80時間を超える月が6月中3月あり、休日出勤もしていたこと、横浜から山梨に車を運転して出張し、営業先回りをしていた中で食事中に突然意識を失い、致死的不整脈により死亡した場合（伊予三島労基署長（福助工業横浜営業所）事件　東京地裁平成20年6月4日　労判968.158）

㊾ 発症前5月間の時間外労働時間の平均が78時間19分である別荘地、リゾートマンションなどの販売関連業務に従事していた者が急性心筋梗塞により死亡した場合（中央労基署長（東急リゾート）事件　東京地裁平成20年6月25日　労判968.143）

㊿ 上司から執拗かつ異常な叱責を頻繁に繰り返され、徹夜作業が連続していた運輸会社子会社の管理部担当者が出血性脳梗塞を発症した場合（亀戸労基署長（千代田梱包）事件　東京高裁平成20年11月12日）

㊂ 取締役営業部長が発症前4月間では1月当たり69時間〜89時間30分の時間外労働があったこと、経験が豊かで有能であった部下が退職したこと、気温摂氏十数度の中50ccバイクで顧客先に赴くなどしていたことなどの状況の中で、狭心症によりした場合（三田労基署長事件　東京地裁平成21年1月8日）

㊃ 業務用食品設備・厨房機器保守・点検会社の製品の修理業務などに従事していた者が発症前3月間は1月当たり約130時間、6月間でも1月当たり約108時間の時間外労働があり、1月当たりの休日数も発症前1月間で1日、6月間でも平均2.3日で、15日前後の連続勤務が常態化していたこと、修理予定については当日の変更が常態化していたこと、勤務日については24時間待機とされ、修理予定を終了した後であっても深夜に緊急の修理要請に応じて修理に赴いていたこと、夏季の30度前後の環境の中冷凍倉庫内において零度前後の環境下で修理業務を行っていたことなどの状況の中で、高血圧性脳溢血を発症して休業した場合（相模原

労基署長事件　横浜地裁平成21年２月26日　労判983.39）

(64)　レンタル会社において１月当たり概ね80時間を超える時間外労働、規則性に欠け１日５時間程度の睡眠時間さえ確保することができない就労実態、店のリニューアルオープンなどが重なっていた店長代理が転職後くも膜下出血により死亡した場合（足立労基署長（クオーク）事件　東京高裁平成23年４月18日　労判1031.16）

イ　精神障害

①　言語、風土、生活習慣、風俗、衛生状態、人種、民俗、宗教などあらゆる面で我が国との差異があるインドに出張中に発生したトラブルにより短期反応精神病ないしは反応性うつ病を発症して自殺した場合（加古川労基署長（神戸製鋼）事件　神戸地裁平成８年４月26日　労判695.31）

②　午後10時過ぎまで勤務することが多く、休日出勤も少なくなく、班長に昇進して30数名を統括する責任者になったプレス加工業務従事者が反応性うつ病を発症して自殺した場合（大町労基署長（サンコー）事件　長野地裁平成11年３月12日　労判764.43）

③　従前から恒常的な時間外労働や残業規制による過密労働があったうえに、二車種の改良設計の期限が重なり、組合の職場委員長への就任、開発プロジェクトの作業日程調整、南アフリカ共和国への出張命令などの状況にあった自動車会社の車両設計課係長がうつ病を発症して自殺した場合（豊田労基署長（トヨタ自動車）事件　名古屋地裁平成13年６月18日　労判814.64、名古屋高裁平成15年７月８日　労判856.14）

④　病院の外科医が直前２年半の１月間の時間外労働時間が最大259.5時間、平均170.6時間であり、オンコール体制や宿直があったなどの状況の中で、うつ病を発症して自殺した場合（土浦労基署長（総合病院土浦協同病院）事件　水戸地裁平成17年２月22日　労判891.41）

⑤　関連企業に単身赴任で出向し、設備係として機械のメンテナンスおよび修理を担当していた食品関連設備設計従事者が仕事内容の変化、引継ぎが円滑でなかったこと、新規機械導入に伴うトラブルの発生などの状況の中で、うつ病を発症して自殺した場合（八女労基署長（九州カネライト）事件　福岡地裁平成18年４月12日　労判916.20、福岡高裁平成19年５月７日　労判943.14）

⑥　電力会社技術者が上司からの指導・しっ責を受けたこと、約１月前に主任に昇格し、その後１月に80時間を超える時間外労働を行っていたことなどなどの状況の中で、うつ病を発症して自殺した場合（名古屋南労基署長（中部電力）事件　名古屋地裁平成18年５月17日　労判918.14、名古屋高裁平成19年10月31日　労判

954.31）

⑦　人手不足の中で多忙を極め、経験が浅いにもかかわらず責任者となるべく指示を受けた無認可保育所の保育士が適応障害を発症して退職後療養中に自殺した場合（加古川労基署長事件　東京地裁平成18年9月4日　労判924.32）

⑧　食品販売会社の23歳の営業職が、取引先の担当者となり、販売価格の決定などの裁量権を与えられ、商談にも基本的には1人で臨み、それに備えての見積や企画提案書の作成等の社内業務もしなければならなくなったこと、取引先の担当者との人間関係をうまく築くことができなかったこと、発注ミスや社用車で交通事故を起こしたこと、売上目標を達成することができなかったこと、時間外労働時間が3月間100時間を超えたことなどの状況の中で、うつ病を発症して自殺した場合（真岡労基署長（関東リョーショク）事件　東京地裁平成18年11月27日　労判935.44）

⑨　病院の小児科医が同僚医師2人が退職意思の表明を行い、日宿直当番の調整問題に対応する必要があったこと、本人も宿直勤務による負担が重かったことなどの状況の中で、うつ病を発症して自殺した場合（新宿労基署長（佼成病院）事件　東京地裁平成19年3月14日　労判941.57）

⑩　カリブ海の小国であるセントヴィンセントに単身赴任中の建築コンサルタント会社の建築施工監理者が、不慣れな生活環境や労働環境の中で在留期間の延長許可が得られないことや政府関係者とのトラブル、直前1月の時間外労働数も月100時間を超えていたなどの状況の中で、うつ病を発症して自殺した場合（八王子労基署長（パシフィックコンサルタンツ）事件　東京地裁平成19年5月24日　労判945.5）

⑪　コンピュータ関連会社の新入社員のシステムエンジニアが休養をとらずに初めての出張に行き、出張直前から11日間連続で勤務していたこと、数日後に納期が迫る中で経験のない困難な業務に追われたこと、出張中ホテルに連泊して作業するという閉塞的な環境に置かれたこと、睡眠時間を削って作業したにもかかわらず納期に間に合わないという状況の中で、うつ状態ないし急性ストレス反応を発症して自殺した場合（福岡中央労基署長（九州テン）事件　福岡地裁平成19年6月27日　労判944.27）

⑫　医薬品の製造販売会社の医療情報担当者が上司とのトラブルなどの状況の中で、うつ病を発症して自殺した場合（静岡労基署長（日研化学）事件　静岡地裁平成19年10月15日　労判950.5）

⑬　環境プラント会社の浄水場所長が所長とサービスセンター長とを兼務することになり、業務量が増え責任が重くなったこと、所長自身が監視および運転操作業

務に従事する必要があり、顧客の意向で現場を離れることができなかったため仕事の裁量性・自由度が低かったこと、信頼できる所長代理が退職することになったこと、上司と意見が合わず、突き放されるような対応をされていたことなどの状況の中で、うつ病を発症し、出張先のホテルで自殺した場合（奈良労基署長（日本ヘルス工業）事件　大阪地裁平成19年11月12日　労判958.54）

⑭　百貨店の課長が巨額の品減りの原因調査を行う中で、うつ病を発症して自殺した場合（中央労基署長（大丸東京店）事件　東京地裁平成20年1月17日　労判961.68）

⑮　農協職員が、配置転換により業務内容が大きく変化したこと、新業務は高度の知識や営業技術を必要とする困難な業務内容である一方、本人には経験がなく、性格的にも全く向かず、過大なノルマを持たされたこと、業績も常に最下位であったこと、職場の支援体制も不十分であったこと、職場内で良好な人間関係を築くことができなかったことなどの状況の中で、うつ病を発症して自殺した場合（福岡東労基署長（粕谷農協）事件　福岡地裁平成20年3月26日　労判964.35、福岡高裁平成21年5月19日　労判993.76）

⑯　工業用部品開発・製造会社の中国工場建屋建設プロジェクトの担当の社員が3回の中国出張を行っていたこと、何度も計画が変更し、プロジェクト自体が遅延していったこと、出張から帰国した日に現地法人への出向が決まったことなどの状況の中で、うつ病を発症して自殺した場合（北大阪労基署長（スターライト工業）事件　大阪地裁平成20年5月12日　労判968.177）

⑰　23歳のパン販売店店員が入社1月後に新規店舗のオープンの準備および開店直後の約2週間の短期間に1日13～15時間の長時間労働を行っていたこと、上司から執拗に厳しく叱責されていたことなどの状況の中で、うつ病を発症して自殺した場合（堺労基署長（モンタボー）事件　大阪地裁平成21年1月14日　労判990.214）

⑱　徳島県から東京の子会社に出向した食品機械・食品包装機械製造会社設計技師が、出向すれば単身赴任になり、育児、家事の負担が全て妻にかかり、家庭的には非常に困った状態になること、出向期間は明示されず、前例からみて長期間にわたることが予想されること、出向先の担当業務が変更すること、出向先では、13日間休日出勤を含め1日も休まず出社し、合計43時間の時間外労働を行ったこと、納期遅れの問題が生じたこと、相談できる上司・同僚もなく周囲の支援体制に乏しい状態にあったことなどの状況の中で、うつ病を発症し、自宅療養して復職後に自殺した場合（江戸川労基署長事件　高松地裁平成21年2月9日　労判990.174）

⑲　コンサルタント会社から子会社の取締役兼北九州事業所長として単身赴任で出向した者が職務上のトラブルを抱える中で、うつ病を発症して自殺した場合（北九州西労基署長（テトラ）事件　東京地裁平成21年2月26日　労判990.163）
⑳　スーパーマーケット鮮魚部に勤務する者が店舗異動後短期間での次の店舗に異動し、新任のチーフに就任し、新装開店準備業務の担当となったこと、新装開店後の売上増を期待される立場に置かれたことなどの状況の中で、気分障害もしくはうつ病を発症して自殺した場合（三鷹労基署長（いなげや）事件　東京地裁平成23年3月2日　労判1027.58）
㉑　ソフトウェア労働者が業務による睡眠障害や希死念慮の症状に苦しんで過量服薬をした結果、急性薬物中毒により死亡した場合（川崎北労基署長（富士通ソーシアルサイエンスラボラトリ）事件　東京地裁平成23年3月25日　労判1032.65）

ウ　腰痛
①　6年にわたってモーターグレーダーの運転に携わってきた運転手が椎間板ヘルニアによる腰痛を発症した場合（福知山労基署長事件　京都地裁昭和48年9月21日　労判253.78、大阪高裁昭和51年4月2日　労判253.76）
②　新聞社のメッキ、製版などの作業員が椎間板ヘルニアによる腰痛を発症した場合（朝日新聞社北海道支社事件　札幌地裁昭和51年12月22日　労判267.20）
③　港湾労働に13年従事してきた労働者が腰痛を発症した場合（北九州西労基署長事件　福岡地裁昭和62年7月10日　労判560.26、福岡高裁平成2年3月27日　労判560.20）
④　通算約10年にわたり、1日平均6時間前後重量約17キログラム（作業時携帯品を加算すると約20.7キログラム）のチェーンソーなどを用いて立木伐採の作業に従事してきた山林労働者が腰痛を発症した場合（池田労基署長事件　徳島地裁平成2年4月18日　労判562.61）
⑤　中学校の給食の調理作業に6年間従事してきた労働者が腰痛を発症した場合（福岡中央労基署長（福岡市学校給食公社）事件　福岡地裁平成3年11月21日　労判598.6、福岡高裁平成5年9月14日　労判646.60）
⑥　3年7月間国内線に、1年間国際線に乗務していた客室乗務員が腰痛を発症した場合（大田労基署長（日本航空）事件　東京高裁平成13年9月25日　労判817.35）

エ　上肢障害
①　タイプ業務に従事してきた女性労働者が職業性頸肩腕症候群が生じ、その悪化によってレイノー現象を伴うにいたった場合（札幌労基署長事件　札幌地裁昭和47年3月31日　労判170.81）
②　工場で英文タイプおよび一般事務に従事していたタイピストが頸肩腕症候群を

発症した場合（高岡労基署長事件　富山地裁昭和54年5月25日　労判324.46）
③　重度精神薄弱児の生活指導・介助などの業務に従事してきた児童指導員が頸肩腕症候群を発症した場合（西宮労基署長（甲山学園）事件　神戸地裁平成元年3月14日　労判537.34）
④　テレックス業務に従事する労働者が手根管症候群を発症した場合（相生労基署長（石川島播磨重工業）事件　神戸地裁平成10年2月13日　労判733.49）
⑤　3年7月間国内線に、1年間国際線に乗務していた客室乗務員が頸肩腕障害を発症した場合（大田労基署長（日本航空）事件　東京高裁平成13年9月25日　労判817.35）

オ　振動障害

重量が10キログラムの防振装置のないチェーンソーを使用して木材の伐採に従事してきた者に手指のしびれ、痛み、頭重感、腰痛などの症状が生じた場合（大曲労基署長（鈴木林業）事件　秋田地裁昭和62年11月30日　労判510.44）

カ　災害性の疾病

①　炭鉱労働者が転倒して胸部を打撲し、傷の治ゆ後に、胸部痛、頭痛、不眠などの症状が生じた場合（山口労災保険審査会事件　山口地裁昭和28年7月30日　労民集4.4.379、広島高裁昭和29年4月8日　労民集5.2.198）
②　沖仲仕が板片が落下して右眼下にあたったことにより右眼閃輝性暗点の症状が生じた場合（兵庫労災保険審査会事件　神戸地裁昭和31年11月14日　労民集7.6.1078）
③　高血圧症の基礎疾病を有する労働者がパネル塀が倒れてきて頭に当たり意識不明となり入院した後左上下肢マヒとなった場合（大阪東労基署長事件　大阪地裁昭和47年6月16日　労判170.81）
④　高血圧症の基礎疾病を有する大工が工事現場で胴木運搬および胴木組み立ての作業中に足をすべらせて転倒した際に頭部に受けた衝撃を契機として脳内出血を引き起こして死亡した場合（和歌山労基署長事件　和歌山地裁昭和52年11月7日　労判286（速報カード）9）
⑤　金属部品の穴あけ作業中に重さ2キログラムのボール盤のハンドルが落下し、頭部を強打したことによりくも膜下出血を起こした場合（王子労基署長（昭和重機）事件　東京高裁平成4年7月30日　労判613.11）
⑥　軽度の高脂血症の基礎疾病をもつ労働者が、香港への研修旅行により疲労が蓄積した状況において、ガソリンを浴びて頭蓋内出血をした場合（丸亀労基署長（農協吉田給油所）事件　高松地裁平成9年1月14日　労判754.83、高松高裁平成10年7月17日　労判754.79）

⑦ 建設工事現場1階で作業していた労働者が、12階から落ちてきた重さ約11キログラムの仮設用電線により首を負傷し、脳脊髄液漏出症を発症し、全身の痛みやしびれで体を動かせない四肢まひ状態となった（和歌山労基署長事件　和歌山地裁平成25年4月16日）

キ　中毒症
① 新聞社で固形鉛を扱う植字の業務に携わってきた植字工が倦怠感、根気喪失などの症状が生じた場合（中央労基署長（毎日新聞社）事件　東京地裁昭和55年11月19日　労判353.15）
② 18年6月間にわたりコールタール揮発物のばく露を受ける作業に従事していた労働者が肺がんで死亡した場合（北九州西労基署長（三菱化成黒崎工場）事件　福岡地裁平成2年3月23日　労判560.32、福岡高裁平成4年3月12日　労判612.80）
③ 工場で二硫化炭素蒸気の暴露を受ける作業に長期間従事していた労働者が動脈硬化症を生じ脳梗塞が発症した場合（八代労基署長（興人）事件　熊本地裁平成7年3月15日　労判677.54）

ク　じん肺
① じん肺患者が腎不全により死亡した場合（室蘭労基署長（村井金物店）事件　札幌地裁平成元年6月28日　労判542.18、札幌高裁平成3年9月30日　労判602.68）
② じん肺管理区分3の決定を受けて治療に当たっていた者が肺がんによる呼吸不全のため死亡した場合（広島中央労基署長事件　広島地裁平成8年3月26日　労判710.63）
③ 約30年間にわたりずい道工事現場などで主に坑夫として粉じん作業などに従事した者がじん肺に罹患した後に肺がんで死亡した場合（広島中央労基署長事件　広島高裁平成13年4月26日）

ケ　喘息
① 電気設備会社で主としてビル工事現場で電気設備工事に従事していた労働者が気管支喘息が悪化して死亡した場合（名古屋東労基署長事件　名古屋地裁平成11年9月13日　労判776.8）
② 気管支喘息が慢性化していた工事の現場監督が、北海道から東京などの親会社の工事現場に出向し、単身赴任で長時間労働に従事するなどの状況の中で、喘息が重症化し、重篤な発作のため死亡した場合（中央労基署長（新太平洋建設）事件　東京地裁平成14年12月12日　労判845.57、東京高裁平成15年9月30日　労判857.91）

③　自動車学校指導員が時間外労働時間が発症1月前は89時間、2月前は71時間であったこと、指定前教習が心理的な負担となっていたことなどの状況の中で、喘息発作を発症して死亡した場合（小樽労基署長事件　札幌地裁平成20年3月21日労判968.185、札幌高裁平成21年1月30日　労判980.5）

コ　その他の疾病

①　工場の従業員食堂の調理師として夜勤を含む輪番制で勤務していた者が夜勤業務連続5日目の午前3時頃食堂厨房内で急性肺炎で死亡した場合（尼崎労基署長（森永製菓塚口工場）事件　大阪高裁平成12年11月21日　労判800.15）

②　貿易会社の営業員が4日間にわたって国内出張をした後、1日おいただけで、外国人社長と共に、有力な取引先である英国会社との取引拡大のために重要な意義を有する海外出張に英国人顧客に同行し、14日間に6つの国と地域を回る日程の下に12日間休日もなく、1日当たりの労働時間が平均約13.1時間である海外出張中にせん孔性十二指腸かいようを発症させた場合（神戸東労基署長（ゴールドリングジャパン）事件　最高裁第一小法廷平成16年9月7日　労判880.42）

❹ 業務災害に対する保険給付の概要

　業務災害について表3―5の右欄の支給事由が発生した場合には、表3―5の左欄の保険給付が行われます。

表3―5　業務災害に対する保険給付の種類

保険給付の種類		支　給　事　由
療養補償給付	療養の給付	業務災害による負傷疾病について、労災病院、労災指定医療機関で療養する場合
	療養の費用の支給	業務災害による負傷疾病について、労災病院、労災指定医療機関以外の医療機関などで療養する場合
休業補償給付		業務災害による負傷・疾病の療養のため労働することができず、賃金を受けられない日が4日以上に及ぶ場合
障害補償給付	障害補償年金	業務災害による負傷・疾病が治ったときに、障害等級第1級から第7級までに該当する障害が残った場合
	障害補償一時金	業務災害による負傷・疾病が治ったときに、障害等級第8級から第14級までに該当する障害が残った場合
遺族補償給付	遺族補償年金	業務災害により死亡した場合（法律上死亡とみなされた場合、死亡と推定された場合を含む）

	遺族補償一時金	遺族補償年金を受け取る遺族がいない場合または遺族補償年金の受給者が受給権を失い、他に遺族補償年金を受けることができる遺族がいない場合ですでに支給された年金の合計額が給付基礎日額（66〜69頁参照）に1,000日を乗じた額に満たないとき
葬祭料		業務災害により死亡した者の葬祭を行う場合
傷病補償年金		業務災害による負傷・疾病が、1年6月を経過した日または同日以後において治っておらず、傷病による障害の程度が傷病等級に該当する場合
介護補償給付		障害補償年金または傷病補償年金の受給者で、介護を要する場合

5 業務災害に対する保険給付と労働基準法の災害補償の義務との関係

　傷病補償年金および介護補償給付を除く業務災害に対する保険給付は、労働基準法に規定する災害補償の事由が生じた場合に、補償を受けることができる本人もしくは遺族または葬祭を行う者、に対し、その請求に基づいて支給されます（労災保険法第12条の8第2項）。

6 療養補償給付

(1) 療養補償給付の支給

　業務災害により、負傷しまたは疾病にかかって、治療などの療養が必要となったときは、療養補償給付が支給されます（労災保険法第13条第1項）。

(2) 給付の範囲

　療養補償給付の範囲は、次のとおりで、政府が必要と認めるものに限られています（労災保険法第13条第2項）。

① 診察

　例えば、外科および眼科の治療を必要とする場合に、外科病院に入院し、その病院で眼科治療ができないために眼科医の往診を受けた場合は保険給付の対象となります（昭和26年1月8日基災収第3001号）。

② 薬剤または治療材料の支給

③ 処置、手術その他の治療

　その他の治療としては、熱気療法、温浴療法、電気療法、レントゲン療法、運動療法、マッサージ療法などの理学療法や医療リハビリテーション、柔道整復師の施

術などが該当しますが、温泉療養は病院などの附属施設で医師の直接指導の下に行われる場合（昭和25年10月6日基発第916号）、医療リハビリテーションについては指定された施設で医師の指示の下に資格を有する理学療法士または作業療法士によって行われる場合（昭和40年5月21日基発第559号）、柔道整復師の施術は応急手当の場合を除き医師の同意を得た場合（昭和31年11月6日基発第754号）に行うことができます。
④　在宅の者に対する医師の医学的管理および訪問看護
⑤　病院・診療所への入院および看護
⑥　移送

(3)　**給付の内容**
　療養補償給付は、被災した者が、独立行政法人労働者健康福祉機構が運営する労災病院または都道府県労働局長が指定した病院、診療所もしくは薬局もしくは訪問看護事業者（(居宅を訪問することによる療養上の世話または必要な診療の補助（訪問看護）の事業を行う者）（指定医療機関）において無料で必要な治療を受けることができる現物給付の制度である「療養の給付」が原則ですが、療養の給付をすることが困難な場合や療養の給付を受けないことについて相当の理由がある場合には、被災した者が指定医療機関以外の医療機関において治療を受け、治療費を自ら医療機関に支払い、その後所轄の労働基準監督署長に請求して給付を受ける「療養の費用の支給」を受けることもできます（労災保険法第13条第1項、第3項、労災保険則第11条、第11条の2）。
　「療養の給付を受けないことについて相当の理由がある場合」とは、負傷・疾病の状態からみて緊急に治療を受けなければならないため指定医療機関以外の医療機関で療養を受ける必要がある場合や最寄りの医療機関が指定医療機関でない場合などをいいますが、広く解釈する取扱いが行われています（昭和41年1月31日基収第73号）。
　なお、指定医療機関においては、それぞれ則様式第1号から第4号までの標札が見やすい場所に掲げられています（労災保険則第11条第3項）。

(4)　**支給期間**
　療養補償給付は、その負傷や疾病が治り、治療を必要としなくなるまで支給されます。「治療を必要としなくなる」とは、症状や障害が残っていても、症状が固まり、それ以上の治療の余地がなくなることをいいます（昭和23年1月13日基災発第3号）。

(5)　**請求の手続**
ア　療養の給付の請求

療養の給付を受けようとする者は、①本人の氏名、生年月日および住所、②事業の名称および事業場の所在地、③負傷または発病の年月日、④災害の原因および発生状況ならびに⑤療養の給付を受けようとする指定医療機関の名称および所在地を記載した「療養補償給付たる療養の給付請求書（様式第5号）」を、療養の給付を受けようとする指定医療機関を経由して所轄の労働基準監督署長に提出しなければなりません。このうち、③および④については、事業主の証明を受けなければなりません（労災保険則第12条第1項、第2項）。

　また、すでに指定医療機関で療養の給付を受けている者が他の指定医療機関に変更する場合には、上記①から④までおよび⑤の療養の給付を受けていた指定医療機関および療養の給付を受けようとする指定医療機関の名称および所在地を記載した「療養補償給付たる療養の給付を受ける指定病院等（変更）届（様式第6号）」を、変更後の指定医療機関を経由して所轄の労働基準監督署長に提出しなければなりません。この場合にも、③および④については、事業主の証明を受けなければなりません（労災保険則第12条第3項、第4項）。

イ　療養の費用の支給の請求

　療養の費用の支給を受けようとする者は、①本人の氏名、生年月日および住所、②事業の名称および事業場の所在地、③負傷または発病の年月日、④災害の原因および発生状況、⑤負傷または疾病の名称および療養の内容、⑥療養に要した費用の額ならびに⑦療養の給付を受けなかった理由を記載した「療養補償給付たる療養の費用請求書（様式第7号(1)）」を所轄の労働基準監督署長に提出しなければなりません。このうち、③および④については事業主の証明を、⑤および⑥については医師その他の診療、薬剤の支給、手当または訪問看護を担当した者（診療担当者）の証明を表3－6の左欄の区分に応じて表3－6の右欄の様式により、それぞれ受けなければなりません（労災保険則第12条第1項、第2項）。

表3－6　診療担当者の証明の様式

診　療　担　当　者	様　　式
薬局から薬剤の支給を受けた場合	様式第7号(2)
柔道整復師から手当てを受けた場合	様式第7号(3)
はり師・きゅう師、あん摩マッサージ指圧師から手当てを受けた場合	様式第7号(4)
訪問看護事業者から訪問看護を受けた場合	様式第7号(5)

　なお、看護・移送などに要した費用がある場合には、当該費用について証明でき

る書類を添付しなければなりません（労災保険則第12条第3項）
　また、マッサージの施術を受けた者は初療の日および初療の日から6月を経過した日ならびに6月を経過した日以降3月ごとに医師の診断書を、はり・きゅうの施術を受けた者は初療の日および初療の日から6月を経過した日に医師の診断書を、初療の日から9月を経過する場合ははり師またはきゅう師の意見書および症状経過表と医師の診断書、意見書を添付する必要があります。

7 休業補償給付

(1) 給付の内容
　業務上の傷病による療養のため休業し、そのために賃金が受けられない場合に休業補償給付が支給されます。
　休業補償給付の額は、1日につき給付基礎日額（66～69頁参照）の60パーセントに相当する額で、休業の第4日目から支給されます。ただし、所定労働時間の一部を休業した場合は、給付基礎日額と実労働時間に対して支払われる賃金との差額の60パーセントの額となります。
　また、休業補償給付を受ける者が同一の事由について厚生年金の障害厚生年金または国民年金の障害基礎年金を受けることができる場合には、障害厚生年金および障害基礎年金が優先支給され、休業補償給付は減額支給されます。減額率は、障害厚生年金および障害基礎年金の両方を受給する場合には27パーセント、障害厚生年金のみを受給する場合には14パーセント、障害基礎年金のみを受給する場合には12パーセントです（労災保険法第14条第2項、別表第1、労災保険令第2条）。
　休業補償給付は、業務上の負傷または疾病による療養のため労働することができないために賃金を受けない日の第4日目から支給され、休業のはじめの3日間は、事業主が労働基準法第76条第1項の規定により、平均賃金の60パーセントの休業補償を行わなければなりません（労災保険法第14条第1項、労働基準法第76条第1項）。

(2) 給付されない場合
　①懲役、禁錮もしくは拘留の刑の執行のためもしくは死刑の言渡しを受けて刑事施設（少年院において刑を執行する場合における当該少年院を含む）に拘置されている場合、②留置施設に留置されて懲役、禁錮若しくは拘留の刑の執行を受けている場合、③労役場留置の言渡しを受けて労役場に留置されている場合、④保護処分として少年院もしくは児童自立支援施設に送致され、収容されている場合または⑤補導処分として婦人補導院に収容されている場合には、休業補償給付は支給されません（労災保険法第14条の2、労災保険則第12条の4）。

(3) 請求の手続

　休業補償給付の給付を受けようとする者は、①本人の氏名、生年月日および住所、②事業の名称および事業場の所在地、③負傷または発病の年月日、④災害の原因および発生状況ならびに⑤平均賃金（平均賃金の算定期間中に業務外の災害による負傷・疾病の療養のための休業期間がある者の平均賃金の額が、当該休業期間を業務上の災害による負傷・疾病の療養のための休業期間とみなして算定した場合の平均賃金の額に満たない場合には、当該休業期間を業務上の災害による負傷・疾病の療養のための休業期間とみなして算定した場合の平均賃金の額。以下同じ）、⑥休業期間、療養期間、負傷・疾病の名称および負傷・疾病の経過、⑦休業期間中に業務上の負傷・疾病による療養のため所定労働時間のうちその一部分についてのみ労働した日がある場合には、その年月日および当該労働に対して支払われる賃金の額、⑧厚生年金保険・国民年金の被保険者資格の有無、⑨障害厚生年金または障害基礎年金が支給される場合には、その年金の種類・支給額・年金支給開始年月日および⑩その他休業補償給付の額の算定の基礎となる事項を記載した休業補償給付支給請求書（様式第8号）を所轄の労働基準監督署長に提出しなければなりません。このうち、③から⑤まで、⑥の休業期間、⑧の厚生年金保険の被保険者資格の有無および⑩については事業主の証明を、⑥の療養期間、負傷・疾病の名称および負傷・疾病の経過については診療担当者の証明を、それぞれ受けなければなりません。また、⑨の障害厚生年金または障害基礎年金が支給される場合には、その支給額を証明することができる書類を添付しなければなりません（労災保険則第13条）。

(4) 受給者の傷病の状態などに関する報告

　1月1日現在療養の開始後1年6月を経過していて、同月の間の休業について休業補償給付の支給を請求する受給者は、負傷・疾病の名称・部位・状態などを記載した報告書に医師・歯科医師の診断書を添えて所轄の労働基準監督署長に提出しなければなりません（労災保険則第19条の2）。

(5) 休業特別支給金

　休業補償給付を受ける者には、休業補償給付の支給の対象となる日について、休業特別支給金が支給されます（220、221頁参照）。

8　障害補償給付

(1) 給付の内容

　業務上の災害により負傷し、または疾病にかかり、その負傷または病気が治ったときに、表1—1の左欄の障害が残った場合（10〜14頁参照）には、障害補償給付

が支給されます。この場合の「治ったとき」とは、症状が安定し、それ以上の治療を行っても治療の余地がなくなったときをいいます（労災保険則別表第1）。

　障害補償給付については、障害の程度に応じて、障害補償年金または障害補償一時金が支給されます（労災保険法第15条第1項）。

(2) **障害等級の認定**

　障害の程度は、表1－1（10～14頁）の左欄の障害について、表1－1の右欄に定める第1級から第14級まで14等級に区分されています（労災保険則第14条第1項、別表第1）。

　このうち、障害補償年金は障害等級の第1級から第7級までに該当するときに支給され、障害補償一時金は障害等級の第8級から第14級までに該当するときに支給されます。

　障害等級は、次により認定されます。

ア　障害等級表に定めのない障害の認定

　表1－1の左欄の障害に該当するものがないときは、これに準じて等級を定めます（労災保険則第14条第4項）。

イ　障害が2つ以上ある場合

　表1－1の右欄の障害等級が第5級以上に該当するものが2つ以上ある場合には重い方の等級を3級繰り上げて算定します。

　同様に、表1－1の右欄の障害等級が第8級以上に該当するものが2つ以上ある場合には重い方の等級を2級、表1－1の右欄の障害等級が第13級以上に該当するものが2つ以上ある場合には重い方の等級を1級、それぞれ繰り上げて算定します（労災保険則第14条第3項）。

　それ以外の障害が2つ以上ある場合は、重い障害の該当する等級が適用されます（労災保険則第14条第2項）。

ウ　既に障害がある者が同一部位について障害の程度を加重した場合

　既に障害のあった者が、負傷・疾病により同一の部位について障害の程度を加重した場合には現在の障害の該当する等級とされ、障害等級が第1級から第7級に該当する者の場合には現在の障害の該当する障害等級に応ずる障害補償給付の額から既にあった障害の該当する障害等級に応ずる障害補償給付の額を差し引いた額が年金として支給され、障害等級が第8級から第14級に該当する者が第1級から第7級に該当するようになった場合には該当する障害等級に応じて定められている年金額から前の障害等級に該当する一時金の25分の1の額を差引いた額が年金として支給されます（労災保険則第14条第5項）。

— 150 —

(3) 障害の程度に変更があった場合の障害等級の決定

　障害補償年金を受ける者の障害の程度に変更があったため、新たに他の障害等級に該当するようになった場合には、新たに該当するようになった障害等級に応ずる障害補償年金または障害補償一時金が支給され、その後は従前の障害補償年金は支給されません（労災保険法第15条の2）。

　この場合には、所轄の労働基準監督署長が障害等級の変更による障害補償給付の変更を決定します（労災保険則第14条の3第1項）。

(4) 給付の額
　ア　障害補償年金の額

　障害補償年金は、障害等級の第1級から第7級に該当する障害（10～14頁参照）に対し、給付基礎日額（66～69頁参照）に表3―7の左欄の等級に応じて表3―7の右欄に定める給付日数を乗じた額が支給されます（労災保険法第15条第2項、別表第1）。

表3―7　障害補償年金の給付日数

障害等級	給付日数
第　1　級	313日
第　2　級	277日
第　3　級	245日
第　4　級	213日
第　5　級	184日
第　6　級	156日
第　7　級	131日

　ただし、障害補償年金を受ける者が同一の事由について厚生年金の障害厚生年金または国民年金の障害基礎年金を受けることができる場合には、障害厚生年金および障害基礎年金が優先支給され、障害補償年金は減額支給されます。減額率は、障害厚生年金および障害基礎年金の両方を受給する場合には27パーセント、障害厚生年金のみを受給する場合には17パーセント、障害基礎年金のみを受給する場合には12パーセントです（労災保険法第15条第2項、別表第1、第2、労災保険令第2条、第4条、第6条）。

　イ　障害補償一時金の額

　障害補償一時金は、障害等級の第8級から第14級に該当する障害（10～14頁参照）

に対し、給付基礎日額（66～69頁参照）に表3―8の左欄の等級に応じて表3―8の右欄に定める給付日数を乗じた額が支給されます（労災保険法第15条第2項、別表第2）。

表3―8　障害補償一時金の給付日数

障害等級	給付日数
第　8　級	503日
第　9　級	391日
第　10　級	302日
第　11　級	223日
第　12　級	156日
第　13　級	101日
第　14　級	56日

(5)　請求の手続
ア　給付を受けるための手続
　障害補償給付の給付を受けようとする者は、①本人の氏名、生年月日および住所、②事業の名称および事業場の所在地、③負傷または発病の年月日、④災害の原因および発生状況、⑤平均賃金、⑥厚生年金保険・国民年金の被保険者資格の有無、⑦障害厚生年金または障害基礎年金が支給される場合には、その年金の種類・支給額・年金支給開始年月日および⑧払込みを希望する金融機関の名称を記載した障害補償給付支給請求書（様式第10号）を所轄の労働基準監督署長に提出しなければなりません。このうち、③から⑤までおよび⑥の厚生年金保険の被保険者資格の有無については、請求人が傷病補償年金を受けていた者であるときを除き、事業主の証明を受けなければなりません。また、負傷・疾病が治ったこと、治った日、治ったときの障害の部位・状態に関する医師・歯科医師の診断書（必要があるときは、治ったときの障害の状態の立証に関するエックス線写真その他の資料）を、⑦の障害厚生年金または障害基礎年金が支給される場合にはその支給額を証明することができる書類を添付しなければなりません（労災保険則第14条の2）。
イ　障害等級の変更による障害補償給付の変更の場合の手続
　障害等級の変更による障害補償給付の変更を受けようとする者は、①年金証書の番号、②労働者の氏名、生年月日および住所ならびに③変更前の障害等級を記載した障害補償給付変更請求書（様式第11号）を所轄の労働基準監督署長に提出しなけ

ればなりません。その際、請求書提出時における障害の部位・状態に関する医師・歯科医師の診断書（必要があるときは、請求書提出時における障害の状態の立証に関するエックス線写真その他の資料）を添付しなければなりません（労災保険則第14条の3第2項、第3項）。

(6) 障害補償年金に関する定期報告など
ア 障害補償年金に関する定期報告
障害補償年金の受給権者は、毎年、被災した者の誕生月が1月から6月までの場合には6月1日から6月30日までに、誕生月が7月から12月までの場合には10月1日から10月31日までに、①受給権者の氏名・住所、②年金たる保険給付の種類および③同一の事由により厚生年金の障害厚生年金または国民年金の障害基礎年金が支給される場合には、その年金の種類・支給額を記載した定期報告書に住民票の写しまたは戸籍の抄本および同一の事由により厚生年金の障害厚生年金または国民年金の障害基礎年金が支給される場合には障害厚生年金または障害基礎年金の支給額を証明することができる書類を添付して、所轄の労働基準監督署長に提出しなければなりません（労災保険則第21条、昭和63年告示第109号）。

イ 変更の届出
障害補償年金の受給権者は、氏名・住所、厚生年金の障害厚生年金または国民年金の障害基礎年金の支給について変更などがあった場合には、遅滞なく、文書で、その旨にその事実を証明できる書類などを添えて所轄の労働基準監督署長に届け出なければなりません（労災保険則第21条の2）。

ウ 金融機関などの変更の届出
障害補償年金の受給権者は、その払込みを受ける金融機関などを変更しようとするときは、払込みを受けることを希望する金融機関などの名称を記載した届書を所轄の労働基準監督署長に提出しなければなりません（労災保険則第21条の3）。

(7) 障害特別支給金および障害特別年金または障害特別一時金
障害補償給付の受給者に対しては、障害特別支給金が一時金として支給されるほか、障害補償年金の受給者に対しては障害特別年金が、障害補償一時金の受給者に対しては障害特別一時金が支給されます（221〜224頁参照）。

(8) 障害補償年金前払一時金
障害補償年金を受ける権利を有する者は、障害補償年金の支給の決定のあった日の翌日から1年以内に1回に限り、障害補償年金について前払いで一時金を支給するよう請求することができます（労災保険法附則第59条第1項、労災保険則附則第26項、第27項）。

障害補償年金前払一時金として請求することができるのは、給付基礎日額（66〜

69頁参照）に表3—9の左欄の障害等級に応じて表3—9の右欄に定める給付日数を乗じた額で、請求に当たっては支給を受けようとする額を示さなければなりません（労災保険則附則第24項、第28項）。

表3—9　障害補償年金前払一時金の額

障害等級	給　付　日　数
第1級	200日、400日、600日、800日、1,000日、1,200日または1,340日
第2級	200日、400日、600日、800日、1,000日または1,190日
第3級	200日、400日、600日、800日、1,000日または1,050日
第4級	200日、400日、600日、800日または920日
第5級	200日、400日、600日または790日
第6級	200日、400日、600日または670日
第7級	200日、400日または560日

　障害補償年金前払一時金が支給された場合には、障害補償年金は、各月分の額（障害補償年金前払一時金が支給された月後最初の障害補償年金の支払期日から1年を経過した以降の分は年5パーセントの単利で割り引いた額）の合計額が、障害補償年金前払一時金の額に達するまでの間支給停止されます（労災保険則附則第30項）。

(9)　**障害補償年金差額一時金**
　障害補償年金を受けている者が死亡した場合に、すでに支給された障害補償年金および障害補償年金前払一時金の額の合計額が給付基礎日額（66〜69頁参照）に表3—10の左欄の等級に応じて表3—10の右欄に定める給付日数を乗じた額に満たないときは、その差額が、その遺族の請求に基づき、障害補償年金差額一時金として支給されます（労災保険法附則第58条第1項）。

表3—10　障害補償年金差額一時金の額

障害等級	給付日数
第　1　級	1,340日
第　2　級	1,190日
第　3　級	1,050日
第　4　級	920日

第 5 級	790日
第 6 級	670日
第 7 級	560日

　障害補償年金差額一時金の支給を受けることができる遺族は、次のアまたはイの遺族で、その順位は、ア、イの順序（アまたはイの遺族の中では、アまたはイの順序）です（労災保険法附則第58条第2項）。
ア　死亡の当時その者と生計を同じくしていた配偶者、子、父母、孫、祖父母および兄弟姉妹
イ　アに該当しない配偶者、子、父母、孫、祖父母および兄弟姉妹
　なお、障害補償年金差額一時金の受給権者には、障害特別年金差額一時金が支給されます（223頁参照）。

9 遺族補償給付

(1) 遺族補償給付の種類など

　業務上の災害により死亡した場合には、遺族補償給付が行われます。遺族補償給付には、遺族補償年金と遺族補償一時金があります（労災保険法第16条）。
　なお、船舶または航空機に乗っていた者が沈没・墜落などの事故により行方不明となり、その生死が3月間わからない場合には、労災保険法上、行方不明になった日に死亡したものと推定されます（69、70頁参照）。
　遺族補償給付は、原則として年金の支給ですが、遺族が死亡した者に扶養されていなかった場合のように年金を受ける資格のないときは一時金の支給となります。

(2) 遺族補償年金

ア　受給資格者など
1）受給資格者の範囲
　遺族補償年金を受給できるのは、死亡した者の配偶者、子、父母、孫、祖父母および兄弟姉妹で労働者が死亡した当時その収入によって生計を維持した者です。
　ただし、妻以外の者の場合は、死亡の当時次の要件に該当する場合に限ります（労災保険法第16条の2第1項、労災保険則第15条）。
①　夫、父母または祖父母については、60歳以上であること。
②　子または孫については、18歳に達する日以後の最初の3月31日までの間にあること。

③ 兄弟姉妹については、18歳に達する日以後の最初の3月31日までの間にあることまたは60歳以上であること。
④ ①から③までの要件に該当しない夫、子、父母、孫、祖父母または兄弟姉妹については、障害等級の第5級以上に該当する障害がある状態または負傷もしくは疾病が治らないで、身体の機能もしくは精神に、労働が高度の制限を受けるか、もしくは労働に高度の制限を加えることを必要とする程度以上の障害がある状態にあること。

「死亡の当時その収入によって生計を維持していたこと」については、その者との同居の事実の有無、その者以外の扶養義務者の有無その他必要な事項を基礎として行われ（労災保険則第14条の4）、死亡当時に、その者の収入によって日常生活の全部または一部を営んでおり、死亡した者の収入がなければ通常の生活水準を維持することが困難となるような関係が常態であったか否かで判断されます（昭和41年10月22日基発第1108号）。このため、例えば、共稼ぎの夫婦も配偶者の他方の収入の一部によって生計を維持していたことになります（昭和41年1月31日基発第73号）。

2）胎児であった子
死亡の当時胎児であった子が出生したときは、将来に向かって、その子は、死亡の当時その収入によって生計を維持していた子とみなされます（労災保険法第16条の2第2項）。

3）遺族補償年金を受ける遺族の順位
遺族補償年金は、受給資格者のうち最先順位者（受給権者）だけが受けることができます。最先順位者が2人以上いる場合には、その全員が受給権者となります。
受給権者となる順位は、次の通りです（労災保険法第16条の2第3項）。
遺族補償年金を受ける遺族の順位は、配偶者、子、父母、孫、祖父母および兄弟姉妹の順です（労災保険法第16条の2第3項、昭和40年改正法附則第43条第1項）。
① 妻または60歳以上もしくは1）④の障害のある夫
② 18歳に達する日以後の最初の3月31日までの間にある子または1）④の障害のある子
③ 60歳以上または1）④の障害のある父母
④ 18歳に達する以後の最初の3月31日までの間にある孫または1）④の障害のある孫
⑤ 60歳以上または1）④の障害のある祖父母
⑥ 18歳に達する以後の最初の3月31日までの間にある兄弟姉妹もしくは60歳以上または1）④の障害のある兄弟姉妹

⑦　55歳以上60歳未満の夫
⑧　55歳以上60歳未満の父母
⑨　55歳以上60歳未満の祖父母
⑩　55歳以上60歳未満の兄弟姉妹

　なお、⑦～⑩の者は、受給権者となった場合でも60歳に達するまでは年金の支給が停止されます（昭和40年改正法附則第43条第3項）。

イ　遺族補償年金の額
1）遺族補償年金の額

　遺族補償年金の額は、給付基礎日額（66～69頁参照）に表3―11の左欄の遺族補償年金を受ける権利を有する遺族およびその者と生計を同じくしている遺族補償年金を受けることができる遺族の人数の区分に応じて表3―11の右欄に定める給付日数を乗じた額です（労災保険法第16条の3第1項、別表第1）。

表3―11　遺族補償年金の額

遺族の数	給付日数
1人	153日（遺族が55歳以上またはア1）④の障害のある妻の場合は175日）
2人	201日
3人	223日
4人以上	245日

　ただし、遺族補償年金を受ける労働者が同一の事由について厚生年金の遺族厚生年金または国民年金の遺族基礎年金もしくは寡婦年金を受けることができる場合には、遺族厚生年金および遺族基礎年金もしくは寡婦年金が優先支給され、遺族補償年金は減額支給されます。減額率は、遺族厚生年金および遺族基礎年金の両方を受給する場合には20パーセント、障害遺族厚生年金のみを受給する場合には16パーセント、遺族基礎年金または寡婦年金のみを受給する場合には12パーセントです（労災保険法第16条の3第1項、別表第1、労災保険令第2条、第4条、第6条）。

　また、遺族補償年金を受ける権利を有する者が2人以上いるときは、その人数で除した額になります（労災保険法第16条の3第2項）。

2）遺族補償年金の額の改定

　遺族補償年金の額の算定の基礎となる遺族の数が増減したときは、その翌月から遺族補償年金の額が改定されます（労災保険法第16条の3第3項）。

　また、遺族補償年金を受ける権利を有する遺族が妻であり、かつ、その妻と生計

を同じくしている遺族補償年金を受けることができる遺族がない場合に、その妻がア1）④の障害のあるときを除き55歳に達したとき、または②55歳以上であるときを除きア1）④の障害の状態になり、もしくは障害の状態でなくなったときには、その翌月から遺族補償年金の額が改定されます（労災保険法第16条の3第4項）。
ウ　遺族補償年金を受ける権利の消滅など
1）遺族補償年金を受ける権利の消滅
　遺族補償年金を受ける権利を有する遺族（受給権者）が次のいずれかに該当したときには、遺族補償年金を受ける権利が消滅し、遺族補償年金を受ける遺族ではなくなります（労災保険法第16条の4第1項）。
① 死亡したとき。
② 結婚したとき。
③ 直系血族または直系姻族以外の者の養子（事実上の養子縁組関係を含む）となったとき。
④ 離縁によって、死亡した者との親族関係が終了したとき。
⑤ 子、孫または兄弟姉妹が18歳に達した日以後の最初の3月31日が終了したとき（労働者の死亡の時から引き続きア1）④の障害の状態にあるときを除く）。
⑥ ア1）④の障害の状態にある夫、子、父母、孫、祖父母または兄弟姉妹が障害の状態でなくなったとき（夫、父母または祖父母が労働者の死亡の当時60歳以上であったとき、子または孫が18歳に達する日以後の最初の3月31日までの間にあるとき、兄弟姉妹が18歳に達する日以後の最初の3月31日までの間にあるかまたは労働者の死亡の当時60歳以上であったときを除く）。

　これに関連して、法律上の妻がいる者の重婚的内縁配偶者も「事実上の婚姻関係」にあるとする裁判例（中央労基署長（松原工業所）事件　東京地裁平成10年5月27日　労判739.65）があります。
　また、遺族の遺族補償年金を受ける権利を有する権利が消滅した場合で、同順位者がなくて後順位者があるときは、次の順位者に遺族補償年金が支給されます（労災保険法第16条の4第1項）。
2）遺族補償年金を受ける権利の失格
　遺族補償年金を受けることができる遺族（受給資格者）が1）①から⑥までのいずれかに該当したときには遺族補償年金を受けることができなくなります（労災保険法第16条の4第2項）。
3）遺族補償年金の受給資格の欠格
　次の者については、遺族補償年金の受給権者および受給資格者ではなくなり、遺族補償年金の支給を受けることができません（労災保険法第16条の9）。

① 労働者を故意に死亡させた者
② 労働者の死亡前に当該労働者の死亡によって遺族補償年金を受けることができる先順位または同順位の遺族となる者を故意に死亡させた者
③ 遺族補償年金を受けることができる先順位または同順位の他の遺族を故意に死亡させた遺族補償年金を受けることができる遺族（この場合には、同順位者がなくて後順位者があるときは、次順位者に遺族補償年金が支給されます）

エ　遺族補償年金の支給の停止

　遺族補償年金を受ける権利を有する者の所在が1年以上明らかでない場合には、遺族補償年金は、同順位者があるときは同順位者の、同順位者がないときは次順位者の①所在不明者の氏名、最後の住所および所在不明となった年月日、②申請人の氏名および住所および③申請人が所在不明者と同順位者であるときは申請人の年金証書の番号を記載した遺族補償年金支給停止申請書（様式第14号）に所在不明者の所在が1年以上明らかでないことを証明することができる書類を所轄の労働基準監督署長に提出することによって、その所在が明らかでない間、その支給が停止されます（労災保険法第16条の5第1項、労災保険則第15条の6）。

　この場合に、同順位者がないときは、その間は、次順位者が先順位者となります（労災保険法第16条の5第1項）。

　遺族補償年金の支給を停止された遺族は、いつでも、申請書および年金証書を所轄の労働基準監督署長に提出することによって、その支給の停止の解除を申請することができます（労災保険法第16条の5第2項、労災保険則第15条の7）。

　この場合には、支給が停止され、またはその停止が解除された月の翌月から、遺族補償年金の額が改定されます（労災保険法第16条の5第3項）。

オ　請求の手続

1）遺族補償年金の給付を受けようとする場合の手続

　遺族補償年金の給付を受けようとする者は、①死亡した者の氏名および生年月日、②請求人および請求人以外の遺族補償年金を受けることができる遺族の氏名、生年月日、住所、死亡した者との関係およびア1）④の障害の状態の有無、③事業の名称および事業場の所在地、④負傷または発病および死亡の年月日、⑤災害の原因および発生状況、⑥平均賃金、⑦死亡した者の厚生年金保険・国民年金の被保険者資格の有無、⑧遺族厚生年金、遺族基礎年金、寡婦年金、遺族年金、母子年金、準母子年金、遺児年金または寡婦年金が支給される場合には、その年金の種類・支給額・年金支給開始年月日および⑨払込みを希望する金融機関の名称を記載した遺族補償年金支給請求書（様式第12号）を所轄の労働基準監督署長に提出しなければなりません。

このうち、④の負傷または発病の年月日、⑤、⑥、⑦の厚生年金保険の被保険者資格の有無については、事業主の証明を受けなければなりません。
　また、①死亡に関して市町村長に提出した死亡診断書、死体検案書もしくは検視調書に記載してある事項についての市町村長の証明書またはこれに代わる書類、②請求人および請求人以外の遺族補償年金を受けることができる遺族と死亡した者との身分関係を証明することができる戸籍の謄本または抄本、③請求人または請求人以外の遺族補償年金を受けることができる遺族が死亡した者と事実上の婚姻関係にあったときは、その事実を証明することができる書類、④請求人および請求人以外の遺族補償年金を受けることができる遺族（死亡の当時胎児であった子を除く）が死亡した者の収入によって生計を維持していたことを証明することができる書類、⑤請求人および請求人以外の遺族補償年金を受けることができる遺族のうち、ア１）④の障害の状態にあることにより遺族補償年金を受けることができる遺族である場合には、その者が死亡の時から引き続きその障害の状態にあることを証明することができる医師・歯科医師の診断書その他の資料、⑥請求人以外の遺族補償年金を受けることができる遺族のうち請求人と生計を同じくしている者については、その事実を証明することができる書類、⑦ア１）④の障害の状態にある妻の場合は、死亡の時以後その障害の状態にあったことおよびその障害の状態が生じ、またはその事情がなくなった時を証明することができる医師・歯科医師の診断書その他の資料、⑧遺族厚生年金、遺族基礎年金、寡婦年金、遺族年金、母子年金、準母子年金、遺児年金または寡婦年金が支給される場合には、遺族厚生年金、遺族基礎年金、寡婦年金、遺族年金、母子年金、準母子年金、遺児年金または寡婦年金の支給額を証明することができる書類を添付しなければなりません（労災保険則第15条の２）。
２）死亡の当時胎児であった子が遺族補償年金の支給を受けようとする場合の手続
　死亡の当時胎児であった子が、死亡による遺族補償年金を受けることができるその他の遺族が既に遺族補償年金の支給の決定を受けた後に遺族補償年金の支給を受けようとするときは、①死亡した者の氏名および生年月日、②請求人の氏名、生年月日、住所、死亡した者との続柄、③請求人と生計を同じくしている遺族補償年金を受けることができる遺族の氏名、④払込みを希望する金融機関の名称を記載した遺族補償年金支給請求書（様式第12号）を所轄の労働基準監督署長に提出しなければなりません。
　請求するに当たっては、①請求人および請求人と生計を同じくしている遺族補償年金を受けることができる遺族と死亡した者との身分関係を証明することができる戸籍の謄本または抄本、②請求人と生計を同じくしている遺族補償年金を受けるこ

とができる遺族がイ1）④の障害の状態にある場合は、死亡の時以後その障害の状態にあったことを証明することができる医師・歯科医師の診断書その他の資料、③請求人と生計を同じくしている遺族補償年金を受けることができる遺族については、その者が請求人と生計を同じくしていることを証明することができる書類を添付しなければなりません（労災保険則第15条の3）。

3）新たに遺族補償年金の受給権者となった場合の手続

　新たに遺族補償年金の受給権者となった者がその先順位者が既に遺族補償年金の支給の決定を受けた後に遺族補償年金の支給を受けようとするときは、①死亡した者の氏名および生年月日、②請求人の氏名、生年月日、住所、死亡した者との関係、③請求人と生計を同じくしている遺族補償年金を受けることができる遺族の氏名、④払込みを希望する金融機関の名称を記載した遺族補償年金転給等請求書（様式第13号）を所轄の労働基準監督署長に提出しなければなりません。

　請求するに当たっては、①請求人および請求人と生計を同じくしている遺族補償年金を受けることができる遺族と死亡した者との身分関係を証明することができる戸籍の謄本または抄本、②請求人と生計を同じくしている遺族補償年金を受けることができる遺族がア1）④の障害の状態にある場合は、死亡の時以後その障害の状態にあったことを証明することができる医師・歯科医師の診断書その他の資料、③請求人と生計を同じくしている遺族補償年金を受けることができる遺族については、その者が請求人と生計を同じくしていることを証明することができる書類を添付しなければなりません（労災保険則第15条の4）。

4）代表者の選任

　遺族補償年金を受ける権利を有する者が2人以上いるときは、世帯を異にするなどやむをえない事情のため代表者を選任することができないときを除き、そのうち1人を遺族補償年金の請求および受領についての代表者として選任し、代表者を選任し、またはその代表者を解任したときは、遅滞なく、その代表者を選任し、または解任したことを証明することができる書類を添付して、遺族補償年金代表者選任（解任）届（年金様式第7号）を所轄の労働基準監督署長に届け出なければなりません（労災保険則第15条の5）。

カ　遺族補償年金に関する定期報告など

1）遺族補償年金に関する定期報告

　遺族補償年金の受給権者は、毎年、死亡した者の誕生月が1月から6月までの場合には6月1日から6月30日までに、誕生月が7月から12月までの場合には10月1日から10月31日までに、①受給権者の氏名・住所、②年金たる保険給付の種類および③同一の事由により厚生年金の遺族厚生年金または国民年金の遺族基礎年金もし

くは寡婦年金が支給される場合にはその年金の種類・支給額、④その者と生計を同じくしている遺族で遺族補償年金を受けることができるものの氏名、⑤受給権者およびその者と生計を同じくしている遺族補償年金を受けることができる遺族のうちア1）④の障害の状態にあることにより遺族補償年金を受けることができる遺族である者のその障害の状態の有無および⑥受給権者である妻の場合は障害の状態の有無を記載した定期報告書に、①受給権者および遺族の戸籍の謄本または抄本、②生計を同じくしている遺族の場合はその者が受給権者と生計を同じくしていることを証明することができる書類、③ア1）④の障害のある遺族および妻についてはその障害の状態に関する医師・歯科医師の診断書および同一の事由により厚生年金の遺族厚生年金または国民年金の遺族基礎年金もしくは寡婦年金が支給される場合には障害厚生年金または障害基礎年金の支給額を証明することができる書類を添付して、所轄の労働基準監督署長に提出しなければなりません（労災保険則第21条、昭和63年告示第109号）。

2）変更の届出

遺族補償年金の受給権者は、氏名・住所、厚生年金の厚生年金の遺族厚生年金または国民年金の遺族基礎年金もしくは寡婦年金の支給について変更などがあった場合には、遅滞なく、文書で、その旨にその事実を証明できる書類などを添付して所轄の労働基準監督署長に届け出なければなりません（労災保険則第21条の2）。

3）遺族補償年金の金融機関などの変更の届出

遺族補償年金の受給権者は、その払込みを受ける金融機関などを変更しようとするときは、払込みを受けることを希望する金融機関などの名称を記載した届書を所轄の労働基準監督署長に提出しなければなりません（労災保険則第21条の3）。

キ　遺族特別支給金および遺族特別年金

遺族補償年金の受給者に対しては、遺族特別支給金が一時金として支給されるほか、遺族特別年金が支給されます（224～226頁参照）。

ク　遺族補償年金前払一時金

遺族補償年金を受ける権利を有する者は、遺族補償年金の支給の決定のあった日の翌日からから1年以内に1回に限り、遺族補償年金について前払いで一時金を支給するよう請求することができます（労災保険法附則第60条第1項、労災保険則附則第33項）。

遺族補償年金前払一時金として請求することができるのは、給付基礎日額（66～69頁参照）に1,000日、800日、600日、400日または200日を乗じた額で、請求に当たっては支給を受けようとする額を示さなければなりません（労災保険則附則第31項、第33項）。

遺族補償年金前払一時金が支給された場合には、遺族補償年金は、各月分の額（遺族補償前払一時金が支給された月後最初の遺族補償年金の支払期日から1年を経過した以降の分は年5パーセントの単利で割り引いた額）の合計額が、遺族補償前払一時金の額に達するまでの間支給が停止されます（労災保険則附則第34項）。

(3) 遺族補償一時金
ア　遺族補償一時金が支給される場合
　遺族補償一時金は、次の場合に支給されます（労災保険法第16条の6第1項）。
① 死亡の当時遺族補償年金を受けることができる遺族がないとき
② 遺族補償年金を受ける権利を有する者の権利が消滅した場合で、他に遺族補償年金を受けることができる遺族がなく、かつ、すでに支給された遺族補償年金の額および遺族補償年金前払一時金の額の合計額が給付基礎日額（66～69頁参照）に1,000日を乗じた額に満たないとき

イ　遺族補償一時金を受けることができる遺族など
1）遺族補償一時金を受けることができる遺族
　遺族補償一時金を受けることができる遺族は次の者で、その順位は、その順序により、②および③の者については、子、父母、孫、祖父母の順位となります（労災保険法第16条の7）。
① 配偶者
② 死亡の当時その収入によって生計を維持していた子、父母、孫および祖父母
③ ②以外の子、父母、孫および祖父母
④ 兄弟姉妹

2）遺族補償一時金の受給資格の欠格
　次の者は、遺族補償一時金の支給を受けることができません（労災保険法第16条の9）。
① 労働者を故意に死亡させた者
② 遺族補償年金を受けることができる遺族を故意に死亡させた者
③ 労働者の死亡前に当該労働者の死亡によって遺族補償年金を受けることができる遺族となる者を故意に死亡させた者

ウ　遺族補償一時金の額
　遺族補償一時金の額は、表3―12の左欄の遺族の区分に応じて表3―12の右欄に定める額です（労災保険法第16条の8、別表第2）。
　遺族補償一時金を受ける権利を有する者が2人以上いるときは、その人数で除した額になります（労災保険法第16条の3第2項）。

表3—12　遺族補償一時金の額

遺　　族	遺族補償一時金の額
アの①のとき	給付基礎日額（66〜69頁参照）に1,000日を乗じた額
アの②のとき	すでに支給された遺族補償年金の額および前払一時金の額の合計額と給付基礎日額に1,000日を乗じた額との差額

エ　請求の手続
1）請求書など
　遺族補償一時金を受けようとする者は、①死亡した者の氏名および生年月日、②請求人の氏名、生年月日、住所、死亡した者との関係、アの①のときには③事業の名称および事業場の所在地、④負傷または発病および死亡の年月日、⑤災害の原因および発生状況ならびに⑥平均賃金を記載した遺族補償一時金支給請求書（様式第15号）を所轄の労働基準監督署長に提出しなければなりません。
　このうち、④の負傷または発病の年月日、⑤および⑥については、死亡した者が傷病補償年金を受けていた場合を除き、事業主の証明を受けなければなりません。
　また、①請求人が死亡した者と事実上の婚姻関係にあったときは、その事実を証明することができる書類、②請求人が死亡した者の収入によって生計を維持していたことを証明することができる書類、アの①の場合には③死亡に関して市町村長に提出した死亡診断書、死体検案書もしくは検視調書に記載してある事項についての市町村長の証明書またはこれに代わる書類および④請求人と死亡した者との身分関係を証明することができる戸籍の謄本または抄本、アの②の場合で請求人が遺族補償年金を受けることができる遺族であったことがないときには⑤請求人と死亡した者との身分関係を証明することができる戸籍の謄本または抄本を添付しなければなりません（労災保険則第16条）。
2）代表者の選任
　遺族補償一時金を受ける権利を有する者が2人以上いるときは、世帯を異にするなどやむをえない事情のため代表者を選任することができないときを除き、そのうち1人を遺族補償一時金の請求および受領についての代表者として選任し、代表者を選任し、またはその代表者を解任したときは、遅滞なく、その代表者を選任し、または解任したことを証明することができる書類を添付して、遺族補償一時金代表者選任（解任）届（年金様式第7号）を所轄の労働基準監督署長に届け出なければなりません（労災保険則第16条）。

オ　遺族特別支給金および遺族特別一時金

　遺族補償一時金の受給者に対しては遺族特別支給金および遺族特別一時金が支給されます（224、226、227頁参照）。

10 葬祭料

(1) 葬祭料の支給

　業務上の災害により死亡した場合には、葬祭を行う者に葬祭料が支給されます（労災保険法第17条）。

　葬祭を行う者は必ずしも遺族とは限りません。葬祭を行う遺族がいなく、事業主が葬祭を行った場合は、事業主に対して葬祭料が支給されます。

(2) 葬祭料の額

　葬祭料の額は、31万5,000円に給付基礎日額（66～69頁参照）に30日を乗じた額を加えた額または給付基礎日額に60日を乗じた額のいずれかのうち高い方の額です（労災保険法第17条、労災保険則第17条）。

(3) 請求の手続

　葬祭料の支給を受けようとする者は、①死亡した者の氏名および生年月日、②請求人の氏名、住所、死亡した者との関係、③事業の名称および事業場の所在地、④負傷または発病および死亡の年月日、⑤災害の原因および発生状況、⑥平均賃金を記載した葬祭料請求書（告示様式第16号）を所轄の労働基準監督署長に提出しなければなりません。

　このうち、④の負傷または発病の年月日、⑤および⑥については、死亡した者が傷病補償年金を受けていた場合を除き、事業主の証明を受けなければなりません。

　また、遺族補償給付の支給の請求書が提出されている場合を除き、死亡に関して市町村長に提出した死亡診断書、死体検案書もしくは検視調書に記載してある事項についての市町村長の証明書またはこれに代わる書類を添付しなければなりません（労災保険則第17条の2）。

11 傷病補償年金

(1) 給付の内容

　傷病補償年金は、業務上災害により、負傷し、または疾病にかかり、その負傷・疾病の療養開始した後1年6月経過した日以降に次のいずれにも該当するときに支給されます（労災保険法第12条の8第3項、労災保険則第18条第1項、別表第2）。

① その負傷または疾病が治っていないこと。
② その負傷または疾病による障害の程度が表3―13の左欄の障害の状態に応じて表3―13の右欄に定める傷病等級に該当すること。

表3―13　傷病等級

障　害　の　状　態	傷病等級
① 神経系統の機能または精神に著しい障害を有し、常に介護を要するもの ② 胸腹部臓器の機能に著しい障害を有し、常に介護を要するもの ③ 両眼が失明しているもの ④ そしゃくおよび言語の機能を廃しているもの ⑤ 両上肢をひじ関節以上で失ったもの ⑥ 両上肢の用を全廃しているもの ⑦ 両下肢を膝関節以上で失ったもの ⑧ 両下肢の用を全廃しているもの ⑨ ①～⑧と同程度以上の障害の状態にあるもの	第1級
① 神経系統の機能または精神に著しい障害を有し、随時介護を要するもの ② 胸腹部臓器の機能に著しい障害を有し、随時介護を要するもの ③ 両眼の視力が0.02以下になっているもの ④ 両上肢を腕関節以上で失ったもの ⑤ 両下肢を足関節以上で失ったもの ⑥ ①～⑤と同程度以上の障害の状態にあるもの	第2級
① 神経系統の機能または精神に著しい障害を有し、常に労務に服することができないもの ② 胸腹部臓器の機能に著しい障害を有し、常に労務に服することができないもの ③ 一眼が失明し、他眼の視力が0.06以下になっているもの ④ そしゃくまたは言語の機能を廃しているもの ⑤ 両手の手指の全部を失ったもの ⑥ ①、②のほか常に労務に服することができないものその他①～⑤と同程度以上の障害の状態にあるもの	第3級

備考1．視力の測定は、万国式試視力表による。屈折異常のあるものについては矯正視力について測定します。
　　2．手指を失ったものとは、母指は指関節、その他の手指は第1指関節以上を失ったものをいいます。

(2) 傷病補償年金の支給の決定など
ア　障害の程度の認定
　傷病補償年金の支給に関する障害の程度については、6月以上の期間にわたって

存する障害の状態により認定されます（労災保険則第18条第2項）。

イ　傷病補償年金に関する届書の提出

　労働基準監督署長は、業務上の負傷・疾病が療養の開始後1年6月を経過した日に治っていないときは、1月以内に、被災した者から①本人の氏名・生年月日・住所、②負傷・疾病の名称・部位・状態、③負傷・発病の日における厚生年金保険・国民年金の被保険者資格の有無、④障害厚生年金または障害基礎年金が支給される場合には、その年金の種類・支給額・年金支給開始年月日および⑤払込みを希望する金融機関の名称を記載した「傷病の状態等に関する届（様式第16号の2）」に、負傷・疾病の状態の立証に関し必要な医師・歯科医師の診断書その他の資料、障害厚生年金または障害基礎年金が支給される場合にはその支給額を証明することができる書類を添付させて提出させます（労災保険則第18条の2第2項～第4項）。

ウ　傷病補償年金の支給の決定

　労働基準監督署長は、休業給付を受けている者が療養開始後1年6月経過したときに、(1)の①および②のいずれにも該当する場合に、傷病補償年金の支給を決定します（労災保険則第18条の2第1項）。

エ　傷病等級の変更による傷病補償年金の変更

　労働基準監督署長は、傷病補償年金を受給している者の障害の程度に変更があったため、新たに表3－13の右欄に定める傷病等級に該当するようになった場合には、傷病等級の変更による傷病補償年金の変更に関する決定を行います（労災保険法第18条の2、労災保険則第18条の3）。

(3) **傷病補償年金の額など**

ア　傷病補償年金の額

　傷病補償年金の額は、給付基礎日額（66～69頁参照）に表3－14の左欄の傷病等級（166頁参照）に応じて表3－14の右欄に定める日数を乗じた額です（労災保険法第18条第1項、別表第1）。

表3－14　傷病補償年金の額

傷病等級	給付日数
第　1　級	313日
第　2　級	277日
第　3　級	245日

　ただし、障害補償年金を受ける者が同一の事由について厚生年金の障害厚生年金

または国民年金の障害基礎年金を受けることができる場合には、障害厚生年金および障害基礎年金が優先支給され、障害補償年金は減額支給されます。減額率は、障害厚生年金および障害基礎年金の両方を受給する場合には27パーセント、障害厚生年金のみを受給する場合には14パーセント、障害基礎年金のみを受給する場合には12パーセントです（労災保険法第18条の2第1項、別表第1、労災保険令第2条、第4条、第6条）。

イ　休業補償給付の不支給

傷病補償年金が支給される場合には、休業補償給付は支給されません（労災保険法第18条第2項）。

ウ　傷病等級の変更による傷病補償年金の変更

傷病等級の変更による傷病補償年金の変更が行われた場合には、新たに該当した傷病等級の傷病補償年金が支給され、従前の傷病補償年金は支給されません（労災保険法第18条の2）。

(4)　労働基準法の解雇制限との関係

業務上負傷し、または疾病にかかった労働者が、負傷・疾病による療養の開始後3年を経過した日に傷病補償年金を受けている場合または療養の開始後3年を経過した日後に傷病補償年金を受けるようになった場合には、解雇を制限している労働基準法第19条第1項の適用については、当該3年を経過した日または傷病補償年金を受けるようになった日に使用者は労働基準法第81条の規定により打切補償を支払ったものとみなされます（労災保険法第19条）ので、それ以降については、使用者は解雇することができます。

(5)　傷病補償年金に関する定期報告など

ア　傷病補償年金に関する定期報告

傷病補償年金の受給権者は、毎年、被災した者の誕生月が1月から6月までの場合には6月1日から6月30日までに、誕生月が7月から12月までの場合には10月1日から10月31日までに、①受給権者の氏名・住所、②年金たる保険給付の種類、③同一の事由により厚生年金の障害厚生年金または国民年金の障害基礎年金が支給される場合にはその年金の種類・支給額および④負傷・疾病による障害の状態を記載した定期報告書に、負傷・疾病による障害の状態に関する医師・歯科医師の診断書および同一の事由により厚生年金の障害厚生年金または国民年金の障害基礎年金が支給される場合には障害厚生年金または障害基礎年金の支給額を証明することができる書類を添付して、所轄の労働基準監督署長に提出しなければなりません（労災保険則第21条、昭和63年告示第109号）。

イ　変更の届出

　傷病補償年金の受給権者は、氏名・住所、厚生年金の障害厚生年金または国民年金の障害基礎年金の支給について変更などがあった場合には、遅滞なく、文書で、その旨にその事実を証明できる書類などを添えて所轄の労働基準監督署長に届け出なければなりません（労災保険則第21条の2）。

ウ　金融機関などの変更の届出

　傷病補償年金の受給権者は、その払込みを受ける金融機関などを変更しようとするときは、払込みを受けることを希望する金融機関などの名称を記載した届書を所轄の労働基準監督署長に提出しなければなりません（労災保険則第21条の3）。

(6) **傷病特別支給金および傷病特別年金**

　傷病補償給付の受給者に対しては、傷病特別支給金が一時金として支給されるほか、傷病特別年金が支給されます（227、228頁参照）。

12　介護補償給付

(1) 給付の内容

　介護補償給付は、障害補償年金または傷病補償年金を受給している者のうち、表3―15の左欄の区分に応じて表3―15の右欄に定める障害により常時介護または随時介護を受けている場合にその介護を受けている間支給されます（労災保険法第12条の8第4項）。

表3―15　介護補償給付の対象となる障害

区　分	障　　　害
常時介護を要する障害	①　神経系統の機能もしくは精神に著しい障害を残し、常に介護を要するものまたは神経系統の機能もしくは精神に著しい障害を有し、常に介護を要するもの ②　胸腹部臓器の機能に著しい障害を残し、常に介護を要するものまたは胸腹部臓器の機能に著しい障害を有し、常に介護を要するもの ③　両眼が失明しているもの、そしゃくおよび言語の機能を廃しているもの、両上肢をひじ関節以上で失ったもの、両上肢の用を全廃しているもの、両下肢をひざ関節以上で失ったもの、両下肢の用を全廃しているものおよびこれらと同程度以上の障害の状態にあるものの障害のうち、①、②と同程度の介護を必要とする状態にあるもの
随時介護を要する障害	①　神経系統の機能もしくは精神に著しい障害を残し、随時介護を要するものまたは神経系統の機能もしくは精神に著しい障害を有し、随時介護

	を要するもの ② 胸腹部臓器の機能に著しい障害を残し、随時介護を要するものまたは胸腹部臓器の機能に著しい障害を有し、随時介護を要するもの ③ 両眼が失明しているもの、そしゃくおよび言語の機能を廃しているもの、両上肢をひじ関節以上で失ったもの、両上肢の用を全廃しているもの、両下肢をひざ関節以上で失ったもの、両下肢の用を全廃しているものおよびこれらと同程度以上の障害の状態にあるものの障害のうち、①、②と同程度の介護を必要とする状態にあるもの

ただし、次の期間については、介護補償給付は支給されません（労災保険法第12条の8第4項）。
① 身体障害者療護施設に入所している期間
② 老人保健施設、特別養護老人ホーム、原爆爆弾被爆者特別養護ホーム、労災特別介護施設に入所している期間
③ 病院または診療所に入院している期間

⑵ **介護補償給付の額**

介護補償給付は、月ごとに支給され、表3―16の左欄および中欄の区分に応じて表3―16の右欄に定める額です（労災保険法第19条の2、労災保険則第18条の3の4）。

表3―16 介護補償給付の額

区 分		介護補償給付の額
常時介護を要する場合	① その月に介護に要する費用を支出して介護を受けた日がある場合（②の場合を除く）	その月に介護に要する費用として支出された費用の額（104,290円が上限）
	② その月に介護に要する費用を支出して介護を受けた日がある場合で介護に要する費用として支出された費用の額が56,600円に満たないとき	56,600円（支給すべき事由が生じた月に介護に要する費用として支出された額が56,600円に満たない場合には、介護に要する費用として支出された額）
	③ その月に介護に要する費用を支出して介護を受けた日がない場合で、親族またはこれに準ずる者による介護を受けた日があるとき	56,600円（支給すべき事由が生じた月に介護に要する費用として支出された額が56,600円に満たない場合には、介護に要する費用として支出された額）
随時介護を要する場合	① その月に介護に要する費用を支出して介護を受けた日がある場合（②の場合を除く）	その月に介護に要する費用として支出された費用の額（52,150円が上限）

	② その月に介護に要する費用を支出して介護を受けた日がある場合で介護に要する費用として支出された費用の額が28,300円に満たないとき	28,300円（支給すべき事由が生じた月に介護に要する費用として支出された額が28,300円に満たない場合には、介護に要する費用として支出された額）
	③ その月に介護に要する費用を支出して介護を受けた日がない場合で、親族またはこれに準ずる者による介護を受けた日があるとき	28,300円（支給すべき事由が生じた月に介護に要する費用として支出された額が28,300円に満たない場合には、介護に要する費用として支出された額）

(3) **請求の手続**

ア 障害補償年金受給権者の請求の時期

　障害補償年金を受ける権利を有する者が介護補償給付を請求する場合には、介護補償給付の請求は障害補償年金の請求と同時かまたは請求をした後に行わなければなりません（労災保険則第18条の3の5第1項）。

イ 給付を受けるための手続

　介護補償給付の給付を受けようとする者は、①本人の氏名、生年月日および住所、②年金証書の番号、③障害の部位および状態ならびに障害に伴う日常生活の状態、④介護を受けた場所、⑤介護に要する費用を支出して介護を受けた日がある場合には、介護を受けた日数および支出した費用の額、⑥請求人の親族またはこれに準ずる者による介護を受けた日がある場合には、介護に従事した者の氏名、生年月日および請求人との関係を記載した介護補償給付支給請求書（告示様式第16号の2の2）に、③に関する医師・歯科医師の診断書、⑤の場合には介護に要する費用を支出して介護を受けた日数および支出した費用の額を証明することができる書類、⑥の場合には介護に従事した者の介護の事実についての申立書を添付して所轄の労働基準監督署長に提出しなければなりません（労災保険則第18条の3の5第2項、第3項）。

第4章
通勤災害

第4章においては、通勤災害に該当する場合および通勤災害に対する保険給付について解説します。

1 通勤災害給付の対象となる者

　労働者および特別加入した者については、原則として通勤災害に関する規定が適用されますが、特別加入した者のうち①自動車を使用して行う旅客または貨物の運送の事業を労働者を使用しないで行うことを常態とする者およびこれらの者が行う事業に従事する者、②漁船による水産動植物の採捕の事業を労働者を使用しないで行うことを常態とする者およびこれらの者が行う事業に従事する者、③特定農作業に従事する者、④指定農業機械作業に従事する者ならびに⑤家内労働に従事する者およびその補助者については、住居と就業の場所との間の往復の実態が明確でないために、通勤災害は対象とはなりません（労災保険法第35条第1項、労災保険則第46条の22の2）。

2 通勤の範囲

(1) 「通勤」とは

　通勤災害は、労働者の通勤による負傷、疾病、障害または死亡をいいます（労災保険法第7条第1項第2号）が、「通勤」とは、労働者が、就業に関し、①住居と就業の場所との間の往復、②一定の就業の場所から他の就業場所への移動および③一定の住居と就業の場所との間の往復に先行し、または後続する住居間の移動を合理的な経路および方法により行うことをいい、業務の性質を有するものは除かれています（労災保険法第7条第2項）。

(2) 住居

　「住居」とは労働者が居住して日常生活の用に供している家屋などの場所で、本人の就業のための拠点となるところをいいます。

　就業の必要性があって、家族の住む場所とは別に就業の場所の近くに単身でアパートを借りたり、下宿をしてそこから通勤しているような場合は、そこが住居になります。また、通常は家族のいる所から出勤するが、別のアパートなどを借りていて、早出や長時間の残業の場合にはそのアパートに泊り、そこから通勤するような場合には、家族のいる住居とアパートの双方が住居に該当します。

また、長時間の残業や、早出出勤、新規赴任、転勤のためなどの勤務上の事情や、交通ストライキなどの交通事情、台風などの自然現象などの不可抗力的な事情により、一時的に通常の住居以外の場所に宿泊するような場合には、やむを得ない事情で就業のために一時的に居住の場所を移していますので、これらの場所も住居に該当します。

　逆に、友人宅で麻雀をし、翌朝そこから直接出勤する場合などは、就業の拠点となっていませんので、住居には該当しません。

　転任などのやむを得ない事情のために同居していた配偶者と別居して単身で生活する者や家庭生活の維持という観点から自宅を本人の生活の本拠地とする合理的な理由のある独身者にとっての家族の住む家屋については、その家屋と就業の場所との間を往復する行為に反復・継続性があるときは住居に該当します（昭和48年11月22日基発第644号）。

　なお、次のような場合には、住居と認められています。
① 夫の看護のため、姑と交替で1日おきに寝泊まりしている病院（昭和52年12月23日基収第981号）
② 長女の出産に際し、その世話をするために泊まり込んだ長女宅（昭和52年12月23日基収1027号）

　また、通勤は住居と就業の場所との間の移動ですので、自宅敷地内の災害は通勤災害とは認められていません（昭和49年3月4日基収第289号）。

(3) 就業の場所

　「就業の場所」とは、業務を開始し、または終了する場所をいいます。

　具体的な就業の場所には、本来の業務を行う場所のほか、物品を得意先に届けてその届け先から直接帰宅する場合の物品の届け先、全員参加で出勤扱いとなる会社主催の運動会の会場などが該当します。

　外勤業務に従事する者で、特定区域を担当し、区域内にある数カ所の用務先を受け持って自宅との間を往復している場合には、自宅を出てから最初の用務先が業務開始の場所であり、最後の用務先が、業務終了の場所になります（昭和48年11月22日基発第644号）。

　なお、通勤は住居と就業の場所との間の移動ですので、事業場構内の災害は通勤災害とは認められていません（昭和49年4月9日基収第314号、昭和51年1月10日基収第3941号）。

(4) 一定の就業の場所から他の就業場所への移動

　(1)②の「一定の就業の場所から他の就業場所への移動」に該当するのは、①労災保険関係が成立している事業の就業の場所、②中小事業主およびその家族従事者な

ど、一人親方その他の自営業者およびその事業に従事する者および特定作業従事者の特別加入者の就業の場所ならびに③地方公務員災害補償法、国家公務員災害補償法または船員保険法による通勤災害保護対象となる勤務場所または就業の場所から他のこれらの就業場所に移動する場合をいい、複数就業者が特定の就業の場所から他の就業の場所に移動することがこれに該当します（労災保険則第6条、昭和48年11月22日基発第644号）。

⑸　一定の住居と就業の場所との間の往復に先行し、または後続する住居間の移動の移動

　⑴③の「一定の住居と就業の場所との間の往復に先行し、または後続する住居間の移動」に該当するのは、その移動が次のいずれかに該当する者によって行われる場合をいい、単身赴任者が赴任先の住所と帰省先の住所間を移動することがこれに該当します（労災保険則第7条、昭和48年11月22日基発第644号）。

ア　転任に伴い、転任の直前の住居と就業の場所との間を日々往復することが往復の距離などを考慮して困難となったため住居を移転した者で、次のいずれかのやむを得ない事情により、転任の直前の住居に居住している配偶者と別居しているもの

①　配偶者が要介護状態（負傷、疾病または身体上もしくは精神上の障害により、2週間以上の期間にわたり常時介護を必要とする状態）にある者または配偶者の父母もしくは同居の親族を介護すること。

②　配偶者が学校、専修学校もしくは各種学校に在学し、または職業訓練を受けている同居の18歳に達する日以後の最初の3月31日までの間にある子を養育すること。

③　配偶者が、引き続き就業すること。

④　配偶者が、労働者または配偶者が所有する住宅を管理するため、引き続きその住宅に居住すること。

⑤　その他配偶者が引き続き特定の医療機関において治療を受けざるを得ない子を養育すること、配偶者が引き続き特定の医療機関において治療を受けざるを得ないこと、配偶者が要介護状態にあり、引き続き転任の直前まで日常生活を営んでいた地域において介護を受けざるを得ないこと、配偶者が学校、専修学校もしくは各種学校に在学し、または職業訓練を受けていることなど配偶者が同居できないと認められる①から④までに類する事情があること。

イ　転任に伴い、転任の直前の住居と就業の場所との間を日々往復することが往復の距離などを考慮して困難となったため住居を移転した配偶者がない者で、次のいずれかのやむを得ない事情により、転任の直前の住居に居住している子と別居

しているもの
① 子が要介護状態にあり、引き続き転任の直前まで日常生活を営んでいた地域において介護を受けなければならないこと。
② 18歳に達する日以後の最初の3月31日までの間にある子が学校、専修学校もしくは各種学校に在学し、または職業訓練を受けていること。
③ その他子が引き続き特定の医療機関において治療を受けざるを得ないことなど子が同居できないと認められる①または②に類する事情があること。
ウ 転任に伴い、転任の直前の住居から就業の場所との間を日々往復することが往復の距離などを考慮して困難となったため住居を移転した配偶者および子がない者で、次のいずれかのやむを得ない事情により、転任の直前の住居に居住している要介護状態にあり、かつ、介護していた父母または親族と別居しているもの
① 父母または親族が、引き続き転任の直前まで日常生活を営んでいた地域において介護を受けなければならないこと。
② その他同居介護していた要介護状態にある父母または親族が転任の直前まで日常生活を営んでいた地域の特定の医療機関において引き続き治療を受けざるを得ないことなど父母または親族が同居できないと認められる①に類する事情があること。
エ その他①転任後さらに転任をし、最初の転任の直前の住居から直近の転任の直後の就業の場所に通勤することが困難な者、②転任後配偶者などが転任直前の住居から引っ越した場合にアからウまでのいずれかのやむを得ない事情が引き続いており、引っ越し後の住居と転任直後の就業の場所との間を日々往復することが困難な者、③転任の直前の住居から転任の直後の就業の場所へ通勤することが困難ではないが、職務の性質上、就業の場所に近接した場所に居住することが必要なため、住居を移転し、アからウまでの別居している者、④配偶者などを一旦帯同して赴任したが、学校に入学する子を養育するなどのやむを得ない事情により、配偶者などが再び転任直前の住居に居住することとなり別居している者などアからウまでに類する労働者

　なお、「転任」とは、企業の命を受け、就業する場所が変わることをいい、就業していた場所が移転した場合も該当します。
　また、「距離などを考慮して困難」については、転任直前の住居と就業の場所との間の距離について最も経済的かつ合理的と認められる通常の経路で判断し、具体的には、その経路について、徒歩による測定距離や鉄道運送事業者の鉄道旅客貨物運賃算出表の距離などを組み合わせた距離が60キロメートル以上の場合または、60キロメートル未満でも移動方法、移動時間、交通機関の状況などから判

断して60キロメートル以上の場合に相当する程度に通勤が困難である場合がこれに該当します。

「常時介護を要する状態」とは、次のいずれかに該当する場合をいいます。

① 表4—1の第1欄の項目のうち、表4—1の第4欄の全部介助が1項目以上および表4—1の第3欄の一部介助が2項目以上あり、かつその状態が継続していること。

表4—1　日常生活動作

項目	自分で可	一部介助	全部介助
歩行	杖などを使用し、かつ、時間がかかっても自分で歩ける。	付添いが手や肩を貸せば歩ける。	歩行不可能
排泄	自分で昼夜とも便所でできる。自分で昼は便所、夜は簡易便器を使ってできる。	介助があれば簡易便器でできる。夜間はおむつを使用している。	常時おむつを使用している。
食事	スプーンなどを使用すれば自分で食事ができる。	スプーンなどを使用し、一部介助すれば食事ができる。	臥床のままで食べさせなければ食事ができない。
入浴	自分で入浴でき、洗える。	自分で入浴できるが、洗うときだけ介助を要する。浴槽の出入りに介助を要する。	自分でできないので、全て介助しなければならない。特殊浴槽を使っている。清拭を行っている。
着脱衣	自分で着脱できる。	手を貸せば、着脱できる。	自分でできないので全て介助しなければならない。

② 表4—2の第1欄の項目のうちいずれか1項目が、表4—2の第2欄の重度または表4—2の第3欄の中度に該当し、かつ、その状態が継続していること。

表4—2　問題行動

項目	重度	中度	軽度
攻撃的行為	人に暴力をふるう。	乱暴なふるまいを行う。	攻撃的な言動を吐く。

自傷行為	自殺を図る。	自分の体を傷つける。	自分の衣服を裂く、破く。
火の扱い	火を常にもてあそぶ。	火の不始末が時々ある。	火の不始末をすることがある。
徘　　徊	屋外をあてもなく歩きまわる。	家中をあてもなく歩きまわる。	時々部屋内でうろうろする。
不穏興奮	いつも興奮している。	しばしば興奮し騒ぎたてる。	ときには興奮し騒ぎたてる。
不潔行為	糞尿をもてあそぶ。	場所を構わず放尿、排便をする。	衣服などを汚す。
失　　禁	常に失禁する。	時々失禁する。	誘導すれば自分でトイレに行く。

⑹　「住居」から「就業の場所」に関する裁判例

　「住居」から「就業の場所」に関して、自宅に家族を残し働いていた工事現場に近い寮で単身赴任している者が、休日を利用して自宅に帰省し、休日の前日の午後寮に戻る途中で遭遇した災害は、「就業に関して」、「住居」から「就業の場所」に向かっていたときに被災したもので、通勤災害に該当するとする裁判例（能代労基署長（日動建設）事件　秋田地裁平成12年11月10日　労判800.49、高山労基署長事件　名古屋高裁平成18年３月15日　労判914.5）があります。

⑺　就業に関し

　「就業に関し」とは、住居と就業の場所との間などを移動することをいい、業務に就くため、あるいは業務を終えたことに伴うものであることを必要とします。つまり、通勤と認められるためには、住居と就業の場所との間などの移動が業務と密接な関連をもって行われることが必要です。

　ア　業務の範囲

　　就業に関しては、労働者が業務に従事することになっていたか否かまたは現実に業務に従事したか否かが問題となります。

　　所定の就業日に所定の就業場所で所定の作業を行うことが業務であることは問題がありませんが、このほか、次のような場合には、業務になります（昭和48年11月22日基発第644号）。

①　事業主の命によって物品を届けに行く場合
②　全職員について参加が命じられ、参加すると出勤扱いとされるような会社主催の行事に参加する場合

③　事業主の命をうけて得意先を接待し、あるいは得意先との打合せに出席する場合
④　会社のレクリエーション行事に厚生課員が仕事としてその行事の運営にあたる場合
⑤　労働組合に雇用されている専従役職員が労働組合大会に出席するような場合
　一方、次のような場合には、業務にはなりません（昭和48年11月22日基発第644号）。
①　休日に会社の運動施設を利用しに行く場合
②　会社主催ではあるが参加するか否かが任意とされている行事に参加する場合
③　事業主の命によって拘束されない同僚との懇親会、同僚の送別会への参加
④　一般の組合員が労働組合大会に出席する場合
イ　出勤
　出勤の就業との関連性については、所定の就業日に所定の就業開始時刻を目途に住居を出て就業の場所へ向う場合は、寝すごしによる遅刻、ラッシュを避けるための早出など時刻的に若干の前後があっても就業との関連性があります。
　また、日々雇用される労働者が①継続して同一の事業に就業していて就業することが確実である場合や②公共職業安定所などでその日の紹介を受けた後に紹介先へ向う場合でその事業で就業することが見込まれるときには、当該事業への出勤は就業との関連性があります。
　一方、運動部の練習に参加するなどの目的で、①午後の遅番の出勤者であるにもかかわらず、朝から住居を出るなど所定の就業開始時刻とかけ離れた時刻に会社に行く場合や②第2の就業場所にその所定の就業開始時刻と著しくかけ離れた時刻に出勤する場合には、業務以外の目的のために行われるものですので、就業との関連性はありません。
　また、日々雇用される労働者が公共職業安定所などでその日の紹介を受けるために住居から公共職業安定所などまで行く行為は、未だ就職できるかどうか確実でない段階であり、職業紹介を受けるための行為で、就業のための出勤行為ではありません（昭和48年11月22日基発第644号）。
ウ　退勤
　退勤の就業との関連性については、①終業後ただちに住居へ向う場合や②所定の就業時間終了前に早退をする場合、③昼休みなど就業の時間の間に相当の間隔があって帰宅するような場合には、就業との関連性があります。
　また、業務の終了後、事業場施設内で囲碁、麻雀、サークル活動、労働組合の会合に出席をした後に帰宅するような場合には、社会通念上就業と帰宅との直接的関

連を失わせるほど長時間となるときを除き、就業との関連性があります（昭和48年11月22日基発第644号）。

エ　帰省先住居と赴任先住居との移動

　帰省先住居から赴任先住居への移動については、業務に就く当日または前日に行われた場合は就業との関連性がありますが、前々日以前に行われた場合は、交通機関の状況などの合理的理由があるときに限り就業との関連性があります。

　同様に、赴任先住居から帰省先住居への移動についても、業務に従事した当日またはその翌日に行われた場合は就業との関連性がありますが、翌々日以後に行われた場合は、交通機関の状況などの合理的理由があるときに限り就業との関連性があります（昭和48年11月22日基発第644号）。

オ　「就業に関し」に関する事例

　次のような場合には、就業と関連すると判断されています。

① 　終業後事業場施設内で約55分慰安会を行った後帰宅する場合（昭和49年8月28日基収第2533号）
② 　終業後事業場施設内で約2時間5分労働組合の用務後帰宅する場合（昭和49年11月15日基収第1881号）
③ 　始業前の労働組合の集会に参加するため、通常より約1時間30分早く会社に向かった場合（昭和52年9月1日基収第793号）
④ 　会社の実質的支配下にあった管理者会に駅助役が参加した帰途の場合（大河原労基署長（JR東日本白石電力区）事件　仙台地裁平成9年2月25日　労判714.35）

　一方、次のような場合には、就業とは関連しないと判断されています。

① 　終業後事業場施設内で約2時間50分サークル活動を行った後帰宅する場合（昭和49年9月26日基収第2023号。サークル活動を行った時間が長すぎる）
② 　タクシー乗務員としての業務終了後、朝食、仮眠、労組の執務などを行い、計9時間以上も経過している場合（川崎南労基署長事件　東京地裁平成19年12月18日　労判958.87）
③ 　病院長が病院職員の慰労と懇親を図る趣旨のもと、職員の自発的な企画に基づき、業務時間終了後に割烹店に移動して行われた職員との食事会に参加した後帰宅する場合（砺波労基署長事件　大阪地裁平成20年4月30日　労判961.83。食事会への参加が病院の業務運営のためのものではなく、帰宅も業務終了後3時間を超える時間が経過した後に開始されている）
④ 　会社支社の月1回の主任会議終了後に支社内の会議室で行われる酒類の提供を伴う会合に出席した後帰宅する場合（中央労基署長事件　東京高裁平成20年6月25日　労判964.16。業務性のある参加は午後7時頃には終わっており、帰途につ

いたのが午後10時半頃である）

(8) 合理的な経路および方法

「合理的な経路および方法」とは、移動の場合に一般に用いる経路および手段などをいいます。

ア　経路

次のような経路が合理的な経路となります。

① 乗車定期券に表示され、あるいは、会社に届け出ている鉄道、バスなどの通常利用する経路および通常これに代替することが考えられる経路
② タクシーなどを利用する場合に、通常利用することが考えられる経路が2、3あるときのそれらの経路
③ 道路工事、デモ行進など当日の交通事情により迂回する経路、マイカー通勤者が貸切の車庫を経由して通る経路など通勤のためにやむを得ずとる経路
④ 他に子供を監護する者がいない共稼労働者が託児所、親せきなどに預けるためにとる経路

これに対して、次のような場合には、合理的な経路ではありません。

① 特段の合理的な理由もなく著しく遠まわりとなる経路をとる場合
② 鉄道線路、鉄橋、トンネルなどを歩行して通る場合

イ　方法

鉄道、バスなどの公共交通機関を利用する場合、自動車、自転車などを本来の用法に従って使用する場合、徒歩の場合など通常用いられる交通方法は、その労働者が平常用いているか否かにかかわらず一般に合理的な方法となります。

これに対して、免許を一度も取得したことのないような者が自動車を運転する場合、自動車、自転車などを泥酔して運転するような場合には、合理的な方法には該当しません。

なお、飲酒運転の場合、単なる免許証不携帯、免許証更新忘れによる無免許運転の場合などは、必ずしも合理的な方法には該当しないということではありませんが、このような場合には給付制限が行われることがあります。

ウ　合理的な経路に関する事例

次のような場合には、合理的な経路と認められています。

① 通常利用しているバスのストライキのため、最寄りの駅を利用するため、通常通勤する経路の逆方向に歩く場合（昭和49年3月1日基収第260号）
② マイカー通勤者が、勤務する事務所を450メートルほど離れた妻の勤務先で妻を下車させ、勤務する事務所に戻る場合（昭和49年3月4日基収第289号）

一方、町立中学の音楽担当の臨時講師で音楽祭に参加する生徒の合唱の練習指導

をしていた者が年休を取得したうえで、指導の実をあげるために、自宅から原付自転車で他市内にあるピアノ教師方におもむき、ピアノ伴奏のレッスンを受けた後予定されていた合唱の練習の指導のため原付自転車で同校に向う途中の事故で死亡した場合には、合理的な経路とは認められていません（地公災基金高知県支部事件高松高裁昭和61年12月10日。通勤届の経路が16キロメートルであったのに対して実際の経路が70キロメートルあり、当該経路は通勤届の経路と比べて著しく距離が長く、かつ所要時間もはるかに長時間を要する）。

(9) 業務の性質を有するもの
ア 「業務の性質を有するもの」の範囲

「業務の性質を有するもの」とは、就業に関し、住居と就業の場所との間を、合理的な経路および方法により移動する行為ですが、その移動する行為による災害が業務災害と解されるものをいいます。

例えば、事業主の提供する専用交通機関を利用して行う通勤や突発的な事故などによる緊急用務のため休日または休暇中に呼出しを受け、予定外に緊急出勤する場合にその途上で災害に被災した場合などが該当します（昭和48年11月22日基発第644号）。

イ 「業務の性質を有するもの」に関する事例

交通の不便な山間僻地の発電所に勤務している電力会社の社員が、通常の通勤日にバスに乗り遅れたため自己所有の原動機付きの自転車を運転して自宅を出て出勤する途中に県道から転落して死亡した事故について、通勤途中の災害ではあるが、労働者が使用者の支配管理下におかれているとみられる特別の事情のもとにおいて生じたものであるとして、「業務の性質を有するもの」と判断されています（橋本労基署長事件　最高裁第二小法廷昭和54年12月7日　労判344.19、大阪高裁昭和53年11月30日　労判309.25）。

3 通勤の範囲から除外される場合

(1) 逸脱および中断

往復の経路を逸脱し、または往復を中断した場合には、逸脱または中断の間およびその後の往復は原則として通勤とはなりません（労災保険法第7条第3項）。

「逸脱」とは、通勤の途中において就業または通勤とは関係のない目的で合理的な経路をそれることをいい、「中断」とは、通勤の経路上において通勤とは関係のない行為を行うことをいいます。

例えば、退勤の途中で麻雀を行う場合、映画館に入る場合、飲食店などで飲酒す

る場合、デートのため長時間にわたってベンチで話しこんだり、経路からはずれる場合が該当します。

　しかし、①経路の近くにある公衆便所を使用する場合、②帰途に経路の近くにある公園で短時間休息する場合、③経路上の店でタバコ、雑誌などを購入する場合、④駅構内でジュースの立飲みをする場合、⑤経路上の店で渇きを癒すため極く短時間、お茶、ビールなどを飲む場合、⑥経路上で商売している大道の手相見、人相見に立寄って極く短時間手相や人相をみてもらう場合など通常経路の途中で行う些細な行為を行う場合には、逸脱、中断には該当しません。

　ただし、①飲食店などで長時間にわたって腰を落ち着ける場合、②経路からはずれまたは門戸を構えた観相家のところで、長時間にわたり、手相、人相などをみてもらう場合などは、逸脱、中断に該当します（昭和48年11月22日基発第644号）。

　なお、通勤途上で運行不能となった先行車を救助することは逸脱、中断には該当しません（昭和49年5月26日基収第2881号）が、次のような場合には逸脱、中断に該当します。

① 　通勤途中で展覧会場に立ち寄った場合（昭和49年11月27日基収第3051号）
② 　帰路に喫茶店に立ち寄った場合（昭和49年11月15日基収第1867号）
③ 　業務終了後に慰労会に参加した場合（昭和49年8月28日基収第2533号）
④ 　就業の場所から徒歩による退勤途中に、夕食の材料などを購入する目的で自宅と反対方向にある商店に向かって40数メートル歩行した場合（札幌中央労基署長（札幌市農業センター）事件　札幌高裁平成元年5月8日　労判541.27）
⑤ 　通勤の経路上において通勤とは関係のない飲酒行為を行った場合（立川労基署長（エムシー・エレクトロニクス）事件　東京地裁平成14年8月21日　労判840.94）

(2) 日用品の購入その他これに準ずる日常生活上必要な行為をやむを得ない事由により行うための最小限度のもの

　逸脱、中断の間およびその後の移動は原則として通勤には該当しませんが、逸脱・中断が日用品の購入その他これに準ずる行為など次の日常生活上必要な行為をやむを得ない事由により最小限度の範囲で行う場合には、逸脱、中断の後、合理的な経路に復した後は通勤に該当します（労災保険法第7条第3項、労災保険則第8条）。

ア　日用品の購入その他これに準ずる行為

　①帰途で惣菜などを購入する場合、②独身者が食堂に食事に立ち寄る場合、③クリーニング店に立ち寄る場合などが該当します。

　特定の就業の場所から他の就業の場所に移動する場合には、①次の就業場所の始

業時間との関係から食事に立ち寄る場合、②図書館などにおいて業務に必要な情報収集などを行う場合なども該当します。

また、赴任先の住所と帰省先の住所間を移動する場合には、①長距離を移動するために食事に立ち寄る場合、②マイカー通勤のための仮眠を取る場合なども該当します。

イ　公共職業能力開発施設において行われる職業訓練、学校において行われる教育その他これらに準ずる職業能力の開発向上に資する教育訓練を受ける行為

職業能力開発総合大学校における職業訓練や専修学校における教育が該当します。

一方、各種学校における教育については、就業期間が1年以上であって、課程の内容が一般的に職業に必要な技術、例えば、工業、医療、栄養士、調理師、理容師、美容師、保母教員、商業経理、和洋裁などに必要な技術を教授するものは該当しますが、茶道、華道などの課程または自動車教習所もしくは予備校の課程は該当しません。

ウ　選挙権の行使その他これに準ずる行為

①選挙権の行使、②最高裁判所裁判官の国民審査権の行使、③住民の直接請求権の行使などが該当します。

エ　病院または診療所において診察または治療を受けることその他これに準ずる行為

病院または診療所において通常の医療を受ける行為に限らず、人工透析など比較的長時間を要する医療を受けることも該当します。また、施術所において、柔道整復師、あん摩マッサージ指圧師、はり師、きゅう師などの施術を受ける行為も該当します。

オ　要介護状態にある配偶者、子、父母、配偶者の父母ならびに同居し、かつ、扶養している孫、祖父母および兄弟姉妹の継続的にまたは反復して行われる介護

例えば、妻の父に対して同居する義兄または妻による介護のできない時間帯において介護する場合（羽曳野労基署長事件　大阪地裁平成18年4月12日　労判920.77、大阪高裁平成19年4月18日　労判937.14）です。

なお、「やむを得ない事由により」とは、日常生活の必要のあることをいい、「最小限度のもの」とは、逸脱または中断の原因となった行為の目的達成のために必要とする最小限度の時間、距離などをいいます（昭和48年11月22日基発第644号）。

また、次のような場合には、日用品の購入その他これに準ずる日常生活上必要な行為をやむを得ない事由により行うための最小限度に該当しません。

①　帰宅途中で展覧会場に立ち寄った場合（昭和49年11月27日基収第3051号）

② 帰宅途中で喫茶店に立ち寄った場合（昭和49年11月15日基収第1867号）
③ 妻帯者が通勤途中で食事をとる場合（昭和49年8月28日基収第2105号）

4 通勤による災害

(1) 「通勤による」の意義

　通勤災害は、労働者の通勤による負傷、疾病、障害または死亡をいいます（労災保険法第7条第1項第2号）。

　「通勤による」とは通勤と相当因果関係のあること、つまり、通勤に通常伴う危険が具体化したことをいいます。

　具体的には、通勤の途中において、①自動車にひかれた場合、②電車が急停車したため転倒してけがをした場合、③駅の階段から転落した場合、④歩行中にビルの建設現場から落下してきた物体により負傷した場合、⑤転倒したタンクローリーから流れ出す有害物質により急性中毒にかかった場合など一般に通勤中に発生した災害は通勤によるものです。

　しかし、自殺の場合、その他被災者の故意によって生じた災害、通勤の途中で怨恨でけんかをしかけて負傷した場合などは、通勤をしていることが原因となって災害が発生したものではないので、通勤災害には該当しません（昭和48年11月22日基発第644号）。

(2) 通勤による疾病の範囲

　通勤による疾病とは、通勤による負傷に起因する疾病その他通勤に起因することの明らかな疾病をいいます（労災保険法第22条第1項、労災保険則第18条の4）。

(3) 「通勤による」に関する事例

　次のような場合には、「通勤による」に該当します。

① 女性労働者が夜遅い時間に暗く人通りの少ない大都市周辺の住宅散在地域において、ひったくりや暴漢に襲われた場合（昭和49年3月4日基収第69号、昭和49年6月19日基収第1276号）
② 自動車通勤者が通行の妨げになるオートバイを道端に移動しようとして負傷した場合や大雨により浸水した道路を帰宅途中に転倒して、溺死した場合（昭和50年4月7日基収第3086号）
③ マイカー通勤者が帰宅途中、同僚を乗せようとした際強風のため手をドアに挟まれた場合や前の自動車の発進を促すためクラクションを鳴らしたことに立腹した者に射殺された場合（昭和52年12月23日基収第1032号）
④ 出勤途中野犬にかまれた場合（昭和53年5月30日基収第1172号）

⑤ ビルの屋上から落下してきた人の巻き添えになった場合（昭和56年10月9日昭55第119号）

一方、次のような場合には、「通勤による」に該当しません。
① オウム真理教の信者らにより危険な人物と目されて計画的に通勤途上で殺害された場合で犯行が通勤途上に行われたのは単なる機会として選択されたに過ぎないとき（大阪南労基署長（オウム通勤災害）事件　大阪高裁平成12年6月28日、最高裁第二小法廷平成12年12月22日　労判798.5）
② 体質的素因に基因して脳内出血が発症し、退勤の途次であったことが傷病の「機会原因」に過ぎない場合（名古屋北労基署長（大東運送）事件　名古屋地裁昭和62年3月9日　労判510.84）

5 通勤災害に対する給付の概要

通勤災害の場合にも、業務上災害に対する保険給付と同様の保険給付が行われ、通勤災害について表4―3の右欄の支給事由が発生した場合には、表4―3の左欄の保険給付が行われます。

表4―3　通勤災害に対する保険給付の種類

保険給付の種類		支　給　事　由
療養給付	療養の給付	通勤災害による負傷・疾病について、労災病院、労災指定医療機関などで療養する場合
	療養の費用の支給	通勤災害による負傷・疾病について、労災病院、労災指定医療機関など以外の医療機関などで療養する場合
休業給付		通勤災害による負傷・疾病の療養のため労働することができず、賃金を受けられない日が4日以上に及ぶ場合
障害給付	障害年金	通勤災害による負傷・疾病が治ったときに、障害等級第1級から第7級までに該当する障害が残った場合
	障害一時金	通勤災害による負傷・疾病が治ったときに、障害等級第8級から第14級までに該当する障害が残った場合
遺族給付	遺族年金	通勤災害により死亡した場合（法律上死亡とみなされた場合、死亡と推定された場合を含む）
	遺族一時金	遺族年金を受け取る遺族がいない場合または遺族年金の受給者が受給権を失い、他に遺族年金を受けることができる遺族がいない場合ですでに支給された年金の合計額が給付基礎日額（66～69頁参照）に1,000日を乗じた額に満たないとき

葬　祭　給　付	通勤災害により死亡した者の葬祭を行う場合
傷　病　年　金	通勤災害による負傷・疾病が、1年6月を経過した日または同日以後において治っておらず、傷病による障害の程度が傷病等級に該当する場合
介　護　給　付	障害年金または傷病年金の受給者で、介護を要する場合

　なお、通勤災害に対する保険給付は、労働基準法の災害補償の義務とは、関係がありません。

6 療養給付

(1) 療養給付の支給
　通勤災害により、負傷しまたは疾病にかかって、治療などの療養が必要となったときは、療養給付が支給されます（労災保険法第22条第1項）。

(2) 給付の範囲
　療養給付の範囲は、次のとおりで、政府が必要と認めるものに限られています（労災保険法第22条第2項）。

① 診察

　例えば、外科および眼科の治療を必要とする場合に、外科病院に入院し、その病院で眼科治療ができないために眼科医の往診を受けた場合は保険給付の対象となります（昭和26年1月8日基災収第3001号）。

② 薬剤または治療材料の支給

③ 処置、手術その他の治療

　その他の治療としては、熱気療法、温浴療法、電気療法、レントゲン療法、運動療法、マッサージ療法などの理学療法や医療リハビリテーション、柔道整復師の施術などが該当しますが、温泉療養は病院などの附属施設で医師の直接指導の下に行われる場合（昭和25年10月6日基発第916号）、医療リハビリテーションについては指定された施設で医師の指示の下に資格を有する理学療法士または作業療法士によって行われる場合（昭和40年5月21日基発第559号）、柔道整復師の施術は応急手当の場合を除き医師の同意を得た場合（昭和31年11月6日基発第754号）に行うことができます。

④ 在宅の者に対する医師の医学的管理および訪問看護

⑤ 病院・診療所への入院および看護

⑥ 移送

⑶　給付の内容

　療養給付は、被災した者が指定医療機関において無料で必要な治療を受けることができる現物給付の制度である「療養の給付」が原則ですが、療養の給付をすることが困難な場合や療養の給付を受けないことについて相当の理由がある場合には、被災した者が、指定医療機関以外の医療機関において治療を受け、治療費を自ら医療機関に支払い、その後所轄の労働基準監督署長に請求して給付を受ける「療養の費用の支給」を受けることもできます（労災保険法第22条）。

　「療養の給付を受けないことについて相当の理由がある場合」とは、負傷・疾病の状態からみて緊急に治療を受けなければならないため指定医療機関以外の医療機関で療養を受ける必要がある場合や最寄りの医療機関が指定医療機関でない場合などをいいますが、広く解釈する取扱いが行われています（昭和41年１月31日基収第73号）。

⑷　支給期間

　療養給付は、その負傷や疾病が治り、治療を必要としなくなるまで支給されます。「治療を必要としなくなる」とは、症状や障害が残っていても、症状が固まり、それ以上の治療の余地がなくなることをいいます（昭和23年１月13日基災発第３号）。

⑸　一部負担金

　療養給付を受ける者については、一部負担金として原則として200円、健康保険の日雇特例被保険者については100円が徴収されます（労災保険法第31条第２項、労災保険則第44条の２第２項）。

　ただし、現に療養に要した費用の総額がその額に満たない場合には、現に療養に要した費用の総額が一部負担金となります（労災保険則第44条の２第２項）。

　また、次の者からは一部負担金は徴収されません（労災保険法第31条第２項、労災保険則第44条の２第１項）。

①　第三者の行為によって生じた事故により療養給付を受ける者
②　療養の開始後３日以内に死亡した者その他休業給付を受けない者
③　同一の通勤災害の療養給付について既に一部負担金を納付した者
④　減額した休業給付の支給を受けた者（191頁参照）

⑹　請求の手続

ア　療養の給付の請求

　療養の給付を受けようとする者は、①本人の氏名、生年月日および住所、②事業の名称および事業場の所在地、③負傷または発病の年月日、④災害の原因および発生状況、⑤療養の給付を受けようとする指定医療機関の名称および所在地、⑥災害

の発生の時刻および場所、⑦通勤災害が発生した場合の区分に応じて通勤災害に関する事項、⑧通常の通勤の経路および方法ならびに⑨住居または就業の場所から災害の発生の場所に至った経路、方法、所要時間その他の状況を記載した療養給付たる「療養の給付請求書（様式第16号の3）」を、療養の給付を受けようとする指定医療機関を経由して所轄の労働基準監督署長に提出しなければなりません。このうち、③および⑥から⑧までについては、事業主の証明を受けなければなりません（労災保険則第18条の5第1項）。

　また、すでに指定医療機関で療養の給付を受けている者が他の指定医療機関に変更する場合には、「療養給付たる療養の給付を受ける指定病院等（変更）届（様式第16号の4）」を、変更後の指定医療機関を経由して所轄の労働基準監督署長に提出しなければなりません。この場合にも、③および⑥から⑧までについては、事業主の証明を受けなければなりません（労災保険則第18条の5第2項）。

イ　療養の費用の支給の請求

　療養の費用の支給を受けようとする者は、①本人の氏名、生年月日および住所、②事業の名称および事業場の所在地、③負傷または発病の年月日、④災害の原因および発生状況、⑤負傷または疾病の名称および療養の内容、⑥療養に要した費用の額、⑦療養の給付を受けなかった理由、⑧災害の発生の時刻および場所、⑨通勤災害が発生した場合の区分に応じて通勤災害に関する事項、⑩通常の通勤の経路および方法ならびに⑪住居または就業の場所から災害の発生の場所に至った経路、方法、所要時間その他の状況を記載した「療養給付たる療養の費用請求書（様式第16号の5）」を所轄の労働基準監督署長に提出しなければなりません。このうち、③および⑧から⑩までについては事業主の証明を、⑤および⑥については診療担当者の証明を表4—3の左欄の区分に応じて表4—3の右欄の様式により、それぞれ受けなければなりません（労災保険則第18条の6第1項、第2項）。

表4—3　診療担当者の証明の様式

診　療　担　当　者	様　式
薬局から薬剤の支給を受けた場合	様式第16号の5(2)
柔道整復師から手当てを受けた場合	様式第16号の5(3)
はり師・きゅう師、あん摩マッサージ指圧師から手当てを受けた場合	様式第16号の5(4)
訪問看護事業者から訪問看護を受けた場合	様式第16号の5(5)

　なお、看護・移送などに要した費用がある場合には、当該費用について証明でき

る書類を添付しなければなりません（労災保険則第18条の6第2項）。

また、マッサージの施術を受けた者は初療の日および初療の日から6月を経過した日ならびに6月を経過した日以降3月ごとに医師の診断書を、はり・きゅうの施術を受けた者は初療の日および初療の日から6月を経過した日に医師の診断書を、初療の日から9月を経過する場合ははり師またはきゅう師の意見書および症状経過表と医師の診断書、意見書を添付する必要があります。

7 休業給付

(1) 給付の内容

通勤による傷病の療養のため休業し、そのために賃金が受けられない場合には、休業給付が支給されます（労災保険法第22条の2第1項）。

休業給付の額は、1日につき給付基礎日額（66〜69頁参照）の60パーセントに相当する額で、休業の第4日目から支給されます。ただし、所定労働時間の一部を休業した場合は、給付基礎日額と実労働時間に対して支払われる賃金との差額の60パーセントの額となります。

また、休業給付を受ける労働者が同一の事由について厚生年金の障害厚生年金または国民年金の障害基礎年金を受けることができる場合には、障害厚生年金および障害基礎年金が優先支給され、休業給付は減額支給されます。減額率は、障害厚生年金および障害基礎年金の両方を受給する場合には27パーセント、障害厚生年金のみを受給する場合には14パーセント、障害基礎年金のみを受給する場合には12パーセントです（労災保険法第22条の2第2項）。

休業給付は、通勤による負傷・疾病による療養のため労働することができないために賃金を受けない日の第4日目から支給されますが、休業のはじめの3日間について事業主には労働基準法第76条第1項の規定による休業補償の支払い義務はありません。

(2) 一部負担金の休業給付からの控除

療養給付を受ける者に休業給付が支給される場合には、最初に支給される休業給付から療養給付に関する一部負担金が控除されます（労災保険法第22条の2第3項、第31条第3項、労災保険則第44条の2第3項。189頁参照）。

(3) 休業給付が支給されない場合

①懲役、禁錮もしくは拘留の刑の執行のためもしくは死刑の言渡しを受けて刑事施設（少年院において刑を執行する場合における当該少年院を含む）に拘置されている場合、②留置施設に留置されて懲役、禁錮若しくは拘留の刑の執行を受けてい

る場合、③労役場留置の言渡しを受けて労役場に留置されている場合、④保護処分として少年院もしくは児童自立支援施設に送致され、収容されている場合または⑤補導処分として婦人補導院に収容されている場合には、休業給付は支給されません（労災保険法第22条の2第2項、労災保険則第18条の6の2）。

(4) 請求の手続

休業給付の給付を受けようとする者は、①本人の氏名、生年月日および住所、②事業の名称および事業場の所在地、③負傷または発病の年月日、④災害の原因および発生状況ならびに⑤平均賃金、⑥休業期間、療養期間、負傷・疾病の名称および負傷・疾病の経過、⑦休業期間中に通勤による負傷・疾病による療養のため所定労働時間のうちその一部についてのみ労働した日がある場合には、その年月日および当該労働に対して支払われる賃金の額、⑧厚生年金保険・国民年金の被保険者資格の有無、⑨障害厚生年金または障害基礎年金が支給される場合には、その年金の種類・支給額・年金支給開始年月日、⑩その他休業給付の額の算定の基礎となる事項、⑪災害の発生の時刻および場所、⑫通勤災害が発生した場合の区分に応じて通勤災害に関する事項、⑬通常の通勤の経路および方法ならびに⑭住居または就業の場所から災害の発生の場所に至った経路、方法、所要時間その他の状況を記載した休業給付支給請求書（様式第16号の6）を所轄の労働基準監督署長に提出しなければなりません。このうち、休業期間、厚生年金保険の被保険者資格の有無および⑩から⑬までについては事業主の証明を、⑥の療養期間、負傷・疾病の名称および負傷・疾病の経過については診療担当者の証明を、それぞれ受けなければなりません。また、⑨の障害厚生年金または障害基礎年金が支給される場合には、その支給額を証明することができる書類を添付しなければなりません（労災保険則第18条の7）。

(5) 受給者の傷病の状態などに関する報告

1月1日現在療養の開始後1年6月を経過していて、同月の間の休業について休業給付の支給を請求する受給者は、負傷・疾病の名称・部位・状態などを記載した報告書に医師・歯科医師の診断書を添えて所轄の労働基準監督署長に提出しなければなりません（労災保険則第19条の2）。

(6) 休業特別支給金

休業給付を受ける者には、休業給付の支給の対象となる日について、休業特別支給金が支給されます（220、221頁参照）。

8 障害給付

(1) 給付の内容

　労働者が通勤のよる災害により負傷し、または疾病にかかり、その負傷または病気が治ったときに、表1―1の左欄の障害が残った場合(10〜14頁参照)場合には、障害給付が支給されます。この場合の「治ったとき」とは、症状が安定し、それ以上の治療を行っても治療の余地がなくなったときをいいます（労災保険則別表第1）。

　障害給付については、障害の程度に応じて、障害年金または障害一時金が支給されます（労災保険法第22条の3第2項）。

(2) 障害等級の認定

　障害の程度は、表1―1の左欄の障害について、表1―1の右欄に定める第1級から第14級まで14等級に区分されています（労災保険則第18条の8第1項、別表第1）。

　このうち、障害年金は障害等級の第1級から第7級までに該当するときに支給され、障害一時金は障害等級の第8級から第14級までに該当するときに支給されます。

　障害等級は、次により認定されます。

ア　障害等級表に定めのない障害の認定

　表1―1の左欄の障害に該当するものがないときはこれに準じて等級を定めます（労災保険則第18条の8第1項）。

イ　障害が2つ以上ある場合

　表1―1の右欄の障害等級が第5級以上に該当するものが2つ以上ある場合には重い方の等級を3級繰り上げて算定します。

　同様に、表1―1の右欄の障害等級が第8級以上に該当するものが2つ以上ある場合には重い方の等級を2級、表1―1の右欄の障害等級が第13級以上に該当するものが2つ以上ある場合には重い方の等級を1級、それぞれ繰り上げて算定します（労災保険則第18条の8第1項）。

　それ以外の障害が2つ以上ある場合は、重い障害の該当する等級が適用されます（労災保険則第18条の8第1項）。

ウ　既に障害がある者が同一部位について障害の程度を加重した場合

　既に障害のあった者が、負傷・疾病により同一の部位について障害の程度を加重した場合には現在の障害の該当する等級とされ、障害等級が第1級から第7級に該当する者の場合には現在の障害の該当する障害等級に応ずる障害給付の額から既に

あった障害の該当する障害等級に応ずる障害給付の額を差し引いた額が年金として支給され、障害等級が第8級から第14級に該当する者が第1級から第7級に該当するようになった場合には該当する障害等級に応じて定められている年金額から前の障害等級に該当する一時金の25分の1の額を差引いた額が年金として支給されます（労災保険則第18条の8第1項）。

(3) **障害の程度に変更があった場合の障害等級の決定**

障害年金を受ける者の障害の程度に変更があったため、新たに他の障害等級に該当するようになった場合には、新たに該当するようになった障害等級に応ずる障害年金または障害一時金が支給され、その後は従前の障害年金は支給されません（労災保険法第22条の3第3項）。

この場合には、所轄の労働基準監督署長が障害等級の変更による障害給付の変更を決定します（労災保険則第18条の8第4項）。

(4) **給付の額**

ア　障害年金の額

障害年金は、障害等級表の第1級から第7級に該当する障害に対し、給付基礎日額（66〜69頁参照）に表3—7の左欄の等級に応じて表3—7の右欄に定める給付日数を乗じた額が支給されます（労災保険法第15条第2項、別表第1。151頁参照）。

ただし、障害年金を受ける者が同一の事由について厚生年金の障害厚生年金または国民年金の障害基礎年金を受けることができる場合には、障害厚生年金および障害基礎年金が優先支給され、障害年金は減額支給されます。減額率は、障害厚生年金および障害基礎年金の両方を受給する場合には27パーセント、障害厚生年金のみを受給する場合には17パーセント、障害基礎年金のみを受給する場合には12パーセントです（労災保険法第22条の3第3項、別表第1、第2、労災保険令第2条、第4条、第6条）。

イ　障害一時金の額

障害一時金は、障害等級表の第8級から第14級に該当する障害に対し、給付基礎日額に表3—8の左欄の等級に応じて表3—8の右欄に定める給付日数を乗じた額が支給されます（労災保険法第22条の3第3項、別表第2。152頁参照）。

(5) **請求の手続**

ア　給付を受けるための手続

障害給付の給付を受けようとする者は、①本人の氏名、生年月日および住所、②事業の名称および事業場の所在地、③負傷または発病の年月日、④災害の原因および発生状況、⑤平均賃金、⑥厚生年金保険・国民年金の被保険者資格の有無、⑦障害厚生年金または障害基礎年金が支給される場合には、その年金の種類・支給額・

年金支給開始年月日、⑧払込みを希望する金融機関の名称、⑨災害の発生の時刻および場所、⑩通勤災害が発生した場合の区分に応じて通勤災害に関する事項、⑪通常の通勤の経路および方法ならびに⑫住居または就業の場所から災害の発生の場所に至った経路、方法、所要時間その他の状況を記載した障害給付支給請求書（様式第16号の7）を所轄の労働基準監督署長に提出しなければなりません。このうち、③から⑤まで、⑥の厚生年金保険の被保険者資格の有無および⑨から⑪までについては、請求人が傷病年金を受けていた者であるときを除き、事業主の証明を受けなければなりません。また、負傷・疾病が治ったこと、治った日、治ったときの障害の部位・状態に関する医師・歯科医師の診断書（必要があるときは、治ったときの障害の状態の立証に関するエックス線写真その他の資料）を、⑦の障害厚生年金または障害基礎年金が支給される場合にはその支給額を証明することができる書類を添付しなければなりません（労災保険則第18条の8第2項、第3項）。

イ　障害等級の変更による障害給付の変更の場合の手続

　障害等級の変更による障害給付の変更を受けようとする者は、①年金証書の番号、②労働者の氏名、生年月日および住所ならびに③変更前の障害等級を記載した障害給付変更請求書（様式第11号）を所轄の労働基準監督署長に提出しなければなりません。その際、請求書提出時における障害の部位・状態に関する医師・歯科医師の診断書（必要があるときは、請求書提出時における障害の状態の立証に関するエックス線写真その他の資料）を添付しなければなりません（労災保険則第18条の8第4項）。

⑹　**障害年金に関する定期報告など**

ア　障害年金に関する定期報告

　障害年金の受給権者は、毎年、被災した者の誕生月が1月から6月までの場合には6月1日から6月30日までに、誕生月が7月から12月までの場合には10月1日から10月31日までに、①受給権者の氏名・住所、②年金たる保険給付の種類および③同一の事由により厚生年金の障害厚生年金または国民年金の障害基礎年金が支給される場合には、その年金の種類・支給額を記載した定期報告書に住民票の写しまたは戸籍の抄本および同一の事由により厚生年金の障害厚生年金または国民年金の障害基礎年金が支給される場合には障害厚生年金または障害基礎年金の支給額を証明することができる書類を添付して、所轄の労働基準監督署長に提出しなければなりません（労災保険則第21条、昭和63年告示第109号）。

イ　変更の届出

　障害年金の受給権者は、氏名・住所、厚生年金の障害厚生年金または国民年金の障害基礎年金の支給について変更などがあった場合には、遅滞なく、文書で、その

旨にその事実を証明できる書類などを添えて所轄の労働基準監督署長に届け出なければなりません（労災保険則第21条の2）。
　ウ　金融機関などの変更の届出
　　障害年金の受給権者は、その払込みを受ける金融機関などを変更しようとするときは、払込みを受けることを希望する金融機関などの名称を記載した届書を所轄の労働基準監督署長に提出しなければなりません（労災保険則第21条の3）。
(7)　**障害特別支給金および障害特別年金または障害特別一時金**
　　障害給付の受給者に対しては、障害特別支給金が一時金として支給されるほか、障害年金の受給者に対しては障害特別年金が、障害一時金の受給者に対しては障害特別一時金が支給されます（221～224頁参照）。
(8)　**障害年金前払一時金**
　　障害年金を受ける権利を有する者は、障害年金の支給の決定のあった日の翌日からから1年以内に1回に限り、障害年金について前払いで一時金を支給するよう請求することができます（労災保険法附則第59条第1項、労災保険則附則第26項、第27項）。
　　障害年金前払一時金として請求することができるのは、給付基礎日額（66～69頁参照）に表3—9の左欄の等級に応じて表3—9の右欄に定める給付日数を乗じた額で、請求に当たっては支給を受けようとする額を示さなければなりません（労災保険則附則第24項、第28項。154頁参照）。
　　障害年金前払一時金が支給された場合には、障害年金は、各月分の額（障害年金前払一時金が支給された月後最初の障害年金の支払期日から1年を経過した以降の分は年5パーセントの単利で割り引いた額）の合計額が、障害年金前払一時金の額に達するまでの間支給停止されます（労災保険則附則第30項）。
(9)　**障害年金差額一時金**
　　障害年金を受けている者が死亡した場合に、すでに支給された障害年金および障害年金前払一時金の額の合計額が給付基礎日額に表3—10の左欄の等級に応じて表3—10の右欄に定める給付日数を乗じた額に満たないときは、その差額が、その遺族の請求に基づき、障害年金差額一時金として支給されます（労災保険法附則第58条第1項。154頁参照）。
　　障害年金差額一時金の支給を受けることができる遺族は、次のアまたはイの遺族で、その順位は、ア、イの順序（アまたはイの遺族の中では、アまたはイの順序）です（労災保険法附則第58条第2項）。
　ア　労働者の死亡の当時その者と生計を同じくしていた配偶者、子、父母、孫、祖父母および兄弟姉妹

イ　アに該当しない配偶者、子、父母、孫、祖父母および兄弟姉妹

　なお、障害年金差額一時金の受給権者には、障害特別年金差額一時金が支給されます（223頁参照）。

9 遺族給付

⑴　遺族給付の種類など

　通勤災害により死亡した場合には、遺族給付が行われます。遺族給付には、遺族年金と遺族一時金があります（労災保険法第22条の4第1項、第2項）。

　なお、船舶または航空機に乗っていた労働者が沈没・墜落などの事故により行方不明となり、その生死が3月間わからない場合には、労災保険法上、行方不明になった日に死亡したものと推定されます（69、70頁参照）。

　遺族給付は、原則として年金の支給ですが、遺族が死亡労働者に扶養されていなかった場合のように年金を受ける資格のないときは一時金の支給となります。

⑵　遺族年金

ア　受給資格者など

1）受給資格者の範囲

　遺族年金を受給できるのは、死亡した者の配偶者、子、父母、孫、祖父母および兄弟姉妹で労働者が死亡した当時その収入によって生計を維持した者です。

　ただし、妻以外の者の場合は、死亡の当時次の要件に該当する場合に限ります（労災保険法第22条の4第3項、労災保険則第18条の9第1項）。

① 　夫、父母または祖父母については、60歳以上であること。

② 　子または孫については、18歳に達する日以後の最初の3月31日までの間にあること。

③ 　兄弟姉妹については、18歳に達する日以後の最初の3月31日までの間にあることまたは60歳以上であること。

④ 　①から③までの要件に該当しない夫、子、父母、孫、祖父母または兄弟姉妹については、障害等級の第5級以上に該当する障害がある状態または負傷もしくは疾病が治らないで、身体の機能もしくは精神に、労働が高度の制限を受けるか、もしくは労働に高度の制限を加えることを必要とする程度以上の障害がある状態にあること。

　「死亡の当時その収入によって生計を維持していたこと」については、その者との同居の事実の有無、その者以外の扶養義務者の有無その他必要な事項を基礎として行われ（労災保険則第14条の4）、死亡当時に、その者の収入によって日常生活

の全部または一部を営んでおり、死亡した者の収入がなければ通常の生活水準を維持することが困難となるような関係が常態であった否かで判断されます（昭和41年10月22日基発第1108号）。このため、例えば、共稼ぎの夫婦も配偶者の他方の収入の一部によって生計を維持していたことになります（昭和41年1月31日基発第73号）。

2）胎児であった子

死亡の当時胎児であった子が出生したときは、将来に向かって、その子は、労働者の死亡の当時その収入によって生計を維持していた子とみなされます（労災保険法第22条の4第3項）。

3）遺族年金を受ける遺族の順位

遺族年金は、受給資格者のうち最先順位者（受給権者）だけが受けることができます。最先順位者が2人以上いる場合には、その全員が受給権者となります。

受給権者となる順位は、次の通りです（労災保険法第22条の4第3項）。

遺族年金を受ける遺族の順位は、配偶者、子、父母、孫、祖父母および兄弟姉妹の順です（労災保険法第22条の4第3項、昭和40年改正法附則第43条第1項）。

① 妻または60歳以上もしくは1）④の障害のある夫
② 18歳に達する日以後の最初の3月31日までの間にある子または1）④の障害のある子
③ 60歳以上または1）④の障害のある父母
④ 18歳に達する以後の最初の3月31日までの間にある孫または1）④の障害のある孫
⑤ 60歳以上または1）④の障害のある祖父母
⑥ 18歳に達する以後の最初の3月31日までの間にある兄弟姉妹もしくは60歳以上のまたは1）④の障害のある兄弟姉妹
⑦ 55歳以上60歳未満の夫
⑧ 55歳以上60歳未満の父母
⑨ 55歳以上60歳未満の祖父母
⑩ 55歳以上60歳未満の兄弟姉妹

なお、⑦～⑩の者は、受給権者となった場合でも60歳に達するまでは年金の支給が停止されます（昭和40年改正法附則第43条第3項）。

イ　遺族年金の額

1）遺族年金の額

遺族年金の額は、給付基礎日額（66～69頁参照）に表3—11の左欄の遺族年金を受ける権利を有する遺族およびその者と生計を同じくしている遺族年金を受けるこ

とができる遺族の人数の区分に応じて表3―11の右欄に定める給付日数を乗じた額です（労災保険法第16条の3第1項、別表第1。157頁参照）。

　ただし、遺族年金を受ける者が同一の事由について厚生年金の遺族厚生年金または国民年金の遺族基礎年金もしくは寡婦年金を受けることができる場合には、遺族厚生年金および遺族基礎年金もしくは寡婦年金が優先支給され、遺族年金は減額支給されます。減額率は、遺族厚生年金および遺族基礎年金の両方を受給する場合には20パーセント、障害遺族厚生年金のみを受給する場合には16パーセント、遺族基礎年金または寡婦年金のみを受給する場合には12パーセントです（労災保険法第22条の4第3項、別表第1、労災保険令第2条、第4条、第6条）。

　また、遺族年金を受ける権利を有する者が2人以上いるときは、その人数で除した額になります（労災保険法第22条の4第3項）。

2）遺族年金の額の改定

　遺族年金の額の算定の基礎となる遺族の数が増減したときは、その翌月から遺族年金の額が改定されます（労災保険法第22条の4第3項）。

　また、遺族年金を受ける権利を有する遺族が妻であり、かつ、その妻と生計を同じくしている遺族年金を受けることができる遺族がない場合に、その妻がア1）④の障害のあるときを除き55歳に達したとき、または②55歳以上であるときを除きア1）④の障害の状態になり、もしくは障害の状態でなくなったときには、その翌月から、遺族年金の額が改定されます（労災保険法第22条の4第3項）。

ウ　遺族年金を受ける権利の消滅など

1）遺族年金を受ける権利の消滅

　遺族年金を受ける権利を有する遺族（受給権者）が次のいずれかに該当したときには、遺族年金を受ける権利が消滅し、遺族年金を受ける遺族ではなくなります（労災保険法第22条の4第3項）。

① 死亡したとき。
② 結婚したとき。
③ 直系血族または直系姻族以外の者の養子(事実上の養子縁組関係を含む)となったとき。
④ 離縁によって、死亡した労働者との親族関係が終了したとき。
⑤ 子、孫または兄弟姉妹が18歳に達した日以後の最初の3月31日が終了したとき（労働者の死亡の時から引き続きア1）④の障害の状態にあるときを除く）。
⑥ ア1）④の障害の状態にある夫、子、父母、孫、祖父母または兄弟姉妹が障害の状態でなくなったとき（夫、父母または祖父母が死亡の当時60歳以上であったとき、子または孫が18歳に達する日以後の最初の3月31日までの間にあるとき、

兄弟姉妹が18歳に達する日以後の最初の3月31日までの間にあるかまたは死亡の当時60歳以上であったときを除く）。

これに関連して、法律上の妻がいる者の重婚的内縁配偶者も「事実上の婚姻関係」にあるとする裁判例（中央労基署長（松原工業所）事件　東京地裁平成10年5月27日　労判739.65）があります。

また、遺族の遺族年金を受ける権利を有する権利が消滅した場合で、同順位者がなくて後順位者があるときは、次の順位者に遺族年金が支給されます（労災保険法第22条の4第3項）。

2）遺族年金を受ける権利の失格

遺族年金を受けることができる遺族（受給資格者）が上記①から⑥までのいずれかに該当したときには遺族年金を受けることができなくなります（労災保険法第22条の4第3項）。

3）遺族年金の受給資格の欠格

次の者については、遺族年金の受給権者および受給資格者ではなくなり、遺族年金の支給を受けることができません（労災保険法第22条の4第3項）。

① 労働者を故意に死亡させた者
② 労働者の死亡前にその死亡によって遺族年金を受けることができる先順位または同順位の遺族となる者を故意に死亡させた者
③ 遺族年金を受けることができる先順位または同順位の他の遺族を故意に死亡させた遺族年金を受けることができる遺族（この場合には、同順位者がなくて後順位者があるときは、次順位者に遺族年金が支給されます）

エ　遺族年金の支給の停止

遺族年金を受ける権利を有する者の所在が1年以上明らかでない場合には、遺族年金は、同順位者があるときは同順位者の、同順位者がないときは次順位者の①所在不明者の氏名、最後の住所および所在不明となった年月日、②申請人の氏名および住所および③申請人が所在不明者と同順位者であるときは申請人の年金証書の番号を記載した遺族年金支給停止申請書（様式第14号）に所在不明者の所在が1年以上明らかでないことを証明することができる書類を所轄の労働基準監督署長に提出することによって、その所在が明らかでない間、その支給が停止されます（労災保険法第22条の4第3項、労災保険則第18条の9第4項）。

この場合に、同順位者がないときは、その間は、次順位者が先順位者となります（労災保険法第22条の4第3項）。

遺族年金の支給を停止された遺族は、いつでも、申請書および年金証書を所轄の労働基準監督署長に提出することによって、その支給の停止の解除を申請すること

ができます（労災保険法第22条の４第３項、労災保険則第18条の９第４項）。

この場合には、支給が停止され、またはその停止が解除された月の翌月から、遺族年金の額が改定されます（労災保険法第22条の４第３項）。
オ　請求の手続
１）遺族年金の給付を受けようとする場合の手続

遺族年金の給付を受けようとする者は、①死亡した者の氏名および生年月日、②請求人および請求人以外の遺族補償年金を受けることができる遺族の氏名、生年月日、住所、死亡した者との関係およびア１）④の障害の状態の有無、③事業の名称および事業場の所在地、④負傷または発病および死亡の年月日、⑤災害の原因および発生状況、⑥平均賃金、⑦死亡した者の厚生年金保険・国民年金の被保険者資格の有無、⑧遺族厚生年金、遺族基礎年金、寡婦年金、遺族年金、母子年金、準母子年金、遺児年金または寡婦年金が支給される場合には、その年金の種類・支給額・年金支給開始年月日、⑨払込みを希望する金融機関の名称、⑩災害の発生の時刻および場所、⑪通勤災害が発生した場合の区分に応じて通勤災害に関する事項、⑫通常の通勤の経路および方法ならびに⑬住居または就業の場所から災害の発生の場所に至った経路、方法、所要時間その他の状況を記載した遺族年金支給請求書（様式第16号の８）を所轄の労働基準監督署長に提出しなければなりません。

このうち、④の負傷または発病の年月日、⑤、⑥、⑦の厚生年金保険の被保険者資格の有無、⑩から⑫までについては、事業主の証明を受けなければなりません。

また、①死亡に関して市町村長に提出した死亡診断書、死体検案書もしくは検視調書に記載してある事項についての市町村長の証明書またはこれに代わる書類、②請求人および請求人以外の遺族年金を受けることができる遺族と死亡した者との身分関係を証明することができる戸籍の謄本または抄本、③請求人または請求人以外の遺族年金を受けることができる遺族が死亡した者と婚姻の届出をしていないが事実上の婚姻関係にあったときは、その事実を証明することができる書類、④請求人および請求人以外の遺族年金を受けることができる遺族（死亡の当時胎児であった子を除く）が死亡した者の収入によって生計を維持していたことを証明することができる書類、⑤請求人および請求人以外の遺族年金を受けることができる遺族のうち、ア１）④の障害の状態にあることにより遺族補償年金を受けることができる遺族である場合は、その者が労働者の死亡の時から引き続きその障害の状態にあることを証明することができる医師・歯科医師の診断書その他の資料、⑥請求人以外の遺族補償年金を受けることができる遺族のうち請求人と生計を同じくしている者については、その事実を証明することができる書類、⑦ア１）④の障害の状態にある妻の場合は、死亡の時以後その障害の状態にあったことおよびその障害の状態が生

じ、またはその事情がなくなった時を証明することができる医師・歯科医師の診断書その他の資料、⑧遺族厚生年金、遺族基礎年金、寡婦年金、遺族年金、母子年金、準母子年金、遺児年金または寡婦年金が支給される場合には、遺族厚生年金、遺族基礎年金、寡婦年金、遺族年金、母子年金、準母子年金、遺児年金または寡婦年金の支給額を証明することができる書類を添付しなければなりません（労災保険則第18条の9第2項、第3項）。

2）死亡の当時胎児であった子が遺族年金の支給を受けようとする場合の手続

　死亡の当時胎児であった子が、死亡による遺族年金を受けることができるその他の遺族が既に遺族年金の支給の決定を受けた後に遺族年金の支給を受けようとするときは、①死亡した者の氏名および生年月日、②請求人の氏名、生年月日、住所、死亡した者との続柄、③請求人と生計を同じくしている遺族年金を受けることができる遺族の氏名、④払込みを希望する金融機関の名称を記載した遺族年金支給請求書（様式第16号の8）を所轄の労働基準監督署長に提出しなければなりません。

　請求するに当たっては、①請求人および請求人と生計を同じくしている遺族年金を受けることができる遺族と死亡した者との身分関係を証明することができる戸籍の謄本または抄本、②請求人と生計を同じくしている遺族年金を受けることができる遺族がア1）④の障害の状態にある場合は、死亡の時以後その障害の状態にあったことを証明することができる医師・歯科医師の診断書その他の資料、③請求人と生計を同じくしている遺族年金を受けることができる遺族については、その者が請求人と生計を同じくしていることを証明することができる書類を添付しなければなりません（労災保険則第18条の9第3項）。

3）新たに遺族年金の受給権者となった場合の手続

　新たに遺族年金の受給権者となった者がその先順位者が既に遺族年金の支給の決定を受けた後に遺族年金の支給を受けようとするときは、①死亡した者の氏名および生年月日、②請求人の氏名、生年月日、住所、死亡した者との関係、③請求人と生計を同じくしている遺族年金を受けることができる遺族の氏名、④払込みを希望する金融機関の名称を記載した遺族年金転給等請求書（様式第13号）を所轄の労働基準監督署長に提出しなければなりません。

　請求するに当たっては、①請求人および請求人と生計を同じくしている遺族年金を受けることができる遺族と死亡した者との身分関係を証明することができる戸籍の謄本または抄本、②請求人と生計を同じくしている遺族年金を受けることができる遺族がア1）④の障害の状態にある場合は、死亡の時以後その障害の状態にあったことを証明することができる医師・歯科医師の診断書その他の資料、③請求人と生計を同じくしている遺族年金を受けることができる遺族については、その者が請

求人と生計を同じくしていることを証明することができる書類を添付しなければなりません（労災保険則第18条の9第3項）。
4）代表者の選任
　遺族年金を受ける権利を有する者が2人以上いるときは、世帯を異にするなどやむをえない事情のため代表者を選任することができないときを除き、そのうち1人を遺族年金の請求および受領についての代表者として選任し、代表者を選任し、またはその代表者を解任したときは、遅滞なく、その代表者を選任し、または解任したことを証明することができる書類を添付して、遺族年金代表者選任（解任）届（年金様式第7号）を所轄の労働基準監督署長に届け出なければなりません（労災保険則第18条の9第3項）。
カ　遺族年金に関する定期報告など
1）遺族年金に関する定期報告
　遺族年金の受給権者は、毎年、死亡した者の誕生月が1月から6月までの場合には6月1日から6月30日までに、誕生月が7月から12月までの場合には10月1日から10月31日までに、①受給権者の氏名・住所、②年金たる保険給付の種類、③同一の事由により厚生年金の遺族厚生年金または国民年金の遺族基礎年金もしくは寡婦年金が支給される場合にはその年金の種類・支給額、④その者と生計を同じくしている遺族で遺族年金を受けることができるものの氏名、⑤受給権者およびその者と生計を同じくしている遺族年金を受けることができる遺族のうちア1）④の障害の状態にあることにより遺族年金を受けることができる遺族である者のその障害の状態の有無および⑥受給権者である妻の場合は障害の状態の有無を記載した定期報告書に、①受給権者および遺族の戸籍の謄本または抄本、②生計を同じくしている遺族の場合はその者が受給権者と生計を同じくしていることを証明することができる書類、③ア1）④の障害のある遺族および妻についてはその障害の状態に関する医師・歯科医師の診断書および同一の事由により厚生年金の遺族厚生年金または国民年金の遺族基礎年金もしくは寡婦年金が支給される場合には障害厚生年金または障害基礎年金の支給額を証明することができる書類を添付して、所轄の労働基準監督署長に提出しなければなりません（労災保険則第21条、昭和63年告示第109号）。
2）変更の届出
　遺族年金の受給権者は、氏名・住所、厚生年金の厚生年金の遺族厚生年金または国民年金の遺族基礎年金もしくは寡婦年金の支給について変更などがあった場合には、遅滞なく、文書で、その旨にその事実を証明できる書類などを添えて所轄の労働基準監督署長に届け出なければなりません（労災保険則第21条の2）。

3）金融機関などの変更の届出

　遺族年金の受給権者は、その払込みを受ける金融機関などを変更しようとするときは、払込みを受けることを希望する金融機関などの名称を記載した届書を所轄の労働基準監督署長に提出しなければなりません（労災保険則第21条の3）。

キ　遺族特別支給金および遺族特別年金

　遺族年金の受給者に対しては、遺族特別支給金が一時金として支給されるほか、遺族特別年金が支給されます（224〜226頁参照）。

ク　遺族年金前払一時金

　遺族年金を受ける権利を有する者は、遺族年金の支給の決定のあった日の翌日からから1年以内に1回に限り、遺族年金について前払いで一時金を支給するよう請求することができます（労災保険法附則第60条第1項、労災保険則附則第33項）。

　遺族年金前払一時金として請求することができるのは、給付基礎日額（66〜69頁参照）に1,000日、800日、600日、400日または200日を乗じた額で、請求に当たっては支給を受けようとする額を示さなければなりません（労災保険則附則第31項、第33項）。

　遺族年金前払一時金が支給された場合には、遺族年金は、各月分の額（遺族前払一時金が支給された月後最初の遺族年金の支払期日から1年を経過した以降の分は年5パーセントの単利で割り引いた額）の合計額が、遺族前払一時金の額に達するまでの間支給が停止されます（労災保険則附則第34項）。

(3) 遺族一時金

ア　遺族一時金が支給される場合

　遺族一時金は、次の場合に支給されます（労災保険法第16条の6第1項）。

① 死亡の当時遺族年金を受けることができる遺族がないとき
② 遺族年金を受ける権利を有する者の権利が消滅した場合で、他に遺族年金を受けることができる遺族がなく、かつ、すでに支給された遺族年金の額および遺族年金前払一時金の額の合計額が給付基礎日額（66〜69頁参照）に1,000日を乗じた額に満たないとき

イ　遺族一時金を受けることができる遺族など

1）遺族一時金を受けることができる遺族

　遺族一時金を受けることができる遺族は次の者で、その順位は、その順序により、②および③の者については、子、父母、孫、祖父母の順位となります（労災保険法第22条の4第3項）。

① 配偶者
② 死亡の当時その収入によって生計を維持していた子、父母、孫および祖父母

③　②以外の子、父母、孫および祖父母
④　兄弟姉妹

２）遺族一時金の受給資格の欠格

次の者は、遺族一時金の支給を受けることができません（労災保険法第22条の４第３項）。

① 労働者を故意に死亡させた者
② 遺族補償年金を受けることができる遺族を故意に死亡させた者
③ 労働者の死亡前に当該労働者の死亡によって遺族補償年金を受けることができる遺族となる者を故意に死亡させた者

ウ　遺族一時金の額

遺族一時金の額は、表３—12の左欄の遺族の区分に応じて表３—12の右欄に定める額です（労災保険法第22条の４第３項。164頁参照）。

遺族補償一時金を受ける権利を有する者が２人以上いるときは、その人数で除した額になります（労災保険法第22条の４第３項）。

エ　請求の手続

１）給付の請求

遺族一時金を受けようとする者は、①死亡した者の氏名および生年月日、②請求人の氏名、生年月日、住所、死亡した者との関係、アの①のときには③事業の名称および事業場の所在地、④負傷または発病および死亡の年月日、⑤災害の原因および発生状況、⑥平均賃金、⑦災害の発生の時刻および場所、⑧通勤災害が発生した場合の区分に応じて通勤災害に関する事項、⑨通常の通勤の経路および方法ならびに⑩住居または就業の場所から災害の発生の場所に至った経路、方法、所要時間その他の状況を記載した遺族一時金支給請求書（様式第16号の９）を所轄の労働基準監督署長に提出しなければなりません。

このうち、④の負傷または発病の年月日、⑤、⑥および⑦から⑨までについては、死亡した者が傷病年金を受けていた場合を除き、事業主の証明を受けなければなりません。

また、①請求人が死亡した者と婚姻の届出をしていないが事実上の婚姻関係にあったときは、その事実を証明することができる書類、②請求人が死亡した者の収入によって生計を維持していたことを証明することができる書類、アの①の場合には③死亡に関して市町村長に提出した死亡診断書、死体検案書もしくは検視調書に記載してある事項についての市町村長の証明書またはこれに代わる書類、④請求人と死亡した者との身分関係を証明することができる戸籍の謄本または抄本、アの②の場合で請求人が遺族年金を受けることができる遺族であったことがないときに

は、⑤請求人と死亡した者との身分関係を証明することができる戸籍の謄本または抄本を添付しなければなりません（労災保険則第18条の10）。
２）代表者の選任
　遺族一時金を受ける権利を有する者が２人以上いるときは、世帯を異にするなどやむをえない事情のため代表者を選任することができないときを除き、そのうち１人を遺族一時金の請求および受領についての代表者として選任し、代表者を選任し、またはその代表者を解任したときは、遅滞なく、その代表者を選任し、または解任したことを証明することができる書類を添付して、遺族一時金代表者選任（解任）届（年金様式第７号）を所轄の労働基準監督署長に届け出なければなりません（労災保険則第18条の10）。
オ　遺族特別支給金および遺族特別一時金
　遺族年金の受給者に対しては、遺族特別支給金および遺族特別年金一時金が支給されます（224、226、227頁参照）。

10 葬祭給付

(1) 葬祭給付の支給
　通勤災害により死亡した場合には、葬祭を行う者に葬祭給付が支給されます（労災保険法第22条の５第１項）。
　葬祭を行う者は必ずしも遺族とは限りません。葬祭を行う遺族がいなく、事業主が葬祭を行った場合は、事業主に対して葬祭給付が支給されます。

(2) 葬祭給付の額
　葬祭給付の額は、31万5,000円に給付基礎日額（66〜69頁参照）に30日を乗じた額を加えた額または給付基礎日額に60日を乗じた額のいずれかのうち高い方の額です（労災保険法第22条の５第２項、労災保険則第18条の11）。

(3) 請求の手続
　葬祭給付の支給を受けようとする者は、①死亡した者の氏名および生年月日、②請求人の氏名、住所、死亡した者との関係、③事業の名称および事業場の所在地、④負傷または発病および死亡の年月日、⑤災害の原因および発生状況、⑥平均賃金、⑦災害の発生の時刻および場所、⑧通勤災害が発生した場合の区分に応じて通勤災害に関する事項、⑨通常の通勤の経路および方法ならびに⑩住居または就業の場所から災害の発生の場所に至った経路、方法、所要時間その他の状況を記載した葬祭給付請求書（様式第16号の10）を所轄の労働基準監督署長に提出しなければなりません。

このうち、④の負傷または発病の年月日、⑤から⑨までについては、死亡した者が傷病年金を受けていた場合を除き、事業主の証明を受けなければなりません。
　また、遺族給付の支給の請求書が提出されている場合を除き、死亡に関して市町村長に提出した死亡診断書、死体検案書もしくは検視調書に記載してある事項についての市町村長の証明書またはこれに代わる書類を添付しなければなりません（労災保険則第18条の12第2項）。

11　傷病年金

(1)　給付の内容
　傷病年金は、通勤災害により負傷し、または疾病にかかり、その負傷・疾病の療養開始した後1年6月経過した日以降に次のいずれにも該当するときに支給されます（労災保険法第23条第1項、労災保険則第18条の13第1項、別表第2）。
① 　その負傷または疾病が治っていないこと。
② 　その負傷または疾病による障害の程度が表3—13の左欄の障害の状態に応じて表3—13の右欄に定める傷病等級に該当すること（166頁参照）。

(2)　傷病年金の支給の決定など
ア　障害の程度の認定
　傷病年金の支給に関する障害の程度については、6月以上の期間にわたって存する障害の状態により認定されます（労災保険則第18条の13第1項）。
イ　傷病年金に関する届書の提出
　労働基準監督署長は、通勤災害による負傷・疾病が療養の開始後1年6月を経過した日に治っていないときは、1月以内に、被災した者から①本人の氏名・生年月日・住所、②負傷・疾病の名称・部位・状態、③負傷・発病の日における厚生年金保険・国民年金の被保険者資格の有無、④障害厚生年金または障害基礎年金が支給される場合には、その年金の種類・支給額・年金支給開始年月日および⑤払込みを希望する金融機関の名称を記載した「傷病の状態等に関する届（様式第16号の2）」に、負傷・疾病の状態の立証に関し必要な医師・歯科医師の診断書その他の資料、障害厚生年金または障害基礎年金が支給される場合にはその支給額を証明することができる書類を添付させて提出させます（労災保険則第18条の13第2項）。
ウ　傷病年金の支給の決定
　労働基準監督署長は、休業給付を受けている者が療養開始後1年6月経過したときに、(1)の①および②のいずれにも該当する場合に、傷病年金の支給を決定します（労災保険則第18条の13第2項）。

エ　傷病等級の変更による傷病年金の変更

　労働基準監督署長は、傷病年金を受給している者の障害の程度に変更があったため、新たに表3―13の右欄に定める傷病等級に該当するようになった場合には、傷病等級の変更による傷病年金の変更に関する決定を行います（労災保険法第23条第2項、労災保険則第18条の13第2項。166頁参照）。

(3) **傷病年金の額など**

ア　傷病年金の額

　傷病年金の額は、給付基礎日額に表3―14の左欄の傷病等級に応じて表3―14の右欄に定める日数を乗じた額です（労災保険法第23条第2項、別表第1。167頁参照）。

　ただし、障害年金を受ける者が同一の事由について厚生年金の障害厚生年金または国民年金の障害基礎年金を受けることができる場合には、障害厚生年金および障害基礎年金が優先支給され、傷病年金は減額支給されます。減額率は、障害厚生年金および障害基礎年金の両方を受給する場合には27パーセント、障害厚生年金のみを受給する場合には14パーセント、障害基礎年金のみを受給する場合には12パーセントです（労災保険法第23条第2項、別表第1、労災保険令第2条、第4条、第6条）。

イ　休業給付の不支給

　傷病年金が支給される場合には、休業給付は支給されません（労災保険法第23条第2項）。

ウ　傷病等級の変更による傷病年金の変更

　傷病等級の変更による傷病年金の変更が行われた場合には、新たに該当した傷病等級の傷病年金が支給され、従前の傷病年金は支給されません（労災保険法第23条第2項）。

(4) **労働基準法の解雇制限との関係**

　通勤災害に関しては、解雇を制限している労働基準法第19条第1項は適用されませんので、傷病年金の支給は、使用者は労働基準法第81条の打切補償や労働基準法第19条第1項の解雇制限とは関係がありません。

(5) **傷病年金に関する定期報告など**

ア　傷病年金に関する定期報告

　傷病年金の受給権者は、毎年、被災した者の誕生月が1月から6月までの場合には6月1日から6月30日までに、誕生月が7月から12月までの場合には10月1日から10月31日までに、①受給権者の氏名・住所、②年金たる保険給付の種類、③同一の事由により厚生年金の障害厚生年金または国民年金の障害基礎年金が支給される

場合にはその年金の種類・支給額および④負傷・疾病による障害の状態を記載した定期報告書に負傷・疾病による障害の状態に関する医師・歯科医師の診断書および同一の事由により厚生年金の障害厚生年金または国民年金の障害基礎年金が支給される場合には障害厚生年金または障害基礎年金の支給額を証明することができる書類を添付して、所轄の労働基準監督署長に提出しなければなりません（労災保険則第21条、昭和63年告示第109号）。

イ　変更の届出

　傷病年金の受給権者は、氏名・住所、厚生年金の障害厚生年金または国民年金の障害基礎年金の支給について変更などがあった場合には、遅滞なく、文書で、その旨にその事実を証明できる書類などを添えて所轄の労働基準監督署長に届け出なければなりません（労災保険則第21条の2）。

ウ　金融機関などの変更の届出

　傷病年金の受給権者は、その払込みを受ける金融機関などを変更しようとするときは、払込みを受けることを希望する金融機関などの名称を記載した届書を所轄の労働基準監督署長に提出しなければなりません（労災保険則第21条の3）。

(6)　**傷病特別支給金および傷病特別年金**

　傷病給付の受給者に対しては、傷病特別支給金が一時金として支給されるほか、傷病特別年金が支給されます（227、228頁参照）。

12 介護給付

(1)　**給付の内容**

　介護給付は、障害年金または傷病年金を受給している者のうち、表3―15の左欄の区分に応じて表3―15の右欄に定める障害により常時介護または随時介護を受けている場合にその介護を受けている間支給されます（労災保険法第24条第1項。169、170頁参照）。

　ただし、次の期間については、介護給付は支給されません（労災保険法第24条第1項）。

① 　身体障害者療護施設に入所している期間
② 　老人保健施設、特別養護老人ホーム、原爆爆弾被爆者特別養護ホーム、労災特別介護施設に入所している期間
③ 　病院または診療所に入院している期間

(2)　**介護給付の額**

　介護給付は、月ごとに支給され、表3―16の左欄および中欄の区分に応じて表3

—16の右欄に定める額です（労災保険法第24条第2項、労災保険則第18条の14。170、171頁参照）。

(3) **請求の手続**

ア　障害年金受給権者の請求の時期

　障害年金を受ける権利を有する者が介護給付を請求する場合には、介護給付の請求は障害年金の請求と同時かまたは請求をした後に行わなければなりません（労災保険則第18条の5第2項）。

イ　給付を受けるための手続

　介護給付の給付を受けようとする者は、①本人の氏名、生年月日および住所、②年金証書の番号、③障害の部位および状態ならびに障害に伴う日常生活の状態、④介護を受けた場所、⑤介護に要する費用を支出して介護を受けた日がある場合には、介護を受けた日数および支出した費用の額、⑥請求人の親族またはこれに準ずる者による介護を受けた日がある場合には、介護に従事した者の氏名、生年月日および請求人との関係を記載した介護給付支給請求書（様式第16号の2の2）に、③に関する医師・歯科医師の診断書、⑤の場合には介護に要する費用を支出して介護を受けた日数および支出した費用の額を証明することができる書類、⑥の場合には介護に従事した者の介護の事実についての申立書を添付して所轄の労働基準監督署長に提出しなければなりません（労災保険則第18条の15第1項）。

第5章

二次健康診断等給付と社会復帰促進等事業

> 第5章においては、二次健康診断等給付と社会復帰促進等事業について解説します。

１ 二次健康診断等給付

(1) 二次健康診断等給付の概要

　二次健康診断等給付は、直近に行われた安全衛生法に基づく健康診断（一次健康診断）において、脳・心臓疾患に関連する一定の項目について異常の所見があると診断された場合に、本人の請求により、二次健康診断および特定保健指導が給付される制度です。

　なお、船員および特別加入者については、労働安全衛生法に基づく健康診断が行われないので、二次健康診断等給付の対象とはなりません。

(2) 一次健康診断

　一次健康診断は、①雇入れ時の健康診断、②定期健康診断、③特定業務従事者の健康診断、④海外派遣労働者の健康診断および④労働者が事業者の指定した医師が行う健康診断を受けることを希望しない場合に受けた他の医師の行う健康診断です。

ア　雇入れ時の健康診断

　雇入れ時の健康診断は、常時使用する労働者を雇入れた際における適正配置、入職後の健康管理の基礎資料に資するために行います（昭和47年9月18日基発第601号の1）。

１）雇入れ時の健康診断の対象者

　雇入れ時の健康診断を行わなければならないのは、常時使用する労働者を雇い入れるときです（安全衛生則第43条）。「常時使用する労働者」とは、契約更新などにより1年以上雇用されることが予定されており、かつ、週の所定労働時間が同一の事業場において同種の業務に従事する通常の労働者の4分の3以上である者です（昭和59年12月3日基発第641号）。

２）雇入れ時の健康診断の項目

　雇入れ時の健康診断は、次の項目について医師により行わなければなりません（安全衛生則第43条）。

①　既往歴および業務歴の調査
②　自覚症状および他覚症状の有無の検査

③ 身長、体重、腹囲、視力および聴力（1,000ヘルツおよび4,000ヘルツの音）の検査
④ 胸部エックス線検査
⑤ 血圧の測定
⑥ 貧血検査（血色素量および赤血球数の検査）
⑦ 肝機能検査（血清グルタミックオキサロアセチックトランスアミナーゼ（GOT）、血清グルタミックピルビックトランスアミナーゼ（GPT）およびガンマーグルタミルトランスペプチダーゼ（γ-GTP）の検査）
⑧ 血中脂質検査（低比重リポ蛋白コレステロール（LDLコレステロール）、高比重リポ蛋白コレステロール（HDLコレステロール）および血清トリグリセライドの量の検査）
⑨ 血糖検査
⑩ 尿検査（尿中の糖および蛋白の有無の検査）
⑪ 心電図検査

　これらの項目のうち、①の「既往歴の調査」については雇入れの際までにかかった疾病を経時的に、「業務歴の調査」については雇入れの際までにおいて従事したことのある主要な業務についての経歴を調査します。また、②の「自覚症状および他覚症状の有無の検査」には、その労働者が就業を予定される業務に応じて必要とする身体特性を把握するための感覚器、循環器、呼吸器、消化器、神経系、皮膚および運動機能の検査が含まれ、その検査項目の選定は当該労働者の性、年齢、既往歴、問視診などを通じての所見などもあわせて医師の判断に委ねられます（昭和47年9月18日基発第601号の1）。

イ　定期健康診断
1）定期健康診断を行う時期
　定期健康診断は、1年以内ごとに1回定期に医師による健康診断を行わなければなりません（安全衛生則第44条第1項）。
2）定期健康診断の対象者
　定期健康診断を行わなければならないのは、ウの特定業務従事者を除く常時使用する労働者です（安全衛生則第44条第1項、第44条の2第1項）。
3）定期健康診断の項目
　定期健康診断は、次の項目について医師により行わなければなりません（安全衛生則第44条第1項）。
① 既往歴および業務歴の調査
② 自覚症状および他覚症状の有無の検査

③ 身長、体重、腹囲、視力および聴力の検査
④ 胸部エックス線検査および喀痰検査
⑤ 血圧の測定
⑥ 貧血検査
⑦ 肝機能検査
⑧ 血中脂質検査
⑨ 血糖検査
⑩ 尿検査
⑪ 心電図検査

　これらの項目のうち、①の「既往歴」または「業務歴」は直近に実施した健康診断以降のものをいい、②の「自覚症状」については、最近において受診者本人が自覚する事項を中心に聴取し、この際本人の業務に関連が強いと医学的に想定されるものをあわせて行います。また、「他覚症状」については、受診者本人の訴えおよび問視診に基づき異常の疑いのある事項を中心として医師の判断により検査項目を選定して行うとともに、医師が本人の業務に関連が強いと判断した事項をあわせ行います（昭和47年9月18日基発第601号の1）。

4）定期健康診断の項目の省略

　表5—1の左欄の定期健康診断の項目については、それぞれの項目に対応して表5—1の右欄に定められた者で医師が必要でないと認めるときには、省略することができます（安全衛生則第44条第2項、平成10年6月24日告示第88号）。

表5—1　健康診断の省略に関する取扱い

健康診断の項目	健康診断の項目を省略できる者
身長	20歳以上の者
腹囲	① 35歳の者を除く40歳未満の者 ② その腹囲が内臓脂肪の蓄積を反映していないと診断された妊娠中の女性など ③ BMIが20未満である者 ④ BMIが22未満で自ら腹囲を測定し、その値を申告した者 なお、BMIは、次により計算します。 $$BMI = \frac{体重（kg）}{身長（m）^2}$$
胸部エックス線検査	20歳、25歳、30歳および35歳の者を除く40歳未満の者で、次のいずれにも該当しないもの ①学校（専修学校および各種学校を含み、幼稚園を除く）、病院、

	診療所、助産所、介護老人保健施設、救護施設、更生施設その他生計困難者を無料もしくは低額な料金で入所させて生活の扶助を行うことを目的とする施設、養護老人ホーム、特別養護老人ホームもしくは軽費老人ホーム、障害者支援施設または婦人保護施設において業務に従事する者 ②常時粉じん作業に従事する労働者または常時粉じん作業に従事させたことのある労働者で、現に粉じん作業以外の作業に常時従事しているもののうち、じん肺管理区分が管理2である者
喀痰検査	①胸部エックス線検査によって病変の発見されない者 ②胸部エックス線検査によって結核発病のおそれがないと診断された者 ③胸部エックス線検査について健康診断の項目を省略できる者
貧血検査、肝機能検査、血中脂質検査、血糖検査および心電図検査	35歳の者を除く40歳未満の者

ウ 特定業務従事者の健康診断
1）特定業務従事者の範囲
　特定業務従事者とは、次の業務に常時従事する労働者をいいます（安全衛生則第13条第1項第2号、第45条第1項）。
① 多量の高熱物体を取り扱う業務および著しく暑熱な場所における業務
② 多量の低温物体を取り扱う業務および著しく寒冷な場所における業務
③ ラジウム放射線、エックス線その他の有害放射線にさらされる業務
④ 土石、獣毛などの塵埃または粉末を著しく飛散する場所における業務
⑤ 異常気圧下における業務
⑥ さく岩機、鋲打機などの使用によって身体に著しい振動を与える業務
⑦ 重量物の取扱いなど重激な業務
⑧ ボイラー製造など強烈な騒音を発する場所における業務
⑨ 坑内における業務
⑩ 深夜業を含む業務
⑪ 水銀、砒素、黄りん、弗化水素酸、塩酸、硝酸、硫酸、青酸、苛性アルカリ、石炭酸その他これらに準ずる有害物を取り扱う業務
⑫ 鉛、水銀、クロム、砒素、黄りん、弗化水素、塩素、塩酸、硝酸、亜硫酸、硫酸、一酸化炭素、二硫化炭素、青酸、ベンゼン、アニリンその他これらに準ずる有害物のガス、蒸気または粉じんを発散する場所における業務

⑬　病原体によって汚染のおそれが著しい業務
2）特定業務従事者の健康診断の時期および項目
　　特定業務従事者に対しては、その業務への配置替えの際および6月以内ごとに1回定期に、イ3）①から③までおよび⑤から⑪までの項目について医師による健康診断を行わなければなりません
　　また、イ3）④の項目については、1年以内ごとに1回定期に医師による健康診断を行わなければなりません（安全衛生則第45条第1項）。
3）特定業務従事者の健康診断の項目の省略
　　特定業務従事者に対する定期の健康診断については、前回の健康診断においてイ3）⑥から⑨までおよび⑪の項目について健康診断を受けた者について医師が必要でないと認めるときは、これらの項目の全部または一部を省略して行うことができます（安全衛生則第45条第2項）。また、表5—1（214、215頁参照）の左欄の健康診断の項目については、それぞれの項目に対応して表5—1の右欄に定められた場合で医師が必要でないと認めるときには、省略することができます。

エ　海外派遣労働者の健康診断
1）海外派遣労働者の健康診断の概要
　　企業活動の国際化とともに、海外で働く労働者の数も年々増加していますが、海外において疾病の悪化や新たな疾病の発症があると、職場環境、日常生活環境、医療事情などが国内と異なる面も多いため、医療をはじめとして様々な負担を労働者に強いることになります。このため、海外に派遣する労働者の健康状態の適切な判断および派遣中の労働者の健康管理に資するために派遣前の健康診断が、また、海外勤務を終了した労働者を国内勤務に就かせる場合の就業上の配慮を行い、その後の健康管理にも資するために帰国後の健康診断が定められています（平成元年8月22日基発第462号）。
2）派遣前の健康診断
　　労働者を国外の地域に6月以上派遣しようとするときは、あらかじめ、その労働者に対し、イ3）①から⑪までの項目および次の項目のうち医師が必要であると認める項目について、医師による健康診断を行わなければなりません（安全衛生則第45条の2第1項、平成元年6月30日告示第47号）。
①　腹部画像検査
②　血液中の尿酸の量の検査
③　B型肝炎ウイルス抗体検査
④　ABO式およびRh式の血液型検査

３）帰国後の健康診断

　国外の地域に６月以上派遣した労働者を国内において一時的ではない業務に就かせるときは、その労働者に対し、イ３）①から⑪までの項目および次の項目のうち医師が必要であると認める項目について、医師による健康診断を行わなければなりません（安全衛生則第45条の２第２項）。

① 　腹部画像検査
② 　血液中の尿酸の量の検査
③ 　Ｂ型肝炎ウイルス抗体検査
④ 　糞便塗抹検査

４）派遣前または帰国後の健康診断の項目の省略

　派遣前若しくは帰国後の健康診断の項目のうち、身長については20歳以上の者、喀痰検査については胸部エックス線検査によって病変の発見されない者または胸部エックス線検査によって結核発病のおそれがないと診断された者で、医師が必要でないと認めるときは、省略することができます（安全衛生則第45条の２第４項、平成元年６月30日告示第46号）。

オ　労働者が事業者の指定した医師が行う健康診断を受けることを希望しない場合に受けた他の医師の行う健康診断

　労働者は、原則として事業者が行う健康診断を受けなければなりませんが、事業者の指定した医師が行う健康診断を受けることを希望しない場合に他の医師の行うアからエまでに相当する健康診断を受け、その受けた健康診断の項目ごとにその結果を記載し、その結果を証明する書面を事業者に提出することができます（安全衛生法第66条第５項、安全衛生則第50条）。

(3)　二次健康診断等給付の対象者

　二次健康診断等給付の対象となるのは、直近に行われた一次健康診断において、次の脳・心臓疾患の発生にかかわる身体の状態に関する検査を受け、そのいずれの項目にも異常の所見があると診断された者です（労災保険法第26条第１項、労災保険則第18条の16第１項）。

① 　血圧の測定
② 　血中脂質検査
③ 　血糖検査
④ 　BMIの測定

(4)　二次健康診断等給付の受給

　二次健康診断等給付の対象となる者は、一次健康診断の結果などにより既に脳・心臓疾患の症状を有すると認められる場合を除き、その請求に基づいて、二次健康

診断等給付を受けることができます（労災保険法第26条第１項、労災保険則第18条の16第１項）。

(5) 二次健康診断等給付の内容

　二次健康診断等給付を請求した者に対しては、次の給付が行われます（労災保険法第26条第２項、第３項、労災保険則第18条の16第２項）。

ア　脳血管および心臓の状態を把握するために必要な次の検査で１年度につき１回医師により行われる二次健康診断
① 　空腹時血中脂質検査
② 　空腹時の血中グルコースの量の検査
③ 　ヘモグロビンA－c検査（一次健康診断において当該検査を行った場合を除く）
④ 　負荷心電図検査または胸部超音波検査
⑤ 　頸部超音波検査
⑥ 　一次健康診断における尿中の蛋白の有無の検査において疑陽性（±）又は弱陽性（＋）の所見があると診断された場合には、微量アルブミン尿検査

イ　二次健康診断の結果などにより既に脳・心臓疾患の症状を有すると認められる場合を除き、二次健康診断の結果に基づき、脳・心臓疾患の発生の予防を図るため、面接により二次健康診断ごとに１回行われる医師または保健師による特定保健指導

(6) 請求の手続

　二次健康診断等給付を受けようとする者は、天災その他請求をしなかったことについてやむを得ない理由があるときを除き、一次健康診断を受けた日から３月以内に、①本人の氏名、生年月日および住所、②事業の名称および事業場の所在地、③一次健康診断を受けた年月日、④一次健康診断の結果、⑤二次健康診断等給付を受けようとする労災病院または都道府県労働局長が指定した病院もしくは診療所（指定健康診断機関）の名称および所在地ならびに⑥請求の年月日を記載した二次健康診断等給付請求書（様式第16号の10の２）を、二次健康診断等給付を受けようとする労災病院または指定健康診断機関を経由して所轄の都道府県労働局長に提出しなければなりません（労災保険則第11条の３第１項、第18条の19）。

　このうち、③が一次健康診断に関するものであることについては、事業主の証明を受けなければなりません。

　また、一次健康診断において(2)①から④までのいずれの項目にも異常の所見があると診断されたことを証明することができる書類を添付し、当該書類が一次健康診断に関するものであることについて事業主の証明を受けなければなりません（労災保険法第13条第１項、第３項、労災保険則第11条、第11条の２）。

(7) 二次健康診断に関する医師からの意見の聴取

　二次健康診断を受けた者からその実施の日から3月以内に二次健康診断の結果を証明する書面の提出を受けた事業主は、医師の意見を聴き、聴取した医師の意見を健康診断個人票に記載しなければなりません（安全衛生法第66条の4、安全衛生則第51条の2第1項、労災保険法第27条、労災保険則第18条の17、第18条の18）。

2 社会復帰促進等事業

(1) 社会復帰促進等事業の概要

　労災保険が適用される労働者および遺族に対して、次の社会復帰促進等事業が行われます（労災保険法第29条第1項）。

① 療養施設およびリハビリテーション施設の設置運営その他業務災害・通勤災害の被災労働者の円滑な社会復帰を促進するために必要な事業

② 被災労働者の療養生活および介護の援護、遺族の就学の援護、被災労働者および遺族に対する資金の貸付けその他被災労働者および遺族の援護を図るための事業

　なお、遺族の就学の援護として行われる労災就学援護費に関する労働基準監督署長の支給・不支給の決定は、法を根拠とする優越的地位に基づいて一方的に行う公権力の行使であり、被災した労働者またはその遺族の権利に直接影響を及ぼす法的効果を有するものですから、抗告訴訟の対象となる行政処分に当たると解されています（中央労基署長事件　最高裁第一小法廷平成15年9月4日　労判858.48）。

③ 業務災害の防止活動に対する援助、健康診断施設の設置運営その他労働者の安全衛生の確保、保険給付の適切な実施の確保および賃金の支払の確保を図るための事業

　社会復帰促進等事業のうち、次の業務およびこれらに附帯する業務は、独立行政法人労働者健康福祉機構が行います（労災保険法第29条第3項、機構法第12条）。

① 療養施設、健康診断施設、リハビリテーション施設、被災労働者の納骨堂および産業保健業務従事者に対する研修・情報提供・相談などの援助を行う施設の設置・運営

② 産業医の選任義務のない事業場について、法定の要件を備えた医師を選任し、労働者の健康管理などを行わせる事業者および自発的健康診断を受ける労働者に対する助成金の支給

③ 賃金の立替払い事業の実施

(2) 特別支給金の支給
ア 特別支給金の概要
　特別支給金には、①休業特別支給金、②障害特別支給金、③障害特別年金、④障害特別一時金、⑤遺族特別支給金、⑥遺族特別年金、⑦遺族特別一時金、⑧傷病特別支給金および⑨傷病特別年金があります（特別支給金則第2条）。

　なお、特別加入者については、休業特別支給金、障害特別支給金、遺族特別支給金および傷病特別支給金だけが支給されます（特別支給金則第16条～第19条）。

イ 休業特別支給金
　休業特別支給金は、休業補償給付または休業給付の受給者に対して、負傷・疾病による療養のため労働することができないために賃金を受けない日の第4日目から支給されます。

　休業特別支給金の額は、1日につき給付基礎日額（被災労働者が所定労働時間の一部について労働した場合は、給付基礎日額からその労働に対して支払われる賃金の額を控除した額。66～69頁参照）の100分の20に相当する額です（特別支給金則第3条第1項）。

　ただし、①懲役、禁錮もしくは拘留の刑の執行のためもしくは死刑の言渡しを受けて刑事施設（少年院において刑を執行する場合における当該少年院を含む）に拘置されている場合、②留置施設に留置されて懲役、禁錮若しくは拘留の刑の執行を受けている場合、③労役場留置の言渡しを受けて労役場に留置されている場合、④保護処分として少年院若しくは児童自立支援施設に送致され、収容されている場合または⑤補導処分として婦人補導院に収容されている場合には、休業特別支給金も支給されません（特別支給金則第3条第2項）。

　休業特別支給金支給申請書の様式ならびに事業主および診療担当者の証明は休業補償給付支給請求書（様式第8号）または休業給付支給請求書（様式第16号の6）の様式ならびに事業主および診療担当者の証明と同一であり、所轄の労働基準監督署長に提出して申請します。休業特別支給金の支給の対象となる日について休業補償給付または休業給付を受けることができる者は、休業特別支給金の支給の申請を、休業補償給付または休業給付の請求と同時に行わなければなりません（特別支給金則第3条第3項～第5項）。

　休業特別支給金の支給を受けようとする者は、休業特別支給金の支給の申請の際に、所轄の労働基準監督署長に、事業主の証明を受けた特別給与の総額を記載した届書を提出しなければなりません（特別支給金則第12条）。

　この届出は、最初の休業特別支給金の支給の申請の際に行えば、その後は行う必要はなく、この届出を行えば、障害特別年金、障害特別一時金、遺族特別年金、遺

族特別一時金および傷病特別年金の申請を行う場合、申請書に特別給与の総額を記載する必要がありません（昭和52年3月30日基発第192号、昭和56年7月4日基発第415号）。
　ウ　障害特別支給金
　障害特別支給金は、障害補償給付または障害給付の受給者に対して、一時金として支給されます。
　障害特別支給金の額は、表5―2の左欄の障害等級（10～14頁参照）に応じて表5―2の右欄に定める額です（特別支給金則第4条第1項）。

表5―2　障害特別支給金の額

障害等級	障害特別支給金の額
第1級	342万円
第2級	320万円
第3級	300万円
第4級	264万円
第5級	225万円
第6級	192万円
第7級	159万円
第8級	65万円
第9級	50万円
第10級	39万円
第11級	29万円
第12級	20万円
第13級	14万円
第14級	8万円

　ただし、既に障害のあった者が、負傷・疾病により同一の部位について障害の程度を加重した場合には、現在の障害の該当する障害等級に応ずる障害特別支給金の額から既にあった障害の該当する障害等級に応ずる障害特別支給金の額を差し引いた額が障害特別支給金の額となります（特別支給金則第4条第2項）。
　また、ケの傷病特別支給金の支給を受けた者（227頁参照）に対しては、負傷・疾病が治ったとき障害があり、障害の該当する障害等級に応ずる障害特別支給金の

額が負傷・疾病による障害に関し既に支給を受けた傷病特別支給金の傷病等級に応ずる傷病特別支給金の額を超えるときに限って、その超える額について障害特別支給金が支給されます（特別支給金則第4条第3項）。

　障害特別支給金支給申請書の様式、事業主の証明および添付書類は障害補償給付支給請求書（様式第10号）または障害給付支給請求書（様式第16号の7）の様式、事業主の証明および添付書類と同一であり、所轄の労働基準監督署長に提出して申請します。障害特別支給金の支給の対象となる日について障害補償給付または障害給付を受けることができる者は、障害特別支給金の支給の申請を、障害補償給付または障害給付の請求と同時に行わなければなりません（特別支給金則第4条第4項～第7項）。

エ　障害特別年金

　障害特別年金は、障害補償年金または障害年金の受給者に対して支給されます。

　障害特別年金の額は、算定基礎日額（69頁参照）に表5―3の左欄の障害等級に応じて表5―3の右欄に定める日数を乗じた額です（特別支給金則第7条第1項）。

表5―3　障害特別年金の額

障害等級	日　数
第1級	313日
第2級	277日
第3級	245日
第4級	213日
第5級	184日
第6級	156日
第7級	131日

　障害特別年金支給申請書の様式および事業主の証明は障害補償給付支給請求書（様式第10号）または障害給付支給請求書（様式第16号の7）の様式および事業主の証明と同一であり、所轄の労働基準監督署長に提出して申請します（特別支給金則第7条第3項、第4項）。

　障害特別年金の支給を受ける者の障害の程度に変更があったため新たに他の障害等級に該当するようになった場合には、新たに該当するようになった障害等級に応ずる障害特別年金または障害特別一時金が支給され、その後は従前の障害特別年金は支給されません（特別支給金則第7条第5項）。

障害特別年金の変更に関する決定の手続きについても、障害補償給付または障害給付の変更に関する決定の手続きと同様です（特別支給金則第7条第6項）。
　障害特別年金の支給は、支給の事由が生じた月の翌月から始まり、支給の事由が消滅した月で終わります（特別支給金則第13条第1項）。
　障害特別年金は、原則として毎年2月、4月、6月、8月、10月および12月の6期に、それぞれその前月分までが支払われます（特別支給金則第13条第3項）。
　障害特別年金の支給を停止すべき事由が生じた場合にその停止期間の分として障害特別年金が支払われたときまたは障害特別年金を減額すべき事由が生じた場合にその事由が生じた月の翌月以後の分として減額しない障害特別年金が支払われたときは、支払われた障害特別年金または障害特別年金の減額部分はその後に支払う障害特別年金の内払とみなされます（特別支給金則第14条第1項）。
　なお、障害補償年金差額一時金または障害年金差額一時金の受給者に対しては、障害特別年金差額一時金が支給されます（特別支給金則附則第6項）。
　障害特別年金差額一時金の額は、算定基礎日額（69頁参照）に表5－4の左欄の障害等級に応じて表5－4の右欄に定める日数を乗じた額です（特別支給金則附則第6項）。

表5－4　障害特別年金差額一時金の額

障害等級	給付日数
第1級	1,340日
第2級	1,190日
第3級	1,050日
第4級	920日
第5級	790日
第6級	670日
第7級	560日

オ　障害特別一時金
　障害特別一時金は、障害補償一時金または障害一時金の受給者に対して支給されます。
　障害特別一時金の額は、算定基礎日額（69頁参照）に表5－5の左欄の障害等級に応じて表5－5の右欄に定める日数を乗じた額です（特別支給金則第8条第1項）。

表5—5　障害特別一時金の額

障害等級	日　数
第8級	503日
第9級	391日
第10級	302日
第11級	223日
第12級	156日
第13級	101日
第14級	56日

　ただし、既に障害のあった者が、負傷・疾病により同一の部位について障害の程度を加重した場合には、現在の障害の該当する障害等級に応ずる障害特別一時金の額から既にあった障害の該当する障害等級に応ずる障害特別一時金の額を差し引いた額が障害特別一時金の額となります（特別支給金則第8条第2項）。

　障害特別一時金支給申請書の様式および事業主の証明は障害補償給付支給請求書（様式第10号）または障害給付支給請求書（様式第16号の7）の様式および事業主の証明と同一であり、所轄の労働基準監督署長に提出して申請します（特別支給金則第8条第2項）。

カ　遺族特別支給金

　遺族特別支給金は、最先順位の遺族補償年金もしくは遺族年金の受給資格者または遺族補償年金もしくは遺族年金の受給資格者がないときに支給される遺族補償一時金もしくは遺族一時金の受給権者に支給されます。

　遺族特別支給金の額は300万円で、遺族特別支給金の支給を受けることができる遺族が2人以上いる場合には300万円をその人数で除した額になります（特別支給金則第5条第1項～第3項）。

　遺族特別支給金支給申請書の様式、事業主の証明および添付書類は遺族補償給付支給請求書（様式第12号）または遺族給付支給請求書（様式第16号の8）の様式、事業主の証明および添付書類と同一であり、所轄の労働基準監督署長に提出して申請します。遺族特別支給金の支給の対象となる日について遺族補償給付または遺族給付を受けることができる者は、遺族特別支給金の支給の申請を、遺族補償給付または遺族給付の請求と同時に行わなければなりません（特別支給金則第5条第4項～第7項）。

キ　遺族特別年金

　遺族特別年金は、遺族補償年金または遺族年金の受給権者に支給されます。

　遺族特別年金の額は、算定基礎日額（69頁参照）に表5―6の左欄の遺族の数に応じて表5―6の右欄に定める日数を乗じた額です（特別支給金則第9条第1項）。

表5―6　遺族特別年金の額

遺族の数	日　　　　　数
1人	153日（55歳以上または第3章8(2)ア1）④（156頁）の障害の状態にある妻（事実上の婚姻関係を含む）の場合は175日
2人	201日
3人	223日
4人以上	245日

　ただし、遺族特別年金を受ける権利を有する者が2人以上いるときは、その人数で除した額になります。

　遺族特別年金の額の算定の基礎となる遺族の数が増減したときは、その翌月から遺族特別年金の額が改定されます。

　また、遺族特別年金を受ける権利を有する遺族が妻であり、かつ、その妻と生計を同じくしている遺族特別年金を受けることができる遺族がない場合に、その妻が①第3章⑨(2)ア1）④（156頁）の障害のあるときを除き55歳に達したとき、または②55歳以上であるときを除き第3章⑨(2)ア1）④の障害の状態になり、もしくは障害の状態でなくなったときには、その翌月から、遺族特別年金の額が改定されます（特別支給金則第9条第2項）。

　遺族特別年金支給申請書の様式および事業主の証明は遺族補償給付支給請求書（様式第12号）または遺族給付支給請求書（様式第16号の8）の様式および事業主の証明と同一であり、所轄の労働基準監督署長に提出して申請します（特別支給金則第9条第3項、第4項）。

　死亡の当時胎児であった子が遺族特別年金の支給を受けようとする場合または新たに遺族特別年金の受給権者となった場合の様式は遺族補償給付支給請求書（様式第12号）もしくは遺族給付支給請求書（様式第16号の8）または遺族補償年金転給等請求書（様式第13号）と同一であり、所轄の労働基準監督署長に提出して申請します（特別支給金則第9条第5項、第6項）。

　遺族特別年金を受ける権利を有する者が2人以上いるときは、世帯を異にするな

どやむをえない事情のため代表者を選任することができないときを除き、そのうち1人を遺族特別年金の請求および受領についての代表者として選任し、代表者を選任し、またはその代表者を解任したときは、遅滞なく、その代表者を選任し、または解任したことを証明することができる書類を添付して、遺族特別年金代表者選任（解任）届（年金様式第7号）を所轄の労働基準監督署長に届け出なければなりません（特別支給金則第9条第7項）。

遺族特別年金の支給は、支給の事由が生じた月の翌月から始まり、支給の事由が消滅した月で終わります（特別支給金則第13条第1項）。

遺族特別年金は、遺族補償年金または遺族年金の支給が停止される事由が生じたときは、遺族補償年金前払一時金または遺族年金前払一時金が支給される場合に支給が停止されるときを除き、その事由が生じた月の翌月からその事由が消滅した月までの間は、支給されません（特別支給金則第13条第2項）。

遺族特別年金は、原則として毎年2月、4月、6月、8月、10月および12月の6期に、それぞれその前月分までが支払われます（特別支給金則第13条第3項）。

遺族特別年金の支給を停止すべき事由が生じた場合にその停止期間の分として遺族特別年金が支払われたときまたは遺族特別年金を減額すべき事由が生じた場合にその事由が生じた月の翌月以後の分として減額しない遺族特別年金が支払われたときは、支払われた遺族特別年金または遺族特別年金の減額部分はその後に支払う遺族特別年金の内払とみなされます（特別支給金則第14条第1項）。

ク　遺族特別一時金

遺族特別一時金は、遺族補償一時金または遺族一時金の受給権者に対して支給されます。

遺族特別一時金の額は、表5—7の左欄の遺族の区分に応じて表5—7の右欄に定める額です（特別支給金則第10条第1項）。

表5—7　遺族特別一時金の額

遺　　　　族	遺族特別一時金の額
死亡の当時、遺族補償年金または遺族年金の受給資格者がないとき	算定基礎日額（69頁参照）に1,000日を乗じた額
遺族補償年金または遺族年金の受給権者がすべて失権した場合に、受給権者であった遺族の全員に対して支払われた遺族特別年金の合計額が算定基礎日額（69頁参照）に1,000日を乗じた額に達していないとき	すでに支給された遺族特別年金の合計額と算定基礎日額（69頁参照）に1,000日を乗じた額との差額

遺族特別一時金支給申請書の様式および事業主の証明は遺族補償給付支給請求書（様式第12号）または遺族給付支給請求書（様式第16号の8）の様式および事業主の証明と同一であり、所轄の労働基準監督署長に提出して申請します（特別支給金則第10条第2項、第3項）。

　遺族特別一時金を受ける権利を有する者が2人以上いるときは、世帯を異にするなどやむをえない事情のため代表者を選任することができないときを除き、そのうち1人を遺族特別一時金の請求および受領についての代表者として選任し、代表者を選任し、またはその代表者を解任したときは、遅滞なく、その代表者を選任し、または解任したことを証明することができる書類を添付して、遺族特別一時金代表者選任（解任）届（年金様式第7号）を所轄の労働基準監督署長に届け出なければなりません（特別支給金則第10条第4項）。

ケ　傷病特別支給金

　傷病特別支給金は、傷病補償年金または傷病年金の受給権者に対して支給されます。傷病特別支給金の額は、表5—8の左欄の傷病等級（166頁参照）に応じて表5—8の右欄に定める額です（特別支給金則第6条第1項）。

表5—8　傷病特別支給金の額

傷病等級	額
第1級	114万円
第2級	107万円
第3級	100万円

　傷病特別支給金の支給を受けようとする者は、①本人の氏名、生年月日および住所ならびに②傷病の名称、部位および状態を記載した申請書を所轄の労働基準監督署長に提出しなければならないことになっています（特別支給金則第6条第2項）が、実際には傷病補償年金または傷病年金の支給決定を受けたことで傷病特別支給金の申請があったものとして取り扱われます（昭和56年6月27日基発第393号）。

コ　傷病特別年金

　傷病特別年金は、傷病補償年金または傷病年金の受給権者に対して支給されます。

　傷病特別年金の額は、算定基礎日額（69頁参照）に表5—9の左欄の傷病等級（166頁参照）に応じて表5—9の右欄に定める日数を乗じた額です（特別支給金則第11条第1項）。

表5—9 遺族特別年金の額

傷病等級	給付日数
第1級	313日
第2級	277日
第3級	245日

　傷病特別年金の支給を受けようとする者は、①本人の氏名、生年月日および住所、②傷病の名称、部位および状態、③平均賃金ならびに④特別給与の総額を記載した申請書を所轄の労働基準監督署長に提出しなければならないことになっています（特別支給金則第11条第2項）が、実際には、休業特別支給金の支給の申請の際に特別給与の総額を記載した届出を行っていない者を除き、傷病補償年金または傷病年金の支給の決定を受けた者は、傷病特別年金の申請があったものとして取り扱われます（昭和52年3月30日基発第192号、昭和56年7月4日基発第415号）。

　傷病特別年金を受ける者の傷病等級に変更があった場合には、新たに該当した傷病等級に応ずる傷病特別年金が支給され、その後は従前の傷病特別年金は支給されません（特別支給金則第11条第3項）。

　傷病特別年金の支給は、支給の事由が生じた月の翌月から始まり、支給の事由が消滅した月で終わります（特別支給金則第13条第1項）。

　傷病特別年金は、原則として毎年2月、4月、6月、8月、10月および12月の6期に、それぞれその前月分までが支払われます（特別支給金則第13条第3項）。

　傷病特別年金の支給を停止すべき事由が生じた場合にその停止期間の分として傷病特別年金が支払われたときまたは傷病特別年金を減額すべき事由が生じた場合にその事由が生じた月の翌月以後の分として減額しない傷病特別年金が支払われたときは、支払われた傷病特別年金または傷病特別年金の減額部分はその後に支払う傷病特別年金の内払とみなされます（特別支給金則第14条第1項）。

(3) その他の社会復帰促進等事業

　このほか、次のような社会復帰促進等事業が行われています。

ア　未払い賃金の立替払い

　労災保険の適用事業に該当する事業を1年以上行っていた事業主が①破産手続き開始の決定を受けたこと、②特別清算開始の命令を受けたこと、③再生手続き開始の決定があったこと、④更生手続き開始の決定があったこと。⑤中小企業事業主が事業活動に著しい支障を生じたことにより事業活動が停止し、再開する見込みがなく、かつ、賃金支払い能力がない状態になったことについて、その事業を退職した

者の申請に基づき、労働基準監督署長の認定があったことのいずれかに該当した場合に、最初の破産手続き開始などの申し立てがあった日などの6月前の日から2年間にその事業を退職した労働者に未払い賃金があるときは、労働者の請求に基づき、その未払い賃金に関する債務のうち未払い賃金総額（請求をする労働者の年齢の区分に応じた上限額の範囲内の額）の100分の80に相当する額を事業主に代わって弁済します（賃金の支払の確保等に関する法律第7条）。

イ　助成金の支給

　労働時間等設定改善推進助成金、均衡待遇・正社員化推進奨励金、職場意識改善助成金および受動喫煙防止対策助成金が支給されます（労災保険則第24条～第29条）。

ウ　労災病院などの施設の設置・運営

　独立行政法人労働者健康福祉機構が労災病院（看護専門学校）、労災疾病研究センター、勤労者予防医療センター、医療リハビリテーションセンター、総合せき損センター、健康診断施設、リハビリテーション施設、産業保健推進センター、労災リハビリテーション作業所および産業殉職者納骨堂の設置・運営を行っています。

第6章

民事賠償の概要および保険給付と民事賠償との調整

> 第6章においては、民事賠償の概要および保険給付と民事賠償との調整について解説します。

1 民事賠償

(1) 損害賠償の法的根拠

　業務上災害または通勤災害に被災した労働者または遺族は、労災保険による保険給付を受けることができるほか、これらの災害によって受けた損害について損害賠償を使用者に対して請求できる場合があります。

　損害賠償を請求できる法的な根拠となるのは、主として民法第415条の債務不履行責任、民法第709条の不法行為責任および民法第715条第1項の不法行為に関する使用者責任ですが、このほか、民法第717条第1項の工作物の設置管理に関する瑕疵責任、民法第716条の注文者責任、自動車損害賠償保障法第3条の運行供用者責任、商法第590条第1項の旅客の運送人の旅客に対する責任、製造物責任法第3条の製造業者などの製造物責任などが問題となることもあります。

(2) 債務不履行責任（安全配慮義務）

ア　安全配慮義務とは

　労働契約は、労働者による労務の提供と使用者の賃金の支払をその基本的な内容とする双務の有償契約ですが、通常の場合、労働者は、使用者の指定した場所に配置され、使用者の供給する設備、器具などを用いて労務の提供を行いますので、使用者は、賃金の支払義務にとどまらず、労働者が労務提供のため設置する場所、設備もしくは器具などを使用し、または使用者の指示のもとに労務を提供する過程において、労働者の生命、身体、健康などを危険から保護するよう配慮すべき安全配慮義務を負っています（川義事件　最高裁第三小法廷昭和59年4月10日　労判429.12）。

　このため、労働契約法第5条は、労働契約に特段の根拠規定がなくても、労働契約の付随的義務として使用者には当然に安全配慮義務があることを明確にするため、「使用者は、労働契約に伴い、労働者がその生命、身体等の安全を確保しつつ労働することができるよう、必要な配慮をするものとする」と規定しています。

イ　安全配慮義務の内容

　安全配慮義務の具体的内容は、労働者の職種や労務の内容、労務の提供場所など安全配慮義務が問題となる具体的な状況などによって異なります（川義事件）が、

一般に次のような内容が含まれていると解されています。
① 労働災害や職業性疾病を防止するため、物的な危険の防止や安全衛生教育の実施などによる危険な作業方法の防止、作業上の連絡調整の的確な実施などを行うこと。
② 脳・心臓疾患や精神障害などの健康障害を防止するため、健康状態の的確な把握と健康状態が悪化することのないようにするための措置を行うこと。
③ 寄宿する労働者の安全や健康を確保するため、寮や宿泊施設の施設や設備などを整備すること。
④ 職場内でのいじめや暴力を防止するための措置を行うこと。
⑤ 職場内での受動喫煙防止対策を行うこと。
ウ 安全衛生法などの規定と安全配慮義務との関係
　労働者の安全と健康の確保に関しては安全衛生法などに規定されていますが、安全衛生法などの規定と安全配慮義務との関係は、次のように考えられています。
１）危害防止基準
　安全衛生法などに規定する危害防止基準については、一般的に安全配慮義務の基準になると解されています（内外ゴム事件　神戸地裁平成２年12月27日　労判596.69）。このため、例えば、雇入れ時の健康診断（関西医科大学事件　大阪高裁平成16年７月15日　労判879.22）や定期の健康診断を行っていない場合（富士保安警備事件　東京地裁平成８年３月28日　労判694.34）、本来は年２回実施すべき深夜業務の定期的従事者への定期健康診断を年１回しか実施していない場合、産業医を選任していない場合（榎並工務店事件　大阪高裁平成15年５月29日　労判858.93）などには、安全配慮義務に違反すると解されています。
２）努力義務規定や指針など
　努力義務規定や指針や通達、行政当局が編集したテキストなどが安全配慮義務の基準となることがあります。例えば、トラック運転手などの腰痛について、職場における腰痛予防対策指針（平成６年９月６日基発第547号）に定められた内容が安全配慮義務の内容であるとする裁判例（中国ピアノ運送事件　広島地裁平成元年９月26日　労判547.6）などがあります。
３）労働時間の基準
　労働時間の基準が安全配慮義務の基準となることがあります。例えば、労働基準法に定める時間外休日労働協定（36協定）が締結されていなかったにもかかわらず長時間労働をさせて、運転手が事故を起こして死亡させた場合には、安全配慮義務に違反するとする裁判例（協和エンタープライズほか事件　東京地裁平成18年４月26日　労判930.79）があります。

4）安全衛生法令や指針などに記載のない事項

　行政法令、行政指導、監督は、安全配慮義務の上限を画するものではなく、これに従ったからといって、安全配慮義務を尽くしたとは言えないと解されています（日鉄鉱業事件　福岡高裁平成元年3月31日　労判541.50）。このため、例えば、安全衛生則では2メートル以上の高さの作業について転落防止措置を行うように義務付けている場合であっても、89センチメートルの高さの作業台について転落防止措置を行うことが安全配慮義務の内容であるとされる場合もあります（大和製罐・テクノアシスト相模事件　東京地裁平成20年2月13日　労判955.13）。

5）行政指導を受けない事項

　行政指導を受けた事項については使用者の責任の程度は大きいと解されています（高橋塗装工業所事件　東京高裁平成18年5月17日　労判935.59）が、行政指導を受けない事項であっても責任を免れることはないと解されています（東洋精箔事件　千葉地裁平成11年1月18日　労判765.77）。

6）事業場内部で危険性が指摘されていた事項

　事業場内部で危険性が指摘されていた事項が安全配慮義務の基準になる場合があります（村井工業事件　奈良地裁葛城支部昭和43年3月29日　時報539.58）。

エ　安全配慮義務の構造

1）相当因果関係

　業務上の原因に対して通常発生する損害である場合に、使用者には労働者の安全配慮義務があると解されています（民法第416条第1項）。

2）危険の予見可能性

　安全配慮義務があるためには、危険を予見できたことが必要（民法第416条第2項）で、危険が予見できなかったときは、安全配慮義務違反はありません（日赤益田赤十字病院事件　広島地裁平成15年3月25日　労判850.64）が、結果発生を認識していない場合には、結果発生の予見可能性が検討されます（日本化工クロム事件　東京地裁昭和56年9月28日　労判372.21）。

3）結果回避義務

　危険が予見可能であるときは、その時代にでき得る最高度の措置を行うように努力し、あらゆる対策を講じ（日本化工クロム事件　東京地裁昭和56年9月28日　労判372.21）、問題とされる時代における技術水準、医学的知見、経済的、社会的情勢に応じて最善の手段方法をもって実施しなければなりません（三菱重工業事件　大阪高裁昭和63年11月28日　労判522.49）。

　一方、危険を回避するために必要な措置が十分講じられている場合には、結果回避義務を果たしたことになります（林野庁高知営林署事件　最高裁第二小法廷平成

2年4月20日　労判561.6）。

オ　安全配慮義務の主体

安全配慮義務は、労働契約の当事者である使用者がその義務を負うのが原則ですが、それ以外の者についても、安全配慮義務があると判断される場合があります。

1）注文主など

注文主などが請負労働者に対して直接指揮監督を行うなど使用者と同視し得る関係にある場合には、注文主にも安全配慮義務があります（三菱重工業事件　最高裁第一小法廷平成3年4月11日　労判590.14）。

例えば、建設業の重層請負における元方事業者（鹿島建設・大石塗装事件　最高裁第一小法廷昭和55年12月18日　労判366.18）や造船所の構内下請の社外工に対する元方事業者（三菱重工業事件）、人材派遣的な業務請負事業者から派遣された労働者を受け入れた事業者（ニコン・アテスト事件　東京地裁平成17年3月31日　労判894.21）、シルバー人材センターから派遣された労働者を受け入れた事業者（三広梱包事件　浦和地裁平成5年5月28日　労判650.76）、派遣元から派遣された派遣労働者を受け入れた派遣先（北川建設・南野興業事件　横浜地裁平成19年6月28日）などです。

3）親会社や関連会社

親会社が子会社の労働者に対して指揮監督するなど実質上使用者と同視できるような関係がある場合にも安全配慮義務があります（三井三池炭鉱事件　福岡地裁平成13年12月18日）。

また、労働者を雇用する企業と、役員・資本・営業・設備などの面で密接に関連する企業について、実質的には1個の企業であるとして、安全配慮義務を認めた裁判例（平和石綿工業・朝日石綿工業事件　長野地裁昭和61年6月27日　労判478.53など）もあります。

4）その他

出向労働者に関しては、出向先に指揮命令権があるので、一般に出向先には安全配慮義務があります（協成建設工業ほか事件　札幌地裁平成10年7月16日　労判744.29）が、出向元も出向先との出向契約を介して労働環境の安全に配慮すべき義務を負うと解されています（大成建設、新興工業事件　福島地裁昭和49年3月25日）。

また、代表取締役には法人に安全配慮義務を尽くさせるよう注意すべき義務があるとする裁判例（三六木工事件　横浜地裁小田原支部平成6年9月27日　労判681.81）もあります。

このほか、配送に来た運送会社の労働者に対して、運送品の倉庫への搬送やリフ

トに乗ることを指示したことを理由に、買主には売買契約の付随義務として安全配慮義務があるとした裁判例（真田陸運事件　東京地裁平成8年2月13日　労判690.63）もあります。
　カ　安全配慮義務に違反した場合の損害賠償責任
　民法第415条は「債務者がその債務の本旨に従った履行をしないときは、債権者は、これによって生じた損害の賠償を請求することができる」と規定していますので、安全配慮義務の債務者である使用者などがその債務である安全配慮義務の本旨に従った履行をしないときは、債権者である労働者またはその遺族は、生じた損害の賠償を請求することができます。

(3)　不法行為責任

　民法第709条は「故意または過失によって他人の権利または法律上保護される利益を侵害した者は、これによって生じた損害を賠償する責任を負う」と規定していますので、使用者自身が故意または過失によってその雇用する労働者の生命、身体などに関する権利または法律上保護される利益を侵害した場合には、この規定によって使用者は損害賠償責任を負います。
　一方、被災した労働者以外の労働者が故意または過失によって被災した労働者の生命、身体などに関する権利または法律上保護される利益を侵害した場合には、当該被災させた労働者が損害賠償責任を負いますが、民法第715条第1項は「ある事業のために他人を使用する者は、使用者が被用者の選任およびその事業の監督について相当の注意をしたとき、または相当の注意をしても損害が生ずべきであったときを除き、被用者がその事業の執行について第三者に加えた損害を賠償する責任を負う」旨規定していますので、使用者は被用者の不法行為に関する使用者責任として損害賠償責任を負います。
　例えば、①上司が、部下が恒常的に著しく長時間にわたり業務に従事していることおよびその健康状態が悪化していることを認識しながら、その負担を軽減させるための措置を採らなかった過失によって部下がうつ病を発症させ、そのうつ病により自殺した場合（電通事件　最高裁第二小法廷平成12年3月24日　労判779.13）や②ガス責任技術者がガスの配管の大きさを設計書に誤って記載し、そのまま工事が施工されたところ、工事に従事していた者がガス噴出により死亡した場合（N設備・鴻巣市事件　さいたま地裁平成13年12月5日　労判819.5）、③運送荷役に従事していた助手が運転手の指示によらずにベルト・フックを外したため、運転手が荷の下敷きとなり障害等級1級の後遺障害を残した場合（明津運輸事件　東京地裁平成12年5月31日　交通民集33.3.907）、④1次請負事業者の組長が指導教育を行うべき注意義務を怠り、派遣元から2次請負事業者へ派遣されて元方事業者の工場

内で作業に従事していた労働者が機械に挟まれて死亡した場合（TOTO・滋賀設備等事件　大津地裁平成22年6月22日　労判1012.25）などには、使用者（④の場合には実質的な指揮監督関係があった元方事業者を含む）は民法第715条第1項の規定により損害賠償責任を負います。

　また、民法第716条は「注文または指図についてその注文者に過失があったときは、注文者は、請負人がその仕事について第三者に加えた損害を賠償する責任を負う」旨、同法第717条第1項は「土地の工作物の設置または保存に瑕疵があることによって他人に損害を生じたときは、その工作物の占有者は、損害の発生を防止するのに必要な注意をしたときを除き、被害者に対してその損害を賠償する責任を負う」旨規定していますので、これらの規定により損害賠償責任を負う場合もあります。

　例えば、①工場内にある66,000ボルトの碍子型油入り自動遮断器がその本来要求されている機能を発揮せず、保存の瑕疵があったために、製鉄工場に勤務する電気係員が遮断器の故障の修理のため接近したところ爆発により死亡した場合（千代田亜鉛・東京電力事件　東京地裁昭和48年12月3日　判例タイムズ310.281）や②工場内の局所照明設備がない入口付近で溝蓋の補修作業に従事していた者がフォークリフトにひかれて死亡した場合（愛知製鋼所・三栄組事件　名古屋地裁昭和50年12月26日　労判246.47）には、民法第717条の規定により損害賠償責任を負います。

　このほか、自動車損害賠償保障法第3条は「自己のために自動車を運行の用に供する者は、その運行によって他人の生命または身体を害したときは、自己および運転者が自動車の運行に関し注意を怠らなかったこと、被害者または運転者以外の第三者に故意または過失があったことならびに自動車に構造上の欠陥または機能の障害がなかったことを証明したときを除き、生じた損害を賠償する責任を負う」旨、商法第590条第1項は「旅客の運送人は自己またはその使用人が運送に関して注意を怠らなかったことを証明しなければ、旅客が運送のために受けた損害を賠償する責任を免れない」旨、製造物責任法第3条は「製造業者などは、その製造、加工、輸入または氏名などの表示をし、引き渡した製造物そのものの欠陥により他人の生命、身体または財産を侵害したときは、その損害が当該製造物についてのみ生じたときを除き、生じた損害を賠償する責任を負う」旨それぞれ規定していますので、これらの規定により損害賠償責任を負う場合もあります。

❷ 労災保険の保険給付と民事損害賠償との調整

(1) 労災保険の保険給付と民事損害賠償との調整の概要
労災保険の保険給付と民事損害賠償とは、次のように調整されます（労災保険法附則第64条）。

ア　障害補償年金もしくは障害年金または遺族補償年金もしくは遺族年金の受給権者が同一の事由について事業主からこれらの保険給付に相当する民事損害賠償を受けることができるときは、その事業主は、一定の限度で、民事損害賠償の履行が猶予されます。

イ　民事損害賠償の履行が猶予されている場合に一定の保険給付が行われたときは、その事業主は、一定の限度で、民事損害賠償の責任を免れます。

ウ　保険給付の受給権者が事業主から民事損害賠償を受けることができる場合に、保険給付の受給権者に対し同一の事由について保険給付に相当する民事損害賠償が行われたときは、一定の限度で保険給付は行われません。

(2) 同一の事由
「同一の事由」とは、保険給付の趣旨目的と民事上の損害賠償のそれとが一致すること、すなわち、保険給付の対象となる損害と民事上の損害賠償の対象となる損害とが同性質であり、保険給付と損害賠償とが相互補完性を有する関係にある場合をいい、単に同一の事故から生じた損害であることをいうものではありません（青木鉛鉄事件　最高裁第二小法廷昭和62年7月10日　労判507.6）。

労災保険の保険給付は精神的苦痛に対する慰謝料や物的損害、遺体捜索費、義肢、補聴器、入院雑費、付添看護費などについては給付対象にしていませんので、これら以外の被災した労働者やその遺族が被った主として財産的損害の逸失利益に関して調整が行われます。

(3) 民事損害賠償の履行の猶予
事業主の民事損害賠償の履行が猶予されるのは、労働者またはその遺族が障害補償年金もしくは障害年金または遺族補償年金もしくは遺族年金を受けることができる場合で、これらの保険給付を受ける権利を有するようになった時に、障害補償年金前払一時金もしくは障害年金前払一時金または遺族補償年金前払一時金もしくは遺族年金前払一時金を請求することができる場合に限られています。

事業主の民事損害賠償の履行が猶予されるのは、障害補償年金前払一時金もしくは障害年金前払一時金または遺族補償年金前払一時金もしくは遺族年金前払一時金の最高額相当額の法定利率（年5パーセント）による現価で、障害補償年金もしくは障害年金または遺族補償年金もしくは遺族年金が支給された場合には、これらの

保険給付の支給額の法定利率（年5パーセント）による現価を控除した額が限度です。

⑷ 　民事損害賠償の責任の免除

　事業主の民事損害賠償の責任が免除されるのは、障害補償年金もしくは障害年金、遺族補償年金もしくは遺族年金、障害補償年金前払一時金もしくは障害年金前払一時金、または遺族補償年金前払一時金もしくは遺族年金前払一時金が支給された場合です。

　事業主の民事損害賠償の責任が免除されるのは、支給された障害補償年金もしくは障害年金、遺族補償年金もしくは遺族年金、障害補償年金前払一時金もしくは障害年金前払一時金、または遺族補償年金前払一時金もしくは遺族年金前払一時金の額の法定利率（年5パーセント）による現価が限度です。

　保険給付をしたことによって事業主の民事損害賠償の責任が免除されるのは現実に保険金を給付して損害を填補したときに限られ、いまだ現実の給付がない以上、たとえ将来にわたり継続して給付されることが確定していても、事業主の民事損害賠償の責任は免除されません（三共自動車事件　最高裁第三小法廷昭和52年10月25日　労判300.41）。

　また、事業主の民事損害賠償の額を算定するに当たり、被災した労働者に過失があった場合に行われる過失相殺と保険給付の控除との関係については、損害額について過失相殺した後で、保険給付分が控除されます（高田建設事件　最高裁第三小法廷平成元年4月11日　労判546.16）。

　なお、特別支給金には被災した労働者の損害をてん補する性質がありませんので、被災した労働者が受給した特別支給金を損害賠償額から控除する必要はありません（コック食品事件　最高裁第二小法廷平成8年2月23日　労判695.13）。

⑸ 　保険給付の支給調整

　事業主の民事損害賠償が行われた場合の保険給付の支給調整に関しては、次のような基準が定められています（昭和56年6月12日発基第60号）。

ア　労災保険給付の支給調整の事由となる民事損害賠償

　労災保険給付の支給調整の対象となる民事損害賠償の損害項目は、表6―1の左欄の労災保険給付に応じてそれぞれ表6―1の右欄の損害項目です。

表6―1　労災保険給付の支給調整の対象となる民事損害賠償の損害項目

労災保険給付	対応する損害賠償の損害項目
療養補償給付または療養給付	治療費

休業補償給付または休業給付	休業によってそう失して、得ることができなくなった利益
傷病補償年金または傷病年金	
障害補償給付または障害給付	障害によってそう失または減少して、得ることができなくなった利益
介護補償給付または介護給付	介護費用
遺族補償給付または遺族給付	労働者の死亡によって遺族がそう失して、得ることができなくなった利益
葬祭料または葬祭給付	葬祭費

イ 民事損害賠償の賠償額のうち比較の対象とする額

　アの損害項目に対する民事損害賠償の賠償額のうち労災保険給付の支給水準相当分だけを労災保険給付の額との比較の対象とする額とします。

ウ 企業内労災補償、示談金、和解金、見舞金などの取扱い

1）企業内労災補償

　企業内労災補償は、一般的に労災保険給付が支給されることを前提としながらこれに上積みして給付する趣旨のものですので、企業内労災補償については、その制度を定めた労働協約、就業規則その他の規程の文面上労災保険給付相当分を含むことが明らかである場合を除き、労災保険給付の支給調整は行いません。

2）示談金および和解金

　労災保険給付が将来にわたり支給されることを前提としてこれに上積みして支払われる示談金および和解金については、労災保険給付の支給調整は行いません。

3）見舞金など

　単なる見舞金など民事損害賠償の性質をもたないものについては、労災保険給付の支給調整は行いません。

エ 支給調整を行う労災保険給付

1）支給調整を行う労災保険給付の種類

　支給調整を行うのは表6—1の左欄の労災保険給付に限定し、特別支給金については支給調整は行いません。

2）支給調整が行われる労災保険給付の受給権者の範囲

　労災保険給付の支給調整の事由となる民事損害賠償（232～237頁参照）を受けた労災保険給付の受給権者について支給調整を行います。ただし、遺族補償年金または遺族年金の受給権者のうち先順位の受給権者が失権した後の後順位の受給権者については、支給調整は行いません。

オ 支給調整の事由となる民事損害賠償の損害項目に応じた労災保険給付の支給調

整の方法
1）逸失利益
　障害補償給付または障害給付、遺族補償給付または遺族給付、傷病補償年金または傷病年金および休業補償給付または休業補償給付は、逸失利益に対する民事損害賠償の賠償額に相当する額の範囲で次の方法により支給調整を行います。
A　基本原則
① 　逸失利益に対する民事損害賠償の賠償額のうち労災保険給付の支給水準相当分（比較対象逸失利益額）のみを労災保険給付との比較の対象とする額とします。
② 　比較対象逸失利益額には、災害発生時から支給調整時までの利息分を加えません。
③ 　比較対象逸失利益額と比較する労災保険給付の額については、スライドが行われた場合にはスライド後の額とします。
④ 　遺族補償給付または遺族給付の支給調整に関する比較対象逸失利益額は、受給権者本人の受けた民事損害賠償に限ります。
⑤ 　労災保険給付の支給調整は、次のいずれか短い期間（調整対象給付期間）の範囲で行います。
ａ．前払一時金最高限度額相当期間の終了する月から起算して9年が経過するまでの期間。ただし、休業補償給付または休業給付については災害発生日から起算して9年が経過する日までの期間、傷病補償年金または傷病年金については支給事由の発生した月の翌月から起算して9年が経過するまでの期間。
ｂ．表6－2の就労可能年齢（遺族補償年金または遺族年金については死亡した者の生存を仮定した場合の就労可能年齢）を超えたときは、その超えたときまでの期間。

表6－2　就労可能年齢

年齢	就労可能年齢	年齢	就労可能年齢	年齢	就労可能年齢	年齢	就労可能年齢
15歳	67歳	36歳	67歳	57歳	68歳	78歳	82歳
16	67	37	67	58	69	79	83
17	67	38	67	59	70	80	84
18	67	39	67	60	70	81	85
19	67	40	67	61	71	82	85
20	67	41	67	62	71	83	86

21	67	42	67	63	72	84	87
22	67	43	67	64	73	85	88
23	67	44	67	65	73	86	89
24	67	45	67	66	74	87	90
25	67	46	67	67	75	88	90
26	67	47	67	68	75	89	91
27	67	48	67	69	76	90	92
28	67	49	67	70	76	91	93
29	67	50	67	71	77	92	94
30	67	51	67	72	78	93	95
31	67	52	67	73	79	94	96
32	67	53	67	74	79	95	97
33	67	54	67	75	80	96	98
34	67	55	67	76	81	97	(注)
35	67	56	68	77	81		

（注）　97歳以上の年齢の者の就労可能年齢は当該年齢に1年を加えた年齢

B　障害補償年金または障害年金

　障害補償年金または障害年金については、調整対象給付期間内に限り、次の額に達するまで支給を停止します。

| 逸失利益額(注1)×給付相当率(注2)－前払一時金最高限度額など(注3) |

（注1）　逸失利益額は、判決などで明示された逸失利益額としますが、その額が次の額を上回る場合には次の額とします。

| 給付基礎日額×365×労働能力喪失率(注①)×就労可能年数に対応する新ホフマン係数(注②) |

（注①）　労働能力喪失率は表6－3によります。ただし、判決などで労働能力喪失率が明らかであるときはその率によることができます。

表6—3　労働能力喪失率

障害等級	労働能力喪失率
第1級	100／100
第2級	100／100
第3級	100／100
第4級	92／100
第5級	79／100
第6級	67／100
第7級	56／100
第8級	45／100
第9級	35／100
第10級	27／100
第11級	20／100
第12級	14／100
第13級	9／100
第14級	5／100

(注②)　就労可能年数に対応する新ホフマン係数は表6—4によりますが、判決などにおける就労可能年数が明らかであるときはその年数に対応する新ホフマン係数によることができます。

表6—4　就労可能年数と新ホフマン係数

就労可能年数	係数	就労可能年数	係数	就労可能年数	係数	就労可能年数	係数
52年	25.261	31年	18.421	11年	8.590	4年	3.564
51	24.984	30	18.029	11	8.590	4	3.564
50	24.702	29	17.629	11	8.590	4	3.564
49	24.416	28	17.221	10	7.945	4	3.564
48	24.126	27	16.804	10	7.945	3	2.731
47	23.832	26	16.379	9	7.278	3	2.731
46	23.534	25	15.944	9	7.278	3	2.731
45	23.231	24	15.500	9	7.278	3	2.731

44	22.923	23	15.045	8	6.589	3	2.731
43	22.611	22	14.580	8	6.589	3	2.731
42	22.293	21	14.104	8	6.589	2	1.861
41	21.970	20	13.616	7	5.874	2	1.861
40	21.643	19	13.116	7	5.874	2	1.861
39	21.309	18	12.603	6	5.134	2	1.861
38	20.970	17	12.077	6	5.134	2	1.861
37	20.625	16	11.536	6	5.134	2	1.861
36	20.275	15	10.981	6	5.134	2	1.861
35	19.917	14	10.409	5	4.364	2	1.861
34	19.554	13	9.821	5	4.364	2	1.861
33	19.183	12	9.215	5	4.364	1	0.952
32	18.806	12	9.215	4	3.564		

(注2) 給付相当率は、表6-5によります。

表6-5 給付相当率

障害等級	給付相当率
第1級	0.67
第2級	0.67
第3級	0.67
第4級	0.64
第5級	0.64
第6級	0.64
第7級	0.64
第8級	0.58
第9級	0.58
第10級	0.58
第11級	0.58
第12級	0.58
第13級	0.58
第14級	0.58

(注3) 前払一時金最高限度額などは、障害補償年金前払一時金最高限度額もしくは障害年金前払一時金最高限度額または既に支給された障害補償年金もしくは障害年金の支給額のいずれか大きい額です。

C 遺族補償年金または遺族年金

遺族補償年金または遺族年金については、調整対象給付期間内に限り、次の額に達するまで支給を停止します。

逸失利益額×0.67－前払一時金最高限度額など(注)

(注) 逸失利益額は、判決などで明示された逸失利益額としますが、その額が次の額を上回る場合には次の額とします。

(給付基礎日額(66～69頁参照)×365－死亡労働者本人の生活費)(注)×就労可能年数に対応する新ホフマン係数×遺族たる受給権者の相続割合

(注) 死亡労働者本人の生活費…給付基礎日額×365の35％としますが、判決などで本人の生活費が明らかであるときはその額によることができます。

D 傷病補償年金または傷病年金

傷病補償年金または傷病年金については、障害補償年金または障害年金に準じて支給を停止します。

E 障害補償一時金または障害一時金

障害補償一時金または障害一時金については、障害補償一時金または障害一時金の支給事由が災害発生日から起算して9年を経過する日の後に生じた場合および就労可能年齢を超えた日以後に生じた場合を除き、次の額について支給を停止します。

逸失利益額×給付相当率－既支給額

F 遺族補償一時金または遺族補償一時金

遺族補償一時金または遺族補償一時金については、遺族補償一時金または遺族補償一時金の支給事由が災害発生日から起算して9年を経過する日の後に生じた場合および就労可能年齢を超えた日以後に生じた場合を除き、次の額について支給を停止します。

逸失利益額×0.67－既支給額

G 障害補償年金前払一時金もしくは障害年金前払一時金または遺族補償年金前払一時金もしくは遺族年金前払一時金

障害補償年金前払一時金もしくは障害年金前払一時金または遺族補償年金前払一時金もしくは遺族年金前払一時金については、支給調整は行いません。
　H　休業補償給付または休業給付
　休業補償給付または休業給付については、障害補償年金または障害年金に準じて支給を停止しますが、給付相当率は0.60とします。
２）療養費
　療養補償給付または療養給付については、療養費に対する民事損害賠償の賠償額のうち療養補償給付または療養給付に見合う額の限度で支給調整を行います。
３）葬祭費用
　葬祭料または葬祭給付については、葬祭費用に対する民事損害賠償の賠償額の限度で支給調整を行います。
　カ　民事損害賠償の内訳などが不明なものの取扱い
１）労災保険給付相当分を含むことが明らかな民事損害賠償で、その内訳などが不明なものの取扱い
　民事損害賠償の賠償額のうち次により算定した額を、労災保険給付との比較の対象とする額とみなして支給調整を行います。
　A　被災した労働者が後遺障害について民事損害賠償を受けたケース

> 給付基礎日額×365×労働能力喪失率×就労可能年数に対応する新ホフマン係数×給付相当率－前払一時金最高限度額など

　B　遺族が被災した労働者の死亡について民事損害賠償を受けたケース

> （給付基礎日額×365－死亡した労働者本人の生活費）×就労可能年数に対応する新ホフマン係数×遺族たる受給権者の相続割合×0.67－前払一時金最高限度額など

　C　被災した労働者が療養のための一時的労働不能による賃金喪失について民事損害賠償を受けたケース
　　Aに準じて支給調整を行います。
２）労災保険給付相当分を含むことが明らかでない場合の取扱い
　将来給付予定の労災保険給付相当分を含むことが明らかでない場合には、労災保険給付に上積みして行われる賠償とみなして労災保険給付の支給調整を行いません。

第7章

その他

第7章においては、不服申立てと訴訟、時効、事業主の助力、行政の権限、罰則などについて解説します。

1 不服申立てと訴訟

　保険給付に関する決定に不服がある者は、不服申立てをすることができます。
　保険給付についての不服申立てには、労働基準監督署長が行った保険給付の支給・不支給の決定についての審査請求（一審）と、その審査請求に対して行われた審査決定についての再審査請求（二審）とがあります。
　審査請求は、保険給付に関する決定をした労働基準監督署の所在地を管轄する都道府県労働局におかれている労働者災害補償保険審査官に対して行います（労災保険法第38条第1項）。また、審査請求人の住所を管轄する労働基準監督署長または保険給付に関する決定をした労働基準監督署長を経由して行うこともできます。
　この請求は、保険給付に関する決定があったことを知った日の翌日から起算して60日以内に行わなければなりません。しかし、審査請求期間の60日を経過していても、労働基準監督署長が行った決定処分の際に誤った期間が教示されたとき、および天災地変その他の正当な理由により期間内に請求できなかったときには、請求期間内に請求が行われたものとして取り扱われます。
　なお、審査請求後3月を経過しても審査官による決定がないときは、労働保険審査会に対して再審査請求をすることができます（労災保険法第38条第1項、第2項）。
　再審査請求は、労働者災害補償保険審査官から決定書の謄本が送付された日の翌日から60日以内に、文書で、厚生労働省におかれている労働保険審査会に対して行います。ただし、再審査請求人の住所を管轄する労働基準監督署長または最初の処分をした労働基準監督署長もしくは労働者災害補償保険審査官（審査請求後3月を経過しても労働者災害補償保険審査官による決定がない場合には、審査請求している労働者災害補償保険審査官）を経由して行うこともできます。
　労働基準監督署長が行った保険給付に関する処分についての取消訴訟は、その処分についての再審査請求に対する労働保険審査会の裁決を経た後でなければ提起することができません。
　ただし、再審査請求後3月を経過しても労働保険審査会の裁決がないときまたは再審査請求についての裁決を経ることにより生ずる著しい損害を避けるため緊急の

必要があるときは取消訴訟を提起することができます（労災保険法第40条）。

なお、労災保険給付の不支給決定の取消訴訟に関しては、メリット制が適用される事業においては、労災保険給付の不支給決定の取消判決が確定すると、労災保険給付の支給決定がされて保険給付が行われ、次々年度以降の保険料が増額される可能性があるので、その事業主は、労働基準監督署長の敗訴を防ぐことに法律上の利害関係を有し、これを補助するために参加をすることが許されると解されています（レンゴー事件　最高裁第一小法廷平成13年２月22日　労判806.12）。

2　時効

労災保険の保険給付を受ける権利は、一定の期間行使しないでいると時効により消滅します。

表７－１の左欄の保険給付を受ける権利は、それぞれ表７－１の中欄の起算日から表７－１の右欄の期間で時効が完成します（労災保険法第42条）。

表７－１　保険給付を受ける権利の時効

保険給付を受ける権利	起算日	期間
療養補償給付または療養給付において療養の費用を請求する場合	療養に要する費用の支出が具体的に確定した日の翌日	２年
休業補償給付または休業給付	労働不能のため賃金を受けない日ごとにその翌日	２年
葬祭料または葬祭給付	労働者が死亡した日の翌日	２年
障害補償給付または障害給付	負傷・疾病が治った日の翌日	５年
遺族補償給付または遺族給付	労働者が死亡した日の翌日	５年
介護補償給付または介護給付	介護補償給付または介護給付の対象となる月の翌月の１日	２年
二次健康診断等給付	一次健康診断の結果を知り得る日の翌日	２年

時効によって消滅するのは、保険給付の支給決定を請求する権利ですから、請求によらず職権決定によって行われる傷病補償年金および傷病年金を受ける権利については、時効という問題は生じません。

支給決定が行われた保険給付の支払いを受ける権利（年金給付の場合には、支払期月ごとに生ずる支払請求権）については、公法上の金銭債権として会計法の規定

により5年で時効となります。

　なお、障害補償年金前払一時金、遺族補償年金前払一時金、障害年金前払一時金および遺族年金前払一時金の支給決定請求権は2年で、障害補償年金差額一時金および障害年金差額一時金の支給決定請求権は5年で、それぞれ時効となります。

　また、労働者災害補償保険審査官に対する審査請求および労働保険審査会に対する再審査請求は、時効の中断に関しては、裁判上の請求として取り扱われます。

❸ 事業主の助力など

(1) **事業主の手続の助力など**

　保険給付の受給権者が、事故のため自ら保険給付の請求などの手続を行うことが困難である場合には、事業主はその手続を行うことができるように助力しなければなりません。また、保険給付の受給権者から必要な証明を求められたときは、すみやかに証明をしなければなりません（労災保険則第23条）。

(2) **事業主の意見申出**

　事業主は、当該事業に関する業務災害または通勤災害の保険給付の請求について、所轄の労働基準監督署長に意見を申し出ることができます（労災保険則第23条の2）。

(3) **法令の要旨などの周知**

　事業主は、労働者に関係のある労災保険に関する法令の規定の要旨、労災保険の保険関係成立の年月日および労働保険番号を常時事業場の見易い場所に掲示し、または備え付けるなどの方法によって労働者に周知させるとともに、労災保険関係が消滅したときはその年月日を労働者に周知させなければなりません（労災保険則第49条）。

(4) **書類の保存**

　労災保険関係が成立し、もしくは成立していた事業の事業主は、労災保険に関する書類を、その完結の日から3年間保存しなければなりません。労働保険事務組合または労働保険事務組合であった団体も同様です（労災保険則第51条）。

(5) **書類の様式**

　所定の申請書、請求書、証明書、報告書、届書および年金証書の様式は、告示で定められたものでなければなりません（労災保険則第54条）。

❹ 行政の権限

⑴ 報告の聴取など

　所轄の都道府県労働局長または労働基準監督署長は、文書によって、労働者を使用する者、労働保険事務組合、特別加入を行う団体、派遣先の事業主に対して、必要な報告、文書の提出または出頭を命ずることができます（労災保険法第46条、労災保険則第51条の2）。

　また、保険関係が成立している事業に使用される労働者または保険給付を受けもしくは受けようとする者に対して、必要な報告、届出、文書などの提出もしくは出頭を命じ、または保険給付の原因である事故を発生させた第三者に対して、必要な報告、届出、文書などの提出を命ずることができます（労災保険法第47条、労災保険則第51条の2）。

⑵ 医師の診断の受診命令

　所轄の都道府県労働局長または労働基準監督署長は、文書によって、保険給付に関して必要があるときは、保険給付を受け、または受けようとする者（遺族補償年金または遺族年金の額の算定の基礎となる者を含む）に対し、その指定する医師の診断を受けるべきことを命ずることができます（労災保険法第47条の2、労災保険則第51条の2）。

⑶ 保険給付の支払の一時差し止め

　保険給付を受ける権利を有する者が、正当な理由がなく、必要な届出をせずもしくは書類などの提出をしないとき、または報告などの提出命令や医師の診断の受診命令に従わないときは、保険給付の支払を一時差し止められることがあります（労災保険法第47条の3、労災保険則第51条の2）。

⑷ 立入調査

　所轄の都道府県労働局長または労働基準監督署長は、労災保険制度の施行に必要な限度で、その職員に、適用事業の事業場、労働保険事務組合、特別加入を行う団体の事務所もしくは派遣先の事業の事業場に立ち入り、関係者に質問させ、または帳簿書類その他の物件を検査させることができます。ただし、その際には立入検査をする職員は、その身分を示す証明書を携帯し、関係者に提示しなければなりません。また、立入検査の権限は、犯罪捜査のために認められたものではありません（労災保険法第48条、労災保険則第51条の2）。

⑸ 診療録などの検査

　所轄の都道府県労働局長または労働基準監督署長は、保険給付に関して必要があるときは、保険給付を受け、または受けようとする者（遺族補償年金または遺族年

金の額の算定の基礎となる者を含む）の診療を担当した医師その他の者に対して、その行った診療に関する事項について、報告もしくは診療録、帳簿書類などの提示を命じ、またはその職員に、これらを検査させることができます。ただし、その際には検査をする職員は、その身分を示す証明書を携帯し、関係者に提示しなければなりません。また、検査の権限は、犯罪捜査のために認められたものではありません（労災保険法第49条、労災保険則第51条の２）。

5 印紙税の非課税など

労災保険に関する書類には、印紙税を課されません（労災保険法第44条）。

また、市区町村長は、所轄の都道府県労働局長もしくは労働基準監督署長または保険給付を受けようとする者に対して、条例で定めるところにより、保険給付を受けようとする者または遺族の戸籍に関し、無料で証明を行うことができます（労災保険法第45条）。

6 罰則

(1) 罰則

事業主もしくは派遣先の事業主、労働保険事務組合または特別加入を行う団体の代表者または代理人、使用人その他の従業者が①所轄の都道府県労働局長または労働基準監督署長が行った報告、文書の提出または出頭の命令に違反して報告をせず、もしくは虚偽の報告をし、または文書の提出をせず、もしくは虚偽の記載をした文書を提出した場合、②所轄の都道府県労働局長または労働基準監督署長の職員の質問に対して答弁をせず、もしくは虚偽の陳述をし、または検査を拒み、妨げ、もしくは忌避した場合には、６月以下の懲役または30万円以下の罰金が科されます（労災保険法第51条）。

また、事業主、労働保険事務組合、特別加入を行う団体または派遣先の事業主以外の者が①所轄の都道府県労働局長または労働基準監督署長が行った報告、文書の提出または出頭の命令に違反して報告をせず、もしくは虚偽の報告をし、または文書の提出をせず、もしくは虚偽の記載をした文書を提出した場合、②所轄の都道府県労働局長または労働基準監督署長の職員の質問に対して答弁をせず、もしくは虚偽の陳述をし、または検査を拒み、妨げ、もしくは忌避した場合には、６月以下の懲役または20万円以下の罰金が科されます（労災保険法第53条）。

(2) 両罰規定

　法人(法人でない労働保険事務組合および特別加入を行う団体を含む)の代表者または法人もしくは人の代理人、使用人その他の従業者が、その法人または人の業務に関して、(1)の違反行為をしたときは、行為者が罰せられるほか、その法人または人に対しても、それぞれの罰金刑を科されます。この場合には、法人でない労働保険事務組合または特別加入を行う団体については、その代表者が訴訟行為につきその労働保険事務組合または団体を代表として、法人を被告人または被疑者とする場合の刑事訴訟法の規定が適用されます(労災保険法第54条)。

木村　大樹（きむら　だいじゅ）

　昭和52年東京大学法学部卒業、労働省（現厚生労働省）入省。同省労働基準局監督課（労働基準法を担当）、労政局労働法規課（労働組合法を担当）、職業安定局雇用政策課（労働者派遣法の制定に携わる）、労働基準局安全衛生部計画課長（労働安全衛生法を担当）、同局庶務課長、職業能力開発局能力開発課長、ベトナム・ハノイ工業短期大学（現ハノイ工業大学）プロジェクト・リーダー（ものづくり人材の養成やものづくりに携わる）、中央労働災害防止協会「派遣労働者の安全衛生管理に関する調査研究委員会」委員長などを歴任。現在、国際産業労働調査研究センター代表として、労働問題や国際問題などに関するコンサルティング、講演、執筆などの活動を行う。社会保険労務士試験委員。

主要著書

　実務解説・労働安全衛生法、チェックポイント・労働者派遣法、請負を行うための実務知識、派遣と請負に関する行政指導と企業の対応（以上産労総合研究所出版部　経営書院）、職場の安全と健康～会社に求められているもの、現代実務労働法―働き方　働かせ方のルール、非正規雇用ハンドブック（以上エイデル研究所）、実務家のための最新労働法規22、労働者派遣の法律実務（以上労務行政）、派遣と請負、業務請負の適正管理、労働契約法と労働契約のルールわかりやすい労働者派遣法（以上労働新聞社）、過重労働と健康管理　よくわかるQ＆A100、労働者派遣・業務請負の安全衛生管理（以上中央労働災害防止協会）、個人情報保護と労務管理（労働調査会）、高年齢者を活かす職場作り、サービス残業Q＆A、労働者派遣・業務請負の就業管理（以上全国労働基準関係団体連合会）、最新・ベトナムの労働法（日本労働研究機構）、人づくりハンドブック・ベトナム編（海外職業訓練協会）

主要な活動テーマ

　偽装請負問題、派遣・請負事業の適正な管理、労働者派遣法、安全配慮義務、労働安全衛生法、メンタルヘルス、非正規労働者の労務管理、個人情報保護と労務管理、建設業の労務・安全衛生管理、ベトナム事情など

実務解説　労災補償法

2013年8月29日　第1版第1刷発行

著　者　木　村　大　樹
発行者　平　　　盛　之

発行所　㈱産労総合研究所
出版部　経営書院

〒102-0093
東京都千代田区平河町2-4-7　清瀬会館
電話 03(3237)1601　振替 00180-0-11361

落丁・乱丁はお取替えいたします　　印刷・製本　勝美印刷
ISBN 978-4-86326-155-6